V
Ⓒ

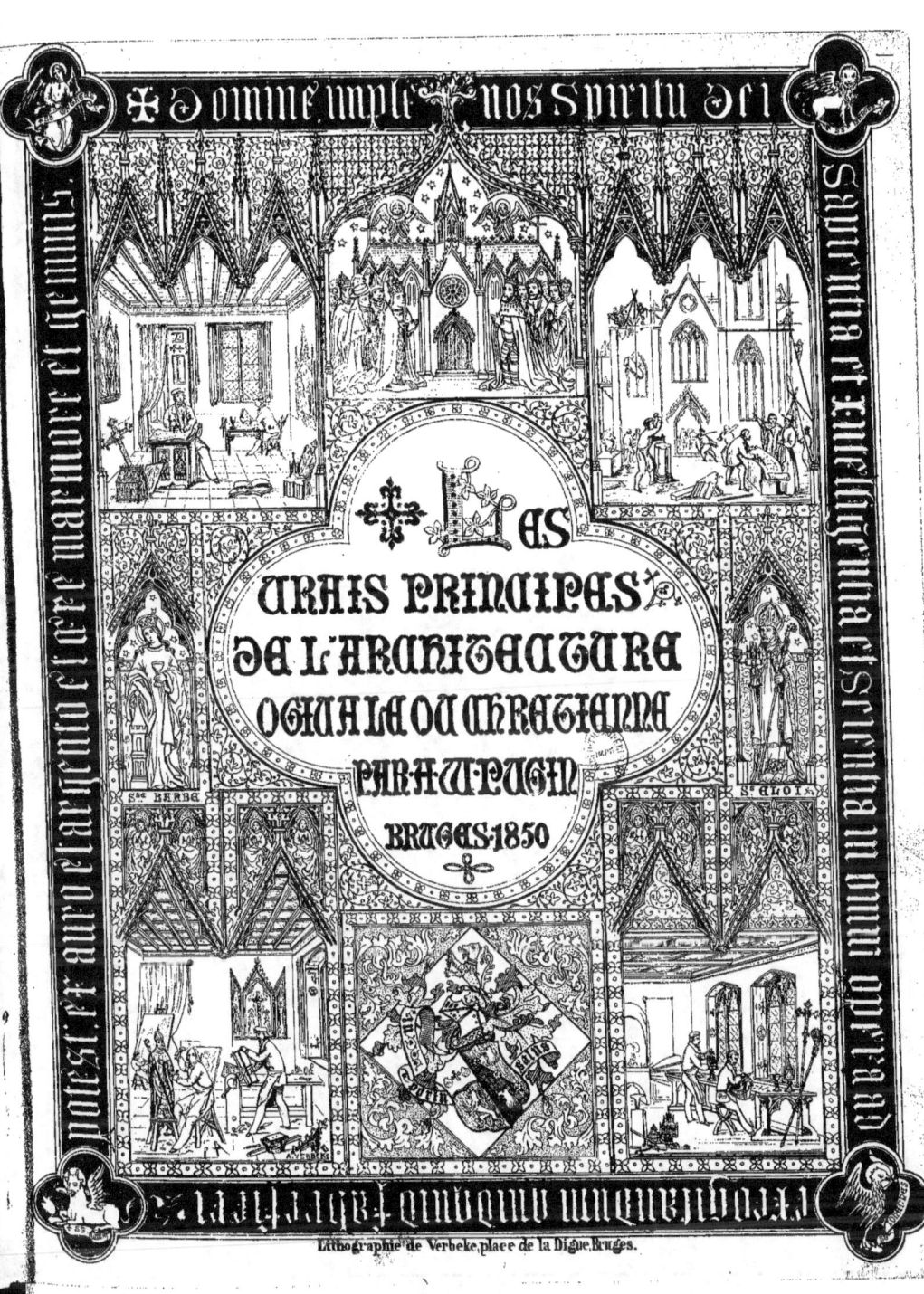

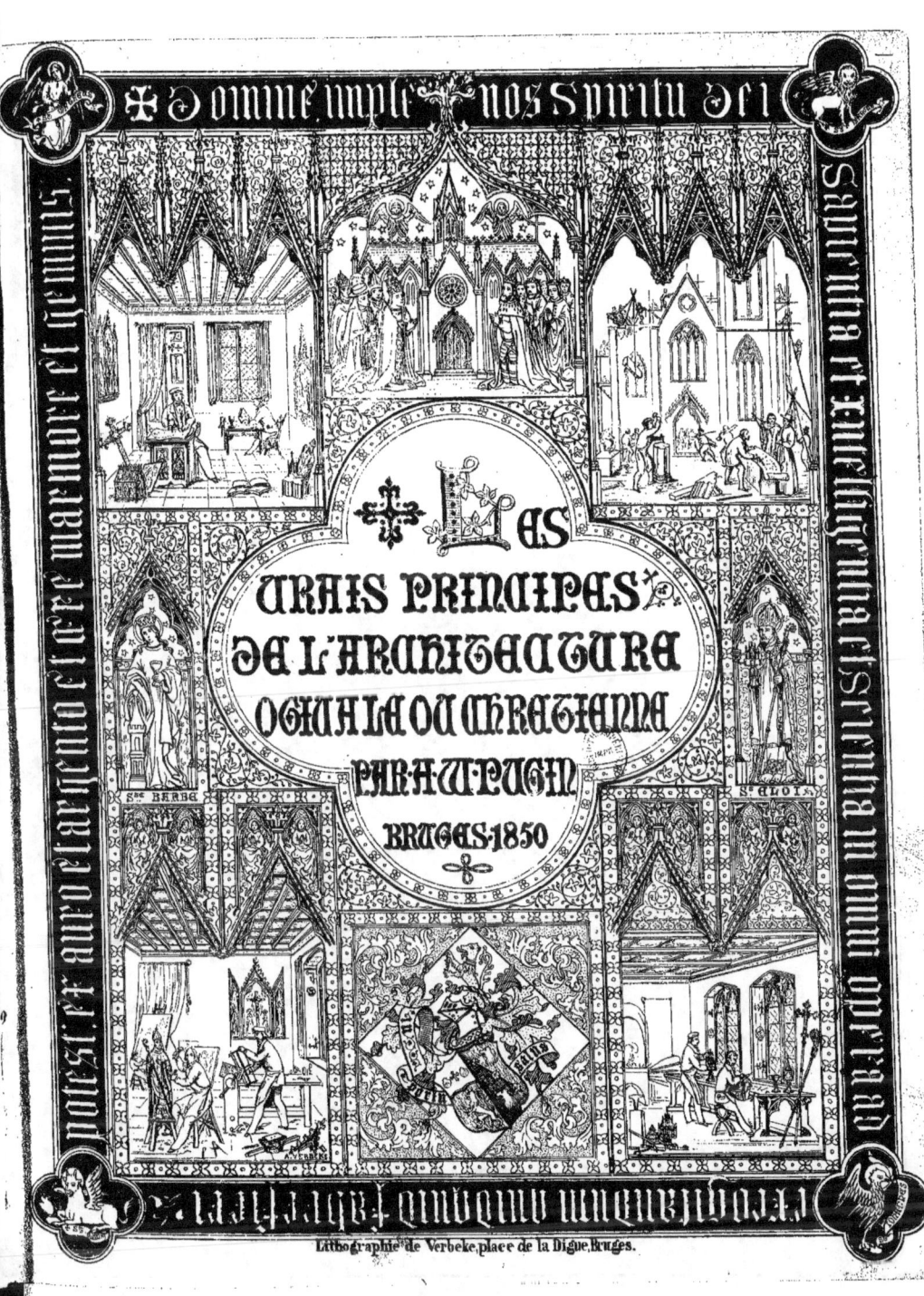

LES VRAIS PRINCIPES

DE

L'ARCHITECTURE OGIVALE OU CHRÉTIENNE,

AVEC DES REMARQUES

sur leur renaissance au temps actuel.

Remanié et développé d'après le texte Anglais de A. W. Pugin,
par T. H. King,

Et traduit en français, par P. Lebrocquy.

« Domine, dilexi decorem domûs tuae. »

1850.

BRUXELLES ET LEIPZIG,
MAYER ET FLATAU, Librairie Allemande, Française et Étrangère.
Aix-la-Chapelle. — J.-A. MAYER.

AVIS DES ÉDITEURS.

M. Pugin n'est nullement responsable de la traduction de cet ouvrage, ni des changements ou des modifications qui y ont été fait. Plusieurs parties du livre ont été retouchées, afin de les mettre à certains égards en rapport avec les besoins de ce pays, et quelques-uns des chapitres ont été entièrement remaniés et refondus, on a ajouté aussi de longs extraits d'autres écrits de M. Pugin, dont on a cru l'introduction utile. Le mérite de l'ouvrage revient exclusivement au célèbre architecte anglais, les défauts n'en sont imputables qu'aux éditeurs.

Bruges, Imprimerie et Lithographie de DAVELUY, Lithographe du Roi, Quai Vert.

PROPRIÉTÉ   **DÉPOSÉ.**

TABLE DES MATIÈRES.

	Préface des éditeurs	v à XLVIII
Chapitre I.	— De la nécessité de restaurer l'Architecture Chrétienne . . . . page	1 à 16
» II.	— Exposition des principes de l'Architecture Ogivale ou Chrétienne — Ouvrages en pierre et en métal . . . . »	17 à 49
» III.	— Les vrais principes de la construction et de la décoration des Ouvrages en Bois. — Tapisseries. — Tuiles en carreaux. — Soieries. — Tentures de Rideaux. — Franges. . . . . »	50 à 64
» IV.	— Des Vitraux Peints et de l'usage de la couleur dans la décoration. . . . . »	65 à 68
» V.	— De la convenance dans la décoration. — Architecture des édifices religieux. — Tombeaux. — Architecture collégiale et monastique. — Architecture civile et domestique. — Du principe de multiplier, au lieu d'agrandir, les parties dans l'Architecture Ogivale . . . . »	69 à 102
» VI.	— Des inventions modernes et des améliorations mécaniques, de la sculpture et des monuments sépulcraux. — Notions erronées des temps modernes . . . . »	103 à 115
» VII.	— Des diverses parties d'une église et de leur usage spécial . . . . »	116 à 134
» VIII.	— Quelques remarques sur les sentiments qui ont produit les grands édifices du moyen-âge . »	135 à 141
» IX.	— Du résultat de l'adoption du principe païen. . »	142 à 156

Chapitre X.	— Contraste entre les ouvrages produits sous l'influence du principe païen et ceux qu'on doit à l'influence du christianisme au moyen-âge. — Églises. — Monuments funéraires. — Vêtements sacerdotaux. — Orfèvreries. — Conclusion	page 157 à 222
Appendice A.	— Les emblèmes de Notre Seigneur, de la Sainte Vierge et des autres Saints	» 223 à 233
» B.	— Musique dans les églises et buffets d'orgues. .	» 234 à 239
» C.	— Sur Savanarola et le résultat de ses sermons. .	» 240 à 243

ERRATA :

Page xxxiii, ligne 3, au lieu de *politesse*, lisez *petitesse*.
— 20 — 27, — *retraites*, lisez *retraits*.
— 33 — 21, — *produisent*, lisez *produit*.
— 40 — 23, — *gardes*, lisez *râteaux*.
— 49 — 15, — *chef-d'œuvres*, lisez *chefs-d'œuvre*.
— 95 — 31, — *manoir*, lisez *urinoir*.
— 98 — 28, — *n'ont non plus*, lisez *n'ont pas non plus*.
— 138 — 22, — *n'offrait-ils*, lisez *n'offrent-ils*
— 138 — 30, — *tontes*, lisez *teintes*.
— 144 — 3, — *La description suivante que nous empruntons*, lisez *Nous empruntons la description suivante*.
— 190 — 29, — *arcades*, lisez *arcatures*.
— 197 — 16, — *ou*, lisez *où*.
— 226 — 5, — *stella Maria*, lisez *stella maris*.

PRÉFACE DES ÉDITEURS.

L'ouvrage qu'on offre aujourd'hui au public fut entrepris vers la fin de l'été dernier principalement dans l'espoir d'aider à satisfaire à un besoin qui, d'après les assurances qu'on donnait aux éditeurs, commençait à se faire sentir en Belgique. Dans le cours d'un voyage qu'ils firent dans ce pays et dans une partie de l'Allemagne, en allant de ville en ville et d'église en église, ils éprouvèrent un chagrin et un désappointement dont il leur serait, pour ainsi dire, impossible de parler avec exagération, bien que ces sentiments ne fussent pas sans quelque mélange de consolation. * Leur excursion fut réellement un pélérinage de regrets. Il y a trois cents ans, combien la face de ce grand continent était différente! De toutes parts des visions de beauté charmaient les regards du voyageur chrétien. Il ne pouvait faire un pas sans être édifié par quelque cérémonie solennelle, sans être pénétré d'une admiration respectueuse à la vue de quelque miracle de l'art. Chaque ville était comme une image de la nouvelle Jérusalem, chaque

* Les travaux à la cathédrale de Cologne, la restauration de la peinture à fresque et les progrès de l'école d'artistes chrétiens en Allemagne, les belles statues exécutées dans ce pays, ainsi que les magnifiques sculptures en bois de la Belgique, les restaurations entreprises à Bruxelles, à Liége et dans d'autres localités doivent réjouir tous les amis des arts. Mais quelque satisfaisants que soient ces ouvrages, ils ne sont rien en comparaison de ce qui reste à faire, tandis que d'un autre côté ils font ressortir encore davantage ce qu'il y a de choquant dans les productions inconvenantes et sans goût que l'on exécute encore.

église un type convenable de ce temple invisible dans l'enceinte duquel se reflète la beauté infinie de la divinité. Les églises étaient les trésoreries des grandes villes. Tout ce qu'il y avait de précieux dans la nature, de merveilleux dans l'art et de beau dans la forme, tout ce qu'il y avait d'édifiant dans l'effet, d'imposant dans l'action, de majestueux dans l'aspect, trouvait un asyle à l'ombre de ces murs sacrés. Les autels, les châsses, les fenêtres, les images, les écrans, les fonts, les monuments sépulcraux, les vases saints, les vêtements, les livres, c'étaient là autant d'ouvrages d'art dont chacun réclamait une attention particulière. L'observateur chrétien, quand il se rendait d'un lieu sacré à un autre, doit avoir été ébloui d'admiration quand toutes les gloires de l'art ancien s'offraient ainsi à ses yeux — il doit avoir poursuivi sa route se réjouissant dans la beauté édifiante de l'Église et louant Dieu pour « les merveilles qu'il accomplit parmi les enfants des hommes. » Mais aujourd'hui, hélas! l'aspect extérieur des choses est entièrement changé. Les riches vignes de la sainte Église ont été foulées aux pieds par la violence hérétique et privées de leur beauté par les efforts combinés de l'indifférence, de l'ignorance et de l'esprit païen. Ce n'est que çà et là qu'on est consolé par la vue d'objets auxquels Dieu semble avoir permis de rester debout, pour nous montrer combien nous avons perdu — les abominations monstrueuses de l'art païen se voient partout, même dans le saint des saints — partout on voit des rites mutilés, des cérémonies insignifiantes, une architecture dégradée, des autels indignes, des statues sans grâce et sans beauté, des peintures sans une parcelle d'expression religieuse, les décorations des plus frivoles et les plus grotesques, des vêtements sans dignité et dépourvus de signification. — Ecoutons la description que M. Pugin fait de ses sentiments, lorsqu'il eut entrepris son premier voyage sur le continent :

« Mes voyages sur le continent n'étaient pas fort propres à me délivrer de mes perplexités. Pour quelqu'un qui a étudié l'influence et l'effet de la religion catholique durant le moyen-âge, et les merveilleux ouvrages qu'elle a engendrés, un voyage sur le continent doit produire un extrême mécompte. Si l'on en excepte les districts montagneux du Tyrol, ou la province isolée de Bretagne, il n'y a guère de quoi édifier le simple voyageur qui ne pénètre pas sous la surface des choses. Les grandes villes des pays nominalement catholiques ont été tellement empoisonnées par les principes et l'incrédulité modernes, qu'elles n'offrent plus aucun aspect religieux à un observateur de hasard, et il n'y a que ceux qui ont l'occasion de pénétrer dans les maisons religieuses et de faire la connaissance personnelle des autorités ecclésiastiques, qui puissent apprécier ce qu'il se conserve encore de piété et de zèle, même dans les capitales qui ont l'air le plus mondain. A l'époque à laquelle je fais allusion le mouvement archéologique n'était pas même soupçonné en France. Les plus belles églises ogivales étaient traitées avec quelque chose de plus que de l'indifférence, on les considérait comme *grossières*. Les restes de l'abbaye de Saint-Bertin, église qui le cède à peine à aucune autre en France, soit pour les dimensions, soit pour la beauté, étaient en train d'être démolis pour servir de *matériaux de route*. Partout les églises présentaient l'aspect de la décadence et de la négligence. Les anciens ornements avaient été généralement remplacés par l'exécrable rococo du XVIIme siècle, et ceux qui restaient encore étaient mis hors d'usage. Les sanctunires étaient murés, les stalles abandonnées, les chapelles latérales converties en réceptables d'antiquailles, les vêtements n'étaient que du clinquant et de la forme la plus grossière, les autels n'étaient couverts que de parures trompeuses; somme toute, il semblait ne pas y avoir beaucoup moins de différence entre les monuments et leurs possesseurs actuels que dans l'Angleterre protestante, quoiqu'avec des tendances opposées. Je me rappelle avec quelle extrême dévotion j'entrai sous les prodigieuses voûtes de Cologne, pour assister à ce que je m'imaginais devoir être un service en harmonie avec la majesté du monument. Je m'agenouillai en dehors du chœur, où, à mon grand étonnement, je vis une masse de laïques se poussant et restant debout. La grosse cloche cessa de se faire entendre; une misérable poignée de prêtres et de chanoines entrèrent dans les stalles, qu'ils occupèrent conjointement avec une troupe bigarrée d'hommes et de femmes, dont le plus grand nombre, à en juger par leur maintien, devaient être des protestants. Tout à coup on entendit un prélude de violons, un maëstro fit son apparition *à la Jullien*, avec quelques femmes en toilette à la mode, tenant des cahiers de musique à la main. Un formidable bruit d'orchestre commença ce que l'on pouvait supposer être le *kyrié*. Les imposants piliers, les arches, les voûtes, tout semblait disparaître; je n'étais plus dans une cathédrale, mais à un concert Musard ou dans un *jardin d'hiver!* * Jamais auparavant

---

* Voyez quelques observations sur le chant et la musique ecclésiastiques, ainsi que sur les buffets d'orgues appendice B.

PRÉFACE DES ÉDITEURS.

je n'avais senti avec autant de force la supériorité du son sur la forme, et, tout architecte que je suis, je préférerais infiniment entendre des chants solennels dans une église grossière que d'être assistant dans la plus belle cathédrale de la chrétienté profanée ainsi par ces joueurs de violon diaboliques. J'étais à l'agonie. Tantôt nous avions une espèce de chœur de brigands, tantôt les notes plaintives d'un rossignol. Tandis qu'on exécutait cette misérable parodie de service divin, les ailes n'étaient qu'une masse mouvante de flaneurs. Des touristes, des incrédules, des républicains à longue barbe, des commissionnaires en blouse, se promenaient nonchalamment et regardaient les curiosités. La partie la plus sainte et la plus solennelle de la cérémonie ne commanda pas même l'attention et le respect, si ce n'est chez un petit nombre de personnes pieuses. Ceci dans son ensemble était une des représentations les plus affligeantes parmi toutes les autres du même genre dont je fus témoin dans celles des églises du continent qui n'ont pas conservé l'ancien service choral.

Heureusement à cette époque je ne passai pas les Alpes, et j'échappai ainsi à l'épreuve la plus cruelle pour la foi d'un néophyte — à la ville éternelle. Je suis bien convaincu qu'à moins qu'un homme ne soit capable de distinguer les principes des abus et de séparer la majesté du rituel catholique du triste appareil extérieur des temps modernes, il est à peu près certain que la plupart des services religieux auxquels il assiste ne feront aucune impression sur lui, et c'est un fait incontestable que parmi les milliers de voyageurs qui chaque année quittent ce pays pour le continent, bien peu s'en retournent avec des sentiments de respect pour la religion de leurs ancêtres, par suite du malheureux costume sous lequel elle se présente à leurs yeux. » *

* Dans le nombre si considérable de protestants qui parcourent chaque année les pays catholiques de l'Europe, combien y en a-t-il qui se convertissent ou qui seulement rapportent dans leur patrie des impressions favorables à la religion des peuples qu'ils ont visités? Combien compte-t-on de convertis dans cette foule d'étrangers qui résident sur le continent? La vérité est qu'à moins qu'un étranger ne se rende dans d'autres contrées avec le dessein formel de se convertir ou de diriger ses observations dans ce but en pénétrant sous la face extérieure des choses, il ne voit absolument rien dans le domaine religieux qui soit propre à exciter sa dévotion ou à gagner son affection, et qu'il s'en retourne dans son pays raffermi dans ses préjugés et endurci dans son opposition à la vérité catholique. En effet, il n'est pas rare d'entendre dire de quelqu'un qui incline à embrasser cette croyance : Oh! il n'a jamais vu ce qu'est la religion catholique sur le continent; qu'on l'envoie à l'étranger pour un an ou deux, et toutes ces idées seront chassées de son esprit. — Et les auteurs

PRÉFACE DES ÉDITEURS.

Ces paroles, à ce que nous croyons, rendent bien l'impression produite sur beaucoup d'esprits réfléchis par ce qu'on observe sur le continent, et peut-être pouvons-nous attribuer à cette malheureuse décadence des convenances ecclésiastiques une notable partie de l'indifférentisme et de l'incrédulité du jour. C'est là en effet notre ferme conviction. C'est chez nous une croyance qui n'admet ni doute ni hésitation que l'état irréligieux de la société actuelle est le résultat naturel du goût pour le paganisme, qui, comme une maladie pestilentielle, s'est répandu sur l'église vers la fin du XVme siècle, conduisant d'abord à l'aversion pour la discipline et la sévérité chrétiennes, puis à l'amour de la volupté païenne, qui graduellement a fait mûrir la

de ce livre connaissent plus d'un exemple où il en a été réellement ainsi. Et comment espérer qu'il en serait autrement tant que la religion offre extérieurement un aspect aussi déplorable, pour ne pas dire aussi repoussant? Voit-on quoi que ce soit qui invite les hommes à étudier les principes et les doctrines du catholicisme ? Dans nos cérémonies, telles qu'on les célèbre, qu'y a-t-il qui puisse les gagner ou les attirer ? Ils sont ignorants, ils ne voient que les objets extérieurs : nos vêtements et l'ameublement de nos autels, et souvent les autels eux-mêmes, l'extrême indignité des matières employées pour le construire ou les décorer, le clinquant et la fraude qui déparent le saint sacrifice, tout cela est souvent tel qu'ils n'ont rien rencontré de semblable, même sur un théâtre d'un ordre inférieur. Ajoutez-y les symboles païens que l'on voit si généralement dans nos églises — la manière ignoble dont on représente le Sauveur, les saints et les anges, les poupées trompeuses (souvent rien qu'une tête et des bras montés sur un manche à balai) étalées comme des images de la Sainte-Vierge — la façon triviale et vile dont elles sont habillées — nos bannières si lourdes et si communes — la négligence et l'indignité avec lesquelles on représente les solennités les plus importantes — nos processions avec toute leur mousseline et tout leur clinquant, les joncs puants et le papier qu'on répand dans les rues devant le saint sacrement, au lieu des fleurs les plus belles — le caractère théâtral et sans valeur des autels érigés dans les places publiques en guise de reposoirs pendant les fêtes — la manière irrévérencieuse dont marchent les assistants à une procession — l'introduction d'hommes dans leur costume de tous les jours pour porter des lanternes, des bannières ou des croix, qui sont si outrageusement disproportionnées et si complètement rendues impropres à l'usage auquel elles doivent servir, que le clergé

PRÉFACE DES ÉDITEURS.

luxure et l'immoralité modernes. Nous croyons absolument que la manie de l'art païen pour lequel on a abandonné l'ancien principe chrétien a conduit par une conséquence naturelle et par un juste châtiment à l'ignorance actuelle de la vraie beauté remplacée par un culte positivement grossier; nous croyons que c'est cette manie qui a fait mettre en oubli le principe de consacrer à Dieu ce qu'il y a de meilleur en toute chose, ce qui à son tour a produit les méprisables combinaisons et les vulgaires ornements de la nouvelle architecture chrétienne. Les fondements sur lesquels nous basons ce jugement sont exposés dans le cours de cet ouvrage.

Il est consolant toutefois, au milieu de ces maux monstrueux, d'apprendre qu'un esprit meilleur commence à naître. Nous avons eu la satisfaction en effet de reconnaître que bien des personnes *désiraient*

lui-même ne peut plus en supporter le poids. — Qu'y a-t-il dans tout ceci, et dans bien d'autres choses que nous pourrions nommer, qui rappelle cette épouse du Christ qui doit par la céleste beauté de sa contenance subjuguer tous les hommes? — Quoi de plus propre à faire naître la déconsidération et le dégoût que de voir, comme on peut l'observer presque chaque jour dans nos grandes villes, porter en terre des chrétiens catholiques environnés d'emblêmes et de symboles païens? — Quoi de plus indécent que la conduite de ces agents employés aux funérailles, tournant et retournant la tête, causant et même riant? Quoi de plus révoltant, sous le rapport de la forme, de l'exécution artistique et de la propreté, que le corbillard généralement employé en Belgique et en France? Quelle dégradation tout cela ne décèle-t-il pas? tout cela n'est-il pas un sujet d'amère douleur? Comme tout cela diffère de l'ancienne manière, si solennelle et si imposante, de transporter les morts à leur dernière demeure!

Mais quel effet produisent ces incongruités sur le simple passant? Il ne ressent point de dévotion intérieure, les sentiments des individus lui sont étrangers, il ne voit que l'extérieur des choses et celles-ci sont conduites avec un tel manque de respect et de dignité qu'elles en deviennent en quelque sorte ridicules. De notre temps le ridicule a plus d'empire sur les hommes que quoi que ce soit au monde. C'est la manie du jour, on le recherche, on l'emploie en toute occasion. C'est une arme, une machine aussi puissante que dangereuse, et, ce qui plus est, c'est sur l'homme ignorant qu'elle produit le plus d'effet. Gardons-nous d'encourir par notre négligence la terrible responsabilité de la tourner contre la propagation de la vérité.

une réforme, et de voir les tentatives que l'on faisait en plus d'un lieu pour ressusciter le vrai style chrétien. Et il est certainement encourageant d'observer qu'au lieu de détruire et de vendre les anciens ouvrages, comme l'ont fait leurs prédécesseurs, [1] les hommes se prennent à les estimer comme des modèles et des exemples pour les ouvrages nouveaux.

Nous nous aperçûmes cependant que beaucoup de restaurations et d'ouvrages nouveaux étaient exécutés sans une entière connaissance des principes d'après lesquels travaillaient les hommes d'autrefois, et qu'il y en avait peu par conséquent qui fussent exempts de défauts sérieux. [2]

Nous comprîmes avec quel désavantage travaillaient des hommes *dépourvus* de ces principes, et ayant sous les yeux l'exemple de M. Pugin, qui, avant de les découvrir, tomba dans des erreurs et des méprises nombreuses, nous crûmes qu'un ouvrage qui avait opéré tant de bien en Angleterre, pourrait venir en aide au mouvement qui se manifeste en Belgique.

[1] La destruction honteuse et barbare des œuvres de l'art ancien dans ce pays est à peine croyable. Peut-on sans s'indigner entendre parler d'ecclésiastiques qui vont, le fait est positif, jusqu'à corrompre des ouvriers pour leur faire endommager des autels et des retables en y faisant tomber des échelles ? de ce désir de se débarrasser du tabernacle élevé de l'église de Saint-Pierre, à Louvain, *parce qu'il n'occupait pas le centre de l'apside ?* de ces ventes faites dans les églises de chaires et de lutrins magnifiques ? de ces tryptiques et de ces images détruites, de ces vitraux et de ces réseaux démolis *pour admettre* la lumière ?

[2] Il est fort satisfaisant de remarquer un tel progrès dans la bonne direction. Des erreurs doivent toujours avoir lieu au commencement, alors que les hommes ne font que deviner leur route ; mais une fois que les vrais principes sont compris et appliqués, ces erreurs deviendront de jour en jour moins fréquentes. Ne jugeons cependant pas de l'avenir par ce qui a déjà été accompli. L'immense expérience qui a été acquise et les facilités croissantes d'exécution placeront l'architecture ogivale sur un tel pied, qu'il sera impossible de la combattre, même d'après des motifs de saine économie, et quoique plusieurs des églises récemment érigées, dont quelques-unes le sont sur une vaste échelle, aient été construites d'une manière plus judicieuse, on ne doit jamais perdre de vue que les défauts sont ceux des individus, et non pas ceux du style ou des principes de l'architecture.

PRÉFACE DES ÉDITEURS.

En préparant la publication de cet ouvrage, les auteurs ne se sont pas bornés à l'architecture seule : mais ils ont eu égard à toutes les industries qui pour leurs productions respectives peuvent tirer un parti avantageux du style gothique. Et ils ne s'en sont pas tenus à celles de ces productions dont traite M. Pugin dans l'ouvrage qui sert de base à celui-ci, mais ils ont discuté tout ce qui d'une manière quelconque fait partie du culte extérieur de l'église catholique, et non seulement ils ont discuté, mais ils ont soigneusement recherché, gravé et reuni dans leur propre ouvrage tout ce que de façon ou d'autre ils croyaient propre à favoriser ou à aider le mouvement actuel, ou à y donner une impulsion nouvelle.

Sans doute des personnes plus habiles que nous auraient pu se charger de cette tâche, qui pourrait être beaucoup mieux remplie qu'elle ne l'est; mais nous osons espérer que ce que nous avons entrepris avec une bonne intention offrira encore assez d'utilité pour engager le public à fermer les yeux sur tout ce qu'il s'y trouve d'imperfections et de lacunes. Nous savons que nous devons nous attendre à toutes sortes d'entraves et d'attaques, non seulement de la part des ennemis ordinaires de la religion, mais de la part de faux frères, ou, ce qui ne vaut guère mieux, *de la part d'hommes qui se livrent à des extravagances et à des méchancetés avec de bonnes intentions et nuisent à ce qu'ils croient servir.*

Il y a surtout un point qui sera sans doute regardé comme un défaut sérieux et dont c'est ici le lieu de dire quelques mots, nous entendons parler de l'emploi que nous faisons d'expressions fortes et rudes. Aux personnes qui nous feront cette objection nous représenterons que la rudesse n'est nullement inconciliable avec la charité chrétienne, et que des maux criants, tels que ceux que nous signalons dans le cours de cet ouvrage, exigent un langage franc, ouvert et sans timides palliatifs. Ce n'est qu'en dépeignant les difformités modernes dans un style énergique et dans toute leur grossièreté que nous pouvons espérer d'y voir porter remède. L'apathie et l'indifférence

doivent être combattues avec des armes qui excitent et qui blessent. Celles-ci ne deviennent blâmables que lorsqu'elles sont brandies par la malice ou envénimées par l'amertume d'esprit, et nous éprouvons trop d'horreur pour les choses que nous condamnons pour nous laisser aller à l'une ou à l'autre. Exprimer ses sentiments dans un langage hardi et vigoureux n'implique pas nécessairement qu'on trouve du plaisir à le faire, comme quelques personnes le supposent sans fondement. D'ailleurs la vérité doit être dite sans détours; et celui qui se pose en réformateur ne passe-t-il pas toujours pour rude aux yeux de ses voisins? Qui a jamais rencontré plus d'opposition que les saints et les hommes vertueux qui ont entrepris d'extirper les abus et de déraciner l'immoralité? Assurément nous ne nous comparons pas à eux, mais si un homme tel que Savanarola fut de son temps persécuté jusqu'à la mort, nous ne devons pas être surpris qu'on se plaigne de nous, et nous pouvons nous croire très-heureux si nous en sommes quittes pour quelques mots durs. Nous ne pensons pas cependant que cette accusation d'impolitesse soit jamais formulée par des hommes qui sont préparés à marcher à la tête du mouvement ou qui refuseraient d'un air sévère de compromettre en rien la vérité.
« Les personnes, dit M. Pugin, qui sont toujours dans l'appréhension d'être impolies ne sont que des entraves pour la grande restauration, et si l'on doit consulter les sentiments des individus plutôt que la vérité, jamais on ne fera d'observations justes; car si, dans l'état présent de l'architecture ecclésiastique, on fait allusion à la fausse imitation de la pierre, à la maigreur des réseaux, à l'ignorance des vrais principes et à d'autres défauts semblables, ces observations peuvent s'appliquer si généralement, que cinq cents architectes d'églises prendront feu à la fois. »

Cette espèce de politesse moderne à laquelle on sacrifie la vérité est une exagération abâtardie de la courtoisie chrétienne, pour ne pas dire une invention du démon pour prévenir la propagation de la vérité. Les hommes sont devenus si timides pour faire ou dire quelque chose qui blesse l'étiquette moderne, ils craignent tellement d'insinuer quoi que ce soit qui ressemblerait même indirectement à une réflexion sur des productions contemporaines ou sur des personnes à qui on les doit, que le progrès de la vérité en souffre et en est sérieusement entravée. Quelque mauvais que soit un ouvrage, quelque compromettant qu'il soit pour l'auteur, quelqu'injurieux qu'il soit pour la gloire de Dieu, quel que soit l'abus qu'il perpétue, les hommes ont positivement peur — je ne dirai pas de censurer, car cela ne saurait certainement être du devoir ou de la compétence de tous — mais d'exprimer seulement leur véritable opinion au sujet de la production; et ce que pourrait prévenir ou réprimer l'énergie de quelques hommes influents, qui ont le droit de prononcer une sentence de condamnation, on le laisse substituer, s'accroître, se propager et se reproduire, parce qu'il n'est pas joli de dire la vérité, et que si on la disait, ce serait une réflexion personnelle. Avec un tel système comment le mal peut-il être déraciné ou le bien gagner du terrain?

Pouvons-nous jamais espérer de faire progresser les vrais principes, si nous avons à examiner à chaque ligne si une condamnation particulière ne s'applique pas à telle ou telle personne, dont, après tout, nous ne connaissons peut-être pas l'existence? Non, aussi longtemps qu'on ne blesse pas la véritable courtoisie chrétienne, on doit maintenir le droit de censurer et de critiquer les abus et les erreurs, non pas, il est vrai, *pour le plaisir de le faire*, mais pour les détruire et contribuer ainsi indirectement au triomphe de la vérité.

Si en réalité nous entreprenions uniquement de renverser un système sans en avoir un autre et un meilleur sous la main pour remplacer celui-là, on pourrait, avec quelque justice, articuler l'accusation d'impolitesse; mais il est un principe grand, puissant et durable, vers lequel nous dirigeons l'attention des hommes — un principe qui est né avec le christianisme — qui a pris racine depuis longtemps, qui a fleuri vigoureusement pendant les siècles de foi, et qui a produit des hommes merveilleux dans leur génération, des hommes remplis de l'esprit de

Dieu, « des hommes remplis de sagesse, d'intelligence et de science pour toutes sortes d'ouvrages, pour inventer tout ce que l'art peut faire avec l'or, l'argent et l'airain, le marbre, les pierres précieuses et tous les bois différents. » (*Exode c. XXXI. v.* 3. 4. 5.)

C'est parce que ces hommes glorieux, ces peintres, ces sculpteurs, ces architectes, ces orfèvres, ces tisserands et ces brodeurs ont si peu de successeurs, si toutefois ils en ont, que nous sommes si zélés dans nos efforts pour faire revivre le principe qui les a produits. C'est parce que leurs places ont été longtemps occupées par une race d'hommes qui ont travaillé pour leur propre gloire, au lieu de celle de Dieu — par des peintres qui ont fait servir le *dessin* et la couleur d'un *but*, au lieu d'un *moyen* — par des sculpteurs qui ont abandonné les anciens types de la vérité et de la beauté et ont recours à une imitation servile des formes naturelles, mesurant les statues et copiant les restes de l'art païen — par des architectes qui ont méprisé les traditions et les symboles chrétiens et bâti des temples construits d'après des modèles païens et couverts d'emblêmes païens pour le culte du vrai Dieu — par des orfèvres qui ont perdu jusqu'aux principes de leur art et ont recouru à toutes sortes d'expédients indignes pour produire les vases disgracieux qui abondent dans les églises modernes — par des tisserands et des brodeurs qui ont changé les vêtements solennels et imposants de l'Église en un costume ridicule, et se sont complus dans des conceptions trompeuses pour mettre au jour des étoffes de frivole clinquant, propres seulement à un théâtre. *

Ce n'est pas ainsi que travaillaient les hommes du temps passé. Ils avaient devant eux un type idéal de beauté qu'ils n'abandonnaient jamais; ils n'aspiraient qu'à en reproduire l'expression fidèle, et nullement à se glorifier eux-mêmes, et c'est pour mieux y parvenir qu'ils menaient la vie la plus sainte dans toute la sévérité et toute la dévotion du chrétien parfait. Ils savaient que l'art chrétien dans toutes

---

* Voyez les remarques à ce sujet, p. 201—207.

ses branches n'était que l'une des formes multiples du langage, qui par la beauté et l'éloquence de son expression enseignait souvent avec plus de force que la parole les mystères et les traditions de la foi chrétienne. Et c'est ainsi que chacune de leurs œuvres — depuis la peinture la plus divine jusqu'au crucifix le plus humble — depuis la plus noble cathédrale jusqu'au plus simple calice — était un véhicule d'instruction religieuse et, en quelque sorte, la répétition perpétuelle des préceptes de l'évangile qui commandent la pureté, l'austérité et la dévotion.

Le grand principe d'après lequel nous écrivons est donc que l'art chrétien ou gothique est non pas un style parmi plusieurs autres également beaux et convenables, mais le seul style que, comme chrétiens catholiques, nous puissions employer d'une manière rationnelle pour bâtir et orner nos églises. C'est le seul style pur auquel le christianisme ait donné naissance, il fut le plus florissant lorsque la discipline chrétienne fût la plus vigoureuse, il tomba lorsque cette même discipline s'affaiblit, il prévalut — mais soumis naturellement aux diverses modifications nécessitées par le climat, le rituel, etc. — il prévalut dans presque tous les pays convertis au christianisme, et lorsqu'il fut abandonné, l'Église fût inondée d'un déluge de maux tellement effrayants qu'on ose à peine les contempler. C'est ce qui nous rend si ardents, si pressants, et en apparence si impolis. C'est parce que nous sommes convaincus avec M. De Montalembert, M. Rio, M. Pugin, que le rapport entre l'art chrétien et la foi et la morale chrétiennes est trop intime pour que leur divorce ne soit pas également fatal à tous trois — c'est parce que nous voyons que de nos jours se sont accomplies les paroles prophétiques de Savanarola, par lesquelles il avertissait si énergiquement de la ruine qu'ils appelaient sur l'Église ces hommes insensés que l'amour du paganisme rendait presque athées [*] — c'est parce que nous

---

[*] Nous citons ces paroles à la page 182. Voir aussi quelques remarques sur le même sujet et le résultat des sermons de Savanarola, appendice C.

voyons de nos propres yeux se perdre le respect, la sévérité et la simplicité, en même temps que les beautés et les inspirations de l'art chrétien — c'est parce que nous savons que la manie du paganisme a corrompu toutes les branches des sciences humaines, qu'elle a empoisonné l'éducation de la jeunesse, qu'elle a fait déborder un torrent de voluptés païennes, qu'elle a frayé le chemin vers ce fatal et déplorable événement, la prétendue réforme, et vers les différentes révolutions qui se sont succédé pour bouleverser la société, arrêter les progrès de la civilisation et répandre partout des doctrines d'anarchie, d'insubordination et de socialisme.

Quand nous avons devant nous l'expérience de trois siècles, que nous connaissons l'état dégradé où l'art est tombé aujourd'hui et que nous voyons le misérable aspect qu'offre la religion, même dans de nobles temples où elle trônait jadis avec une si royale magnificence, qui nous blâmera si quelquefois nous semblons être emportés par l'impétuosité d'un zèle outré?

Récoltant, comme nous le faisons aujourd'hui, les fruits amers de cet arbre mortel du paganisme, qui a pris racine dans l'Église à une époque déjà loin de nous et a produit un tel déshonneur pour Dieu, une telle irrévérence pour les choses saintes, une telle décadence de la foi et de la morale, comment pouvons-nous ne pas être énergiques et ardents dans nos efforts à rétablir l'influence — non pas d'une opinion nouvelle et non encore expérimentée — mais d'un principe qui dans les temps passés a rendu à l'Église des services si signalés? — Si dans la belle ville de Florence la noble énergie de Savanarola et de ses illustres disciples opéra une telle régénération parmi les habitants que tous — prêtres et laïques, religieux et hommes de tous les états et de toutes les conditions, jeunes gens et enfants, jeunes filles et matrones — marchèrent en procession pour célébrer le triomphe du génie chrétien [*] et brûlèrent publiquement les productions voluptueuses de

---

[*] Voyez les remarques à ce sujet, appendice C, page 240.

PRÉFACE DES ÉDITEURS.

l'art païen; si les cœurs des hommes furent ainsi changés, leurs affections spiritualisées et leur vie purifiée (car Savanarola ne produisit pas seulement une révolution extérieure) par l'influence des idées chrétiennes et par les pieuses pratiques et les saints exercices du bon père : ne pouvons-nous pas espérer que la restauration du principe chrétien dans le domaine de l'art, aiderait matériellement à changer la face de la société et à ramener le cœur d'hommes errant au hasard vers l'unique habitation de la vraie beauté, l'Église de Dieu? Si l'on rendait à la religion son ancien aspect extérieur de majesté et de dignité, ne pourrions-nous pas espérer de voir attirer les railleurs à elle, s'élever une pieuse école d'artistes qui se dévoueraient à son service * et l'indifférentisme et le relâchement de nos

---

* M. Rio, dans son *Essai sur l'histoire de l'esprit humain dans l'antiquité*, prouve la haute mission de l'art, même dans cette forme imparfaite de civilisation qu'offraient Athènes et les autres états de la Grèce; il remarque que *du moment que l'art cessa d'être un véhicule de progrès social, sa vitalité cessa également*, le cours de sa décadence était en raison de la décroissance de la morale publique. Les tableaux de Polynotès servaient de texte pour les leçons morales du philosophe Chrysippe, et Aristote observe que la peinture enseigne les mêmes préceptes de conduite morale que la philosophie, avec cet avantage qu'elle emploie une méthode plus courte. Mais les tableaux d'Apelles ne tendaient plus à un but aussi élevé, le beau idéal de la forme et du sentiment ayant fait place à un élément moins noble, c'est-à-dire une imitation servile de la nature et une basse adulation des passions les plus dépravées. Au temps d'Alexandre les efforts de l'art furent absorbés par les exigences de la vanité privée, et le pays qui autrefois avait refusé une statue à Miltiade, vit ses législateurs et ses héros confondus dans l'ignoble tourbe de femmes perdues, de joueurs de flûte, de sophistes et de poètes obscènes qui déshonoraient ses places publiques.

A un seul homme, dont l'administration n'allait pas au-delà de dix ans, on ne vota pas moins de 360 statues. Lycippe se bornant à la seule imitation de la nature, les types sublimes de la beauté idéale évoquée par le ciseau de Phydias devinrent inintelligibles, ces magnifiques productions dont Quintilien disait qu'elles semblaient élever les sentiments de la religion populaire en la dégageant des liens de la matière. C'est alors, pour adopter l'expression de Pline l'ancien, que l'art vint à cesser : *Cessavit deinde ars.* (*D'après la Revue de Dublin*).

jours faire place à l'enthousiasme et à la sévérité des mœurs? *

Portons cependant notre attention sur quelques points qu'il importe de relever dans un ouvrage qui traite exclusivement de la restauration de l'art chrétien.

Peut-être quelques personnes éprouveront-elles du mécompte en voyant que ce volume n'est pas un livre d'exemples et de plans. Mais elles voudront bien considérer qu'il ne vise qu'à exposer les *principes* par l'étude desquels elles seront mises à même, non-seulement de choisir de bons modèles pour elles-mêmes, mais aussi de produire des ouvrages non moins beaux et non moins conséquents que ceux du moyen-âge. Ainsi que nous l'avons remarqué précédemment, le grand défaut des ouvrages gothiques modernes, c'est que les plans en sont si souvent tracés sans une connaissance parfaite des principes des artistes anciens; et il est beaucoup plus important de propager ces principes que de multiplier les modèles pour une imitation servile. Le vrai moyen de devenir un bon architecte chrétien n'est pas de s'entourer de livres de dessins et d'exemples mesurés au compas, *quelqu'utile et quelqu'important que cela puisse être d'ailleurs*, mais de se mettre en

---

* Une remarque qui nous a souvent frappés, c'est qu'il règne une apathie déplorable à prendre part aux cérémonies religieuses. On remédierait en grande partie à ce mal en faisant participer plus ostensiblement des enfants et des jeunes gens aux saints offices de l'église. Au lieu de présenter l'aspect désolé qu'elles ont aujourd'hui et d'être remplies de laïques et de dames en costume séculier, pourquoi les stalles n'offriraient-elles pas le coup-d'œil plus agréable de choristes en soutane et en surplis? Le chœur est sans doute la place convenable aux chantres, et par cet arrangement l'office divin gagnerait considérablement en solennité et leur propre maintien deviendrait plus respectueux. Combien de jeunes gens ne pourrait-on pas élever ainsi dans l'amour des cérémonies solennelles de l'église, aussi bien que dans des habitudes de recueillement et de dévotion? Il ne suffit pas de dire qu'on *emploie* ainsi un petit nombre de jeunes garçons : ce nombre n'est rien en comparaison de celui qu'on pourrait employer, et nous ne nous rappelons pas avoir jamais vu de choristes chantant dans les stalles, excepté pourtant un jour où trois hommes y bourdonnaient nonchalamment une messe de requiem.

possession des vrais principes, puis de les développer pour soi-même — de saisir l'esprit des temps passés, l'idée vraiment chrétienne de l'art. Les hommes doivent apprendre à se dégager des idées modernes sur l'art gothique, mêlées comme elles sont avec les caricatures d'anciens bâtiments qui abondent, avant qu'ils puissent espérer d'accomplir quoi que ce soit de bon. *Ils doivent haïr toutes les tromperies* — les imitations en stuc, l'usage de veiner et de peindre le sapin pour le faire ressembler au marbre ou au chêne, la dorure des figures de plâtre, en un mot, les mille et une ruses des modernes pour produire de *l'effet* — ils doivent tout simplement viser à la *réalité*, sans quoi, avec tous les plans et tous les dessins du monde, ils seront complètement incapables de mettre au jour un ouvrage tolérable. *

L'application conséquente des vrais principes est naturellement une difficulté sérieuse, mais qu'on peut surmonter par l'étude et la pratique. Ce n'est que graduellement que la vérité se développe dans l'esprit, et M. Pugin, lui-même, confesse avoir travaillé un temps considérable dans l'ignorance de ces mêmes principes qu'il réhabilita plus tard, les appliqua parfois d'une manière fautive et irrationnelle. Mais ils se sont répandus en Angleterre, ils y ont été accueillis et ont pris racine dans l'esprit des hommes, ils y ont fleuri et produit une école d'architectes et d'artistes tout à fait sans rivale depuis les siècles de foi. Au premier rang on trouve M. Charles Hansom, qui, après avoir embrassé les vrais principes et s'en être pénétré, a orné l'Angleterre d'églises qui toutes se distinguent par leur aspect solennel,

* La plupart des erreurs modernes se commettent parce que les artistes sortent de leur voie naturelle, et elles sont par conséquent tout-à-fait inexcusables. On pourrait les éviter dans bien des cas, si ceux à qui on demande de fournir des plans voulaient seulement se mettre à réfléchir un peu et s'adresser quelques questions telles que celles-ci : Quel est l'objet pour lequel j'ai à faire un plan ? Où doit il être placé ? Que doit-on en faire ? Quelle est la construction de la matière particulière qu'on y emploie ? Quelle est l'expression particulière qu'il doit avoir ? Quelles sont les traditions d'après lesquelles il a toujours été exécuté ? Quels sont les symboles convenables ? Quels exemples en existe-t-il qui puissent nous servir de modèles ?

la beauté de leurs proportions, leur bonne et solide construction, et qui approchent, si elles ne les égalent déjà sous ces rapports, de celles de M. Pugin. Après lui, mais à une grande distance, en viennent d'autres, qui tous travaillent dans la même voie, couvrant l'Angleterre de nobles églises et d'autres bâtiments religieux, dont quelques-uns sont dignes des hommes d'autrefois.

Mais M. Pugin est artiste aussi bien qu'architecte, et dans ses détails et ses ornements il surpasse tout ce qui se peut concevoir. Cet homme habile et intelligent, rien que par l'application attentive et conséquente des mêmes principes, a restauré la splendeur de la peinture sur verre — les merveilles de l'art de l'orfèvre, les calices, les châsses, les reliquaires, les ostensoirs, les croix, les encensoirs, etc. — les lustres, les lutrins, les écrans, les candélabres, etc., en airain et en fer — les étoffes les plus riches d'or et de soie pour les vêtements et les tentures — les broderies les mieux travaillées des figures de saints — en un mot, tous les arts qui relèvent de l'Église, et cela malgré toutes les difficultés, en apparence insurmontables, qu'il a rencontrées dans les pays protestants. *

Voici ses propres paroles lorsqu'il parle de ses efforts :

« Je suis tout disposé à admettre que plusieurs des églises qui ont été érigées d'après l'ancien principe sont pleines de défauts, mais en ressuscitant un art longtemps perdu, ceci était inévitable. On doit se rappeler que toute la restauration a été une série d'expériences, tout

---

* Le nombre des églises catholiques existant aujourd'hui en Angleterre, et la richesse et la beauté de leurs ornements rendent un voyage en ce pays digne de tout amateur de l'art ancien. Nulle part il n'y a de vitraux comme ceux de la belle église, bâtie d'après les plans de M. Hansom, à Erdington, près de Birmingham. Les nouveaux vitraux de la cathédrale de Cologne ne peuvent pas même leur être comparés. L'ameublement et les vases sacrés de Saint-George, à Londres, à Cheadle, à Ushaw, de l'église d'Erdington et de celles d'autres localités, sont des restaurations parfaites de l'art chrétien. Il n'est presque pas d'église qui ne possède quelque chose qui vaut la peine d'être vu.

avait dû être créé, depuis le goût du patron jusqu'à l'artisan pour exécuter. Après trois siècles de négligence et la perte des anciennes traditions et des procédés mêmes employés par les anciens artistes, ce n'était pas chose aisée de reproduire leurs habiles ouvrages dans toute leur variété. Il était impossible, il y a quelques années, de se procurer les articles les plus communs d'un ameublement d'église, si ce n'est dans le style le plus avili — il n'y avait pas de sculpteurs en bois ou en pierre, et pour les ouvrages en métal telle était la difficulté de trouver des ouvriers, que pour la première lampe que j'aie produite je fus forcé d'employer un vieil Allemand, qui faisait des moules à gelée pour les pâtissiers, comme la seule personne qui comprît l'art de façonner le cuivre dans ses anciennes formes.

« Nous étions forcés d'exécuter simultanément les ouvrages en maçonnerie, en charpenterie, en bois et en pierre sculptés, les vîtraux, les carreaux émaillés, les cuivres gravés, l'ouvrage en métal, depuis le plus précieux jusqu'au plus commun, la broderie, le tissage de la soie et les brocarts. Il n'est pas surprenant qu'une entreprise aussi compliquée et aussi difficile ait été accompagnée de plus d'une méprise et de plus d'un échec et n'ait obtenu qu'un succès partiel; cependant nous avons réussi, après tout, et avec de la persévérance le but sera atteint complètement. On raconte du célèbre chirurgien Abenethy qu'il disait souvent à ses élèves qu'un homme avait besoin de gâter un boisseau d'yeux, avant de pouvoir devenir un habile oculiste; et la même comparaison est de mise quand il s'agit d'acquérir la connaissance de l'architecture et de la décoration ecclésiastiques. »

Et dès qu'une fois les vrais principes et leur juste application viendront à être bien compris, nous pourrons espérer de les voir produire dans ce pays les mêmes résultats. Nous n'avons pas de raisons de prévoir un non-succès : ce qui a été fait déjà est une garantie que, dans des circonstances plus favorables, le succès sera plus fréquent et que des productions meilleures naîtront de toutes parts. Le livre que nous avons sous les yeux a fait des merveilles en Angleterre, et nous espérons sérieusement qu'on ne le lira pas avec nonchalance, pour le replacer ensuite sur le rayon, en accusant à tort les auteurs d'être des enthousiastes, mais qu'on l'étudiera avec soin et attention.

Le chemin de la restauration peut se hérisser d'obstacles et de difficultés qu'il est bon de signaler, pour qu'on soit préparé à les rencontrer et à les combattre.

1° L'amour du gain, la jalousie et la concurrence. — Rien ne saurait être plus préjudiciable à l'art que le système actuel d'entreprendre et d'exécuter les travaux. Naturellement les architectes et les artistes doivent vivre et être payés, bien payés même, et si nous nous plaignons qu'ils entreprennent des travaux par amour du gain, nous n'en avons guère d'autre raison que leur asservissement à ce misérable système de concurrence. Comment pouvons-nous espérer de voir exécuter de beaux ouvrages, tant que le talent et l'énergie des individus sont entravés et étouffés par les résolutions des comités et la concurrence qui domine les devis? Et lorsqu'on donne le moins d'argent possible pour la plus grande somme de travail possible, comment pouvons-nous être surpris que des hommes soient jaloux des succès les uns des autres et ne soient plus poussés par des mobiles tels que l'honneur de Dieu et la dignité de la religion? Et qu'y a-t-il d'étonnant qu'ils visent, ce qui est pire, à quelqu'originalité excentrique, qui n'est autre chose que la glorification de soi-même, une dégradation de l'art et un malheureux précédent qui bientôt est imité par les autres, principalement s'il est sanctionné par un nom de poids et d'influence? Combien le véritable esprit de l'art chrétien diffère de celui-là! Nous recherchons, nous, *l'autorité* et non pas *l'originalité*; nous aspirons à fonder un *principe* et non pas une *célébrité individuelle*, et tout homme qu'anime cet esprit, loin de désirer d'occuper une position où il n'ait point de rivaux, se réjouit quand on l'égale et est ravi quand on le surpasse. Il est beaucoup plus agréable de voir un principe compris et pratiqué par un nombre considérable de personnes que de jouir seul d'une célébrité exclusive ; et ce sont précisément ces points qui distinguent l'artiste catholique de l'artiste païen. Le premier cherche la gloire de Dieu et de l'Église ; le second, les applaudissements et l'admiration des hommes ; l'un se borne à travailler conformément aux anciennes traditions, dont il ne se hasarde pas à dévier ; l'autre est perpétuellement à la poursuite de nouveautés qui puissent attirer l'attention sur lui et lui donner de la renommée ; de là toutes les horribles innovations introduites au XVIme siècle par les artistes semi-païens qui méprisaient et rejetaient la sagesse séculaire du catholicisme, afin de pouvoir étonner pour un moment par leurs extravagances. Ces hommes, qui sacrifiaient à un triomphe mondain, étaient remplis d'envie, de jalousie et de l'esprit de dénigrement ; mais des passions aussi viles, qui étaient toutes naturelles aux cours païennes des Médicis, ne trouvaient point accès chez les architectes catholiques du cloître, entièrement dévoués à *l'objet* pour lequel ils travaillaient, et qui, après avoir élevé les monuments les plus glorieux qui soient jamais émanés du génie de l'homme, n'ont pas seulement transmis leur nom à la postérité. Et ne nous est-il pas permis d'espérer que, comme autrefois, beaucoup d'artistes se lèveront, pour poursuivre la grande œuvre dans l'esprit de vérité, non pas au milieu des querelles de l'antagonisme, non pas en prostituant leur art par amour du gain, non pas en se faisant les proxénètes de l'ignorance et des fantaisies capricieuses de ceux qui pourraient les employer ; des artistes d'un esprit ferme et ennemi des honteux compromis, qui feront revivre dans toute leur intégrité l'architecture et l'art catholiques ?

Les connaissances nécessaires pour devenir un heureux restaurateur de l'art ancien sont à la portée de tous ; pour l'exercice de l'art on n'exige point de patente, il n'y point de secrets cachés, point d'instruction particulière qu'on ne puisse acquérir par l'étude et des recherches patientes. Ceux qui désirent atteindre l'excellence *doivent se défier d'eux-mêmes et devenir d'humbles disciples des anciens architectes catholiques, dont le muet enseignement peut se lire sur tous les monuments vénérables, depuis les plus humbles églises paroissiales jusqu'aux vastes et hautes cathédrales*, et alors les idées justes et les constructions satisfaisantes deviendront générales, comme dans les temps antérieurs. »

Le système de concurrence, d'un autre côté, produit toutes sortes de maux, non seulement pour l'architecte et son ouvrage, mais pour les constructeurs et les ouvriers. D'abord, les maîtres souvent, sinon toujours, entreprennent la plupart de leurs travaux au hasard. Ils trouvent peut-être, lorsque le plan de l'ouvrage est tracé, que le devis est trop bas, et naturellement ils s'efforcent de se garantir autant que possible de toute perte en rognant les journées des ouvriers et en pressant le travail. Ceci ruine les ouvriers. Des journées iniquement insuffisantes les dégradent et les font vivre comme des brutes; et l'excessive précipitation dans le travail les rend grossiers et négligents. Un ouvrier ne se guérit jamais de pareilles habitudes. Vous l'avez réellement ruiné comme artisan, du moment que vous l'avez rendu négligent et indifférent. En outre, lorsqu'il est sans ouvrage ou que sa journée est trop faible, la moitié de sa famille vit de la charité publique, ce qui est dégradant de soi et ne devrait jamais être, et il s'enfonce de plus en plus dans le mal et il finit par devenir socialiste ou chartiste.

Ensuite, ceux qui ont présenté une soumission honnête pour un ouvrage et qui n'ont pas réussi (surtout s'ils voient leur concurrent préféré perdre de l'argent à l'entreprise), peuvent faire ce raisonnement. « J'ai demandé un prix raisonnable et j'ai été repoussé; cet homme se ruine et fait tort à ses ouvriers, et c'est lui qu'on préfère! » Et lorsque ce cas se présente pour une église, l'objet ainsi exécuté s'accocie dans son esprit à des souvenirs désagréables, ce qu'on devrait éviter dans tous les temps, et particulièrement dans ces jours d'indifférence.

De plus, ce même système introduit des habitudes qui ravalent : on rabat du prix qu'on avait primitivement demandé, ou bien on accepte moins, ce qui nuit tout autant à la société que la pratique que nous venons de relever. Cela fait paraître un homme malhonnête, et peut-être l'est-il réellement dans la plupart des cas. Si le prix plus bas est suffisant, pourquoi en demander un plus élevé? A coup sûr, il est dégradant pour un homme, comme être moral, de se soumettre à une pareille réduction. Cela encourage les artisans à former des demandes excessives, *de peur qu'on ne leur retranche trop*, et par là une personne honnête qui donne le prix demandé se trouve trompée, tandis que les hommes sordides s'en retirent avec les quelques francs qu'ils s'imaginent avoir gagnés sur le travail d'un malheureux, sans penser qu'en détruisant la confiance qui doit régner entre le patron et celui qu'il emploie ils sapent les bases de la société.

2° Préjugés, mauvais goût et faux principes. — Il n'est pas à espérer qu'un système qui a gagné du terrain pendant les trois derniers siècles et qui a fini par s'introniser en haut lieu comme le type et l'apogée de l'excellence et du *bien faire*, puisse être renversé en un jour. Le génie de la beauté a fui loin de l'âme des hommes, et on doit l'évoquer longtemps et avec instance avant qu'il se détermine à réapparaître. Nous avons du moins cet avantage dans nos travaux que nous ne cherchons pas à détruire sans avoir à offrir quelque chose de plus beau et de plus attrayant que ce que nous condamnons; mais, malgré cet avantage, l'expérience nous apprend que les personnes dont nous pourrions attendre le plus d'appui sont précisément celles qui nous feront le plus d'opposition; non pas peut-être par aucun mauvais motif, mais par suite de leurs préventions en faveur du système sous lequel elles ont été élevées, par suite du mauvais goût qui les rend incapables d'apprécier les œuvres de l'art chrétien, et par suite des faux principes qui dans l'exécution des ouvrages ecclésiastiques prévalent si généralement. Nous devons être préparés à toutes ces hostilités, et nous devons les combattre vigoureusement et sans jamais baisser pavillon. Jamais nous ne devons nous décourager. Nous devons essayer de propager les vrais principes, de faire prendre en aversion aux masses l'état de l'art si dégradé aujourd'hui, attirer leur attention sur quelque chose de meilleur et de plus pur, et laisser le résultat aux mains de Dieu.

Ce sera une œuvre difficile que de vaincre les préjugés.

Le peuple étant accoutumé à ne voir la religion qu'associée à certains ornements extérieurs, un certain degré de prudence devra guider nos efforts, et nous ne devons pas être surpris si le peuple tressaille d'étonnement lorsqu'on vient lui dire que ce qu'on l'a habitué à vénérer est puéril, frivole et propre à ridiculiser la cause même que tout cela a mission d'honorer.

Parlez à ces dévots égarés qui donnent à un tronc une toilette à la mode, à ces croyants pauvres qui vénèrent cet objet, parlez-leur de nobles figures chrétiennes placées dans une niche et sous un dais, sculptées avec toute l'habileté de l'artiste et étincelantes d'or et de couleurs, *et ils s'attacheront avec plus de ténacité à ce qui pour eux a la force de l'habitude. Ce n'est qu'en plaçant réellement devant eux quelque chose de meilleur — quelque chose qui relève vraiment la dignité de la religion*, et donne autant que le travail humain peut le faire, une juste idée de la Vierge Mère et de son divin enfant; ce n'est qu'au moyen d'ornements convenables et exempts de toute tromperie et de tout mauvais goût, que nous parviendrons à les sevrer graduellemet de leurs idées actuelles.

Une figure purement païenne en marbre blanc, comme celle de Notre-Dame, à Bruges, et que l'on attribue à Michel-Ange, ne produira jamais rien, quelle que soit sa beauté comme œuvre d'art. Il n'y a là rien qui charme ou attire — c'est une déesse plus ou moins imposante, voilà tout. Dans le cours de l'ouvrage nous avons parlé du vrai caractère d'une image de Notre-Dame et des ajustements qui lui conviennent. Nous devons renvoyer à notre description, p. 171–172. Il en est de même de l'espèce actuelle d'anges et de saints, productions de l'école du naturalisme et de ce paganisme-spectre, l'ennemi le plus insidieux qui soit jamais sorti d'une tombe mal fermée. Qu'il est difficile, lorsqu'ils ont constamment ces formes sous les yeux, de convaincre les hommes de l'étonnante supériorité des figures chrétiennes, en dignité, en calme, en expression, en vérité et en signification mystique! « Comme c'est naturel, » voilà l'unique formule par laquelle les modernes jugent de la vérité dans l'art, et c'est ainsi que des anges volants, agités et poussés comme s'ils étaient dans un tourbillon de vent, que de robustes apôtres à barbes et mal drapés, des saints, des évêques, des martyrs, sans une seule parcelle d'expression ou de sentiment religieux, sont des types de beauté pour ces hommes à l'âme enténébrée.

Qu'il est difficile de les réformer! Ou, pour choisir un troisième exemple, qui pourra aisément persuader à des gens habitués dans les églises modernes aux autels ouverts, nus et que rien ne protège contre les profanations, que les anciennes clôtures détruites par les calvinistes, par les mécréants révolutionnaires, hélas! et par le goût innovateur des ecclésiastiques, sont non seulement belles, mais même nécessaires? *
Et il en est de même d'autres objets : nous devons nous attendre à des objections contre les fenêtres à vitraux au-dessus des autels, parce qu'on est prévenu en faveur des colonnes de marbre énormes et des tableaux immenses, et parce qu'on suppose que des flots de lumière tombent à travers ces fenêtres dans les yeux du célébrant; nous devons nous attendre à des objections contre les vêtements amples, parce qu'on croit qu'ils sont inconvenants ou trop coûteux; contre l'intro-

* « L'état ouvert des chapelles et des autels a souvent donné lieu aux plus grossières profanations : plus d'une fois des chiens souillent les lieux sacrés, et les autels du sacrifice sont convertis en porte-chapeaux pour la congrégation. Vers la fin du siècle dernier il y avait tant d'irrévérence à Notre-Dame, que l'archevêque de Paris fut obligé de donner ordre que personne ne se permît de déposer des chapeaux et des cannes sur les autels latéraux pendant la messe, et en plus d'une occasion j'ai vu des dames y mettre leurs châles et leurs parasols. Tel est le résultat de l'accès ouvert des autels; lorsque la barrière visible est enlevée, l'esprit perd bientôt toute idée de respect, et les marques extérieures de vénération étant dédaignées, la vénération intérieure s'évanouit promptement. » PUGIN.

duction de la couleur employée pour la décoration ecclésiastique, à cause de sa prétendue parenté avec le clinquant; en un mot, nous rencontrerons des objections de tout genre à chaque pas, mais nous ne devons pas nous décourager; notre mot d'ordre dans toutes les circonstances doit être « *essayez.* » *Commençons par quelque chose, n'importe son insignifiance apparente, ceci conduira à autre chose encore, et à la fin nous serons certains de réussir.* *

Nous devons nous attendre à une opposition non moins opiniâtre de la part du mauvais goût. Les églises sont devenues des musées de choses grossières, et on ne peut pas espérer que des gens dont depuis l'enfance le goût a été formé par les objets que l'œil y rencontre, deviennent capables de reconnaître la vraie beauté, si ce n'est par degrés lents et insensibles. C'est en effet quelque chose de surprenant que le manque complet de bon goût qui règne de tous côtés. Nous ne pouvons comprendre en aucune façon comment des personnes qui montrent le goût le plus parfait dans leur toilette, en matière domestique, etc., puissent se rendre coupables de crimes de lèse-beauté aussi exorbitants en matière ecclésiastique. Pour ne point parler de motifs plus élevés, il est réellement étonnant qu'elles puissent supporter le contraste entre les arrangements dispendieux et élégants de leurs maisons et les ornements de la maison de Dieu. Avec son clinquant, ses fleurs artificielles, ses dentelles communes, son calicot, son carton, son papier peint, ses paillettes, avec sa vieille soie et ses vieux rubans et ses milliers d'autres abominations viles, l'autel de Dieu

---

* Nous rencontrons fréquemment des cas où se présente une occasion favorable d'amélioration, mais on s'obstine malicieusement dans ses anciennes idées. Comme exemple nous pouvons citer ce fait : Nous avons dessiné pour un ecclésiastique une bannière funéraire d'un caractère chrétien : on y voyait le Seigneur assis sur son trône au jugement dernier, avec d'autres images brodées des derniers sacrements, et le prêtre préféra une vile masse de symboles païens sous la forme de saules pleureurs, de sabliers ailés, de serpents, etc. On paya pour cette bannière une somme considérable et amplement suffisante pour une autre du meilleur travail et digne par son dessin d'être appendue dans une église chrétienne.

a plutôt l'air d'une baraque de foire que du trône solennel du roi des rois. *

Ce fait affligeant est signalé dans le cours de cet ouvrage; nous nous contenterons donc d'ajouter qu'il doit être attribué à un mal beaucoup plus profond, au mauvais principe d'après lequel il est à craindre que le peuple n'agisse, celui de décorer une église comme on décore un théâtre. Tout semble avoir été fait pour l'ostentation et l'effet, et non pas pour honorer Dieu. Tout est éclat, clinquant, ostentation. A certains jours de fête on étale les meilleurs chandeliers, des anges dorés, ou peut-être même des anges volants, suspendus au toit de l'église, des manteaux brillants pour les images, d'énormes pots de fleurs éclatantes, des miroirs, des vêtements paillettés, etc. — Le tout flatte passablement l'œil, mais, *proh pudor!* regardez par derrière, les chandeliers sont dorés d'un seul côté — les anges sont faits de plâtre ou peints sur des planches de sapin sciées aux contours des figures — là où l'œil ne les rencontre pas les étoffes ne sont que du coton — les fleurs sont faites de papier — les vêtements ont des paillettes d'étain et sont bordés de calicot — tout l'étalage n'est que tromperie et n'a ni réalité ni solidité et a l'air d'avoir été loué pour la circonstance. Hélas! quel contraste avec le solennel et majestueux appareil des jours plus heureux! Même pendant la première période de la manie du paganisme, les hommes ne songeaient encore à offrir à Dieu que ce qu'ils avaient de meilleur. Ils

* Les cierges généralement en usage sur les autels des églises flamandes sont mauvais et dans la forme et dans l'apparence. Celle-ci est malpropre, et celle-là ridicule. Les cierges pour l'autel doivent certainement être faits de la cire blanche la plus pure, et leur grosseur doit être proportionnée à leur hauteur. Généralement parlant, ils devraient avoir quatre fois leur grosseur actuelle, ils auraient alors un air plus ecclésiastique. Même dans les plus gros chandeliers on voit des cierges qui ne sont pas plus gros que ceux que portent les plus petits, tandis qu'un peu d'attention nous apprendrait assurément que des candélabres massifs s'élevant à 5 ou 6 pieds de hauteur doivent porter des cierges de proportions correspondantes. Rien n'est plus ridicule que de voir un flambeau insignifiant, un peu moins gros que le doigt, placé sur un chandelier qui a 5 ou 6 pieds de haut.

prodiguaient leur fortune dans des marbres et des tableaux précieux, dans de riches étoffes et de magnifiques ouvrages en or, en argent, en airain. Mais aujourd'hui le paganisme n'est plus même réel, et faire paraître une chose ce qu'elle n'est pas est considéré comme le comble de la perfection. Vraiment, il y a de quoi pleurer à voir les vils et pitoyables expédients auxquels on recourt pour décrier la maison de Dieu. Il vaudrait certainement mieux de pécher par trop de simplicité — infiniment mieux de laisser une église vide et nue, que de la remplir d'objets qui ne sont propres qu'à attirer sur la religion le ridicule et le mépris. Dieu sait avec quelle douleur nous faisons ces remarques — mais comment s'en abstenir, quand personne ne semble appeler l'attention sur un mal d'une telle gravité, et que les églises offrent un aussi affligeant contraste avec leur magnificence et leur solennité d'autrefois?

Le singulier mélange de luxe et de parcimonie qu'on remarque dans les usages et les pratiques de notre temps oppose souvent un déplorable obstacle au progrès de l'art chrétien. Le vrai principe de cet art c'est essentiellement l'abnégation, c'est une opposition absolue à toute espèce d'égoïsme. Honorer la maison de Dieu et le moindre objet qui se rapporte au service de l'Éternel est une œuvre ou plutôt une prérogative si digne et d'un ordre si élevé, qu'elle est incompatible avec la dégénérescence moderne. L'excessive vulgarité de presque tous les ajustements des églises modernes prouve que l'esprit ancien a fait défaut depuis longtemps, et qu'il n'anime plus qu'un petit nombre d'âmes qui soient disposées à sacrifier tout ce qu'elles peuvent à la cause sainte. Aussi nos progrès ne peuvent-ils être que fort lents, jusqu'à ce que, d'un côté, le peuple apprenne que l'honneur de Dieu demande quelque chose de plus que des murailles nues, du clinquant, du papier à joncher, du calicot, des friperies et des antiquailles qu'on ne tolérerait pas pour ses usages domestiques, et que, de l'autre, les artisans consentent à travailler *au moins* autant par amour de la religion que par amour du gain. *

* Un exemple de la déplorable absence de cet esprit est parvenu à notre connais-

PRÉFACE DES ÉDITEURS.

Nous faisons souvent ressouvenir que dans le culte qu'on rend à Dieu on lui doit les offrandes les plus choisies et les plus précieuses. Il n'y a rien d'aussi offensant que la parcimonie en matière de religion, alors que nous prodiguons l'argent pour d'autres usages mondains ou que nous le gardons pour nous-mêmes. Lorsque certaines personnes desirent économiser de l'argent, elles commencent d'ordinaires leurs économies par la religion, et elles sont toujours prêtes à nous répéter que l'on peut aussi bien honorer Dieu dans une grange que dans un temple magnifique, que les premiers chrétiens se contentaient de célébrer leur culte entre des murailles de lattes et de plâtre, et que les couvents de telle nation sauvage servaient le Seigneur sans aucune pompe. — *Tout cela peut-être très-vrai, mais n'a rien de concluant ici, parce qu'on omet ce point essentiel que nos prédécesseurs dans la foi agissaient d'après le principe de consacrer au service de Dieu ce qu'ils avaient de meilleur, et que c'est*

sance l'été dernier. Des vêtements pour grand'messe, d'une valeur de 15,000 francs, furent commandés à un artisan de Gand par un ecclésiastique, qui stipula qu'ils devaient être d'un dessin gothique. Nous offrîmes d'en surveiller l'exécution et de fournir les modèles requis, mais, après bien de pourparlers, l'offre fut rejetée par l'artisan, sans même avoir été communiquée à l'ecclésiastique, *par le motif que l'introduction des vêtements gothiques diminuerait les bénéfices que donnent ceux actuellement en usage.* Il y eut ici une belle occasion entièrement perdue par l'avarice, et cela *prouve que les bénéfices du système de clinquant et de carton doivent être exorbitants, puisque de ce chef on crut devoir s'opposer à un système de vêtements plus convenables.* Nous aurions pu faire revivre les anciens orfrois brodés d'images et ces superbes étoffes de velours et d'or qu'on voit si souvent représentées dans les anciens tableaux, ce qui nous aurait permis de produire un assortiment de vêtements du caractère le plus majestueux, de la matière la plus solide et de l'effet le plus imposant. Et tout cela eut lieu en dépit des ordres de l'ecclésiastique qui avait fait la commande, qui avait expressément demandé que les ornements fussent en style gothique, et qui ne fut empêché dans son projet que par l'avarice du fabricant. — Ceci prouve qu'il est plus que temps que les ecclésiastiques portent leur attention sur cet objet.

précisement ce qu'un pareil raisonnement tend à nous empêcher de faire.

Et tandis que, d'un côté, on doit combattre cette politesse avaricieuse, de l'autre, on ne peut que condamner cette folle extravagance et ce gaspillage d'argent qui par une anomalie étrange, quoique par une conséquence nécessaire, découlent du travers opposé. « Les choses à bon marché coûtent souvent le plus cher, » dit le proverbe, ce qui est certainement vrai, quand le bon marché et l'ostentation marchent de pair. De là les perpétuelles dépenses occasionnées par les renouvellements et les réparations — l'usage fréquent de la peinture, du badigeon, du plâtre, de la dorure d'imitation, et d'autres moyens de passagère durée. *

L'argent ainsi dépensé l'est en pure perte, et ceci n'est que la conséquence inévitable du principe que nous avons déjà condamné, *le désir de faire beaucoup d'ostentation avec très peu d'argent*.

Qu'on ne suppose pas néanmoins que nous ne comprenions pas la nécessité de la prudence. Nous condamnons l'extravagance sans distinction de forme, soit qu'elle se produise par la petitesse et la

---

* Dans la cathédrale de Bruges, qui est aussi défigurée par ses ajustements intérieurs qu'aucune autre église belge du même rang et qui renferme un ameublement d'autel tout aussi commun et tout aussi vil, les autorités, tout en criant bien haut à la pauvreté, se sont mises dernièrement à faire réargenter quelques hideux chandeliers d'autel en bois, au prix de 150 francs chacun! Ce qui fait près de mille francs de prodigués. Pour 250 francs pièce elles auraient pu avoir des chandeliers de laiton fort beaux et artistement travaillés, qui, sans autre dépense ultérieure, auraient duré des siècles, et ç'aurait été autant de fait pour la restauration de leur église. Les gens qui font de pareilles choses méritent d'être pauvres. La nécessité de conserver l'ensemble d'un autel grec était la raison alléguée pour cette dépense, mais si l'on doit toujours continuer de ce train — si l'on ne doit jamais mettre la main à l'œuvre jusqu'à ce que nous devenions parfaits tout d'un coup — si de petites sommes vont ainsi être gaspillées — où est le moyen de se mettre en mesure de faire le tout? Nous pourrions aussi bien renoncer une fois pour toutes à tout espoir d'un état de choses meilleur.

vulgarité, soit qu'elle naisse d'une erreur fort commune, la tentative de faire trop. Prenons un exemple approprié à notre sujet. Dans le cours de cet ouvrage (p. 117), on fait l'observation que toutes nos plus belles églises furent bâties par degrés — qu'on se procurait d'abord un bon plan, répondant sous tous les rapports au but qu'on se proposait, et qu'on l'exécutait à mesure que les fonds le permettaient. Ceci est certainement la manière de procéder la plus raisonnable, et, à en juger d'après les circonstances, le seul espoir de voir jamais un certain nombre de belles églises. C'est un grande erreur de supposer qu'une église doive être bâtie tout d'une fois, et une erreur qui conduit souvent à des difficultés sérieuses. Nous devons faire tout ce que nous pouvons, et laisser aux autres à achever notre ouvrage. Ou si nous tenons à avoir une église complète et parfaite, contentons-nous d'une église de dimensions petites ou moyennes, plutôt que de viser à un bâtiment qui, avec des murailles minces, des moulures exténuées, des réseaux à l'air étique et de maigres contre-forts, ne sera que le fantôme de ce qui doit être. Et, pour éclaircir ceci par un exemple qui de tous est peut-être le plus important, si nous ne pouvons produire un clocher, contentons-nous d'un campanile ou clocher-arcade, et n'érigeons pas une tour mince et misérable, qui a l'air d'être faite de carton et semble devoir être renversée par le souffle du premier vent violent qui s'élève. Les tours et les flèches anciennes sont des monuments massifs, emblèmes de la forteresse de la vérité, et non pas de chétives constructions qui doivent s'évanouir au bout d'une génération ou deux.

La splendeur et la grâce de quelques-unes de nos anciennes tours et flèches doivent avoir frappé tout homme dont le cœur n'est pas entièrement fermé aux impressions de ce qui est beau et noble dans les objets visibles. Les clochers modernes produisent fort peu en général des émotions de ce genre. Trop souvent le clocher naît du toit de l'église, au lieu de s'élever du sol sur sa propre base, et il est presque invariablement rabougri et maigre. Nous n'aurons pas la dureté de citer des exemples, mais un très-court voyage suffira pour prouver à l'observateur qu'il y a à peine une église érigée dans ces derniers temps qui ne soit sujette à une critique sévère de ce chef. Ceci est d'autant plus à regretter que le campanile remplace d'une manière très-satisfaisante le grand clocher, et qu'on pourrait assez souvent l'adopter, là surtout où les fonds sont insuffisants pour bâtir une bonne tour. Un *bon campanile* est dix fois plus beau qu'un misérable clocher, et même le petit beffroi de bois que l'on rencontre quelquefois dans des districts sauvages, est réellement susceptible de beauté et d'une heureuse appropriation, si le plan en est fait par quelqu'un qui a le sentiment du beau et du pittoresque. On peut remarquer aussi avec raison qu'une différence de position donnera une apparence suffisante à une tour ou à une tourelle, qui auraient paru mesquines si elles avaient été placées à l'endroit ordinaire, l'extrémité occidentale de la nef. Restreints comme le sont aujourd'hui les architectes dans les ressources pécuniaires, nous ne pouvons que nous étonner de ne pas les voir faire plus souvent usage de la liberté qu'on a de se départir de l'arrangement ordinaire, et de bâtir une jolie tourelle au lieu d'une détestable tour. Les exemples de ceci sont fort nombreux, et on peut en trouver dans les planches où nous avons représenté une chapelle domestique, une église de village et une chapelle de palais épiscopal. Ce qui approche le plus d'une méthode de donner de l'importance à un clocher, c'est l'innovation de faire sortir la tour de l'aile, et non pas de la nef, ce qui lui donne une plus grande hauteur comparative.

Et qu'on ne nous soupçonne pas d'approuver la parcimonie dans la bâtisse ecclésiastique, si nous disons ici que le choix des matériaux fait en ayant égard à la situation de l'édifice et à d'autres particularités locales peut souvent faciliter la construction d'une église, en réalité beaucoup plus belle que celle qu'on bâtirait en négligeant cette distinction. Presque toutes nos anciennes églises d'une dimension moyenne et d'une richesse de décoration ordinaire, sont construites en pierres non taillées; dans certains pays même on y a introduit souvent de petits cailloux ronds recueillis dans les environs, les pierres de taille n'etant employées que pour les coins et pour les fenêtres et leurs réseaux. L'effet de ceci est *meilleur* que celui de l'appareil carré et uni, dans les petites églises, et dans bien des cas la dépense serait diminuée non seulement en économisant le travail des maçons, mais aussi en mettant à profit les pierres du voisinage qui souvent sont impropres à être taillées, tandis qu'elles conviennent parfaitement à des murailles en hourdage. Et ceux qui ne s'émeuvent pas des clameurs du moment ne craindront pas de faire usage de la brique là où l'on ne peut se procurer la pierre qu'à des prix exorbitants. *Ce qu'on doit éviter, c'est la tromperie, et c'est pourquoi on évitera le stuc et toute espèce de matière qui facilite l'imitation;* mais la brique bonne et véritable est pour les églises une matière aussi légitime en elle même que la pierre ou le marbre, pourvu toujours qu'on l'emploie franchement et non pas *à l'imitation de la pierre*, non pas en la substituant uniquement à la pierre par amour du bon marché, non pas plâtrée en guise de piliers, afin d'encourager la construction d'une façade brillante du côté de la rue, tandis que le derrière est nu et sans détail respectable. Si nous regardons autour de nous, nous verrons de nombreux échantillons encore existants d'églises et de maisons bâties en briques, preuves du goût exquis avec lequel nos ancêtres employaient une matière d'aussi peu de valeur pour façonner les réseaux et les panneaux les plus délicats.

3º On trouvera aussi quelquefois que ce qui décrédite l'art chrétien et en entrave la restauration, ce sont les efforts peu judicieux d'amateurs qui, avec les meilleures intentions, mais sans l'expérience requise, se chargent de travaux qu'ils sont incapables d'exécuter *avec quelque chance raisonnable de succès*. L'admiration et la juste appréciation des ouvrages gothiques ne suffisent pas à beaucoup près pour rendre propre à tracer des plans et à produire, et les tentatives que nous voyons faire par quelques personnes pour devenir leurs propres artistes sont presque toujours certains d'aboutir à un avortement. Du mécompte pour elles-mêmes et du tort causé à la grande restauration, voilà d'ordinaire le résultat final. Tant et tant de choses sont requises avant que l'on soit autorisé à faire de pareilles tentatives, qu'on ne peut s'empêcher de regarder ceux qui s'y livrent comme poussés jusqu'à un certain point par l'opiniâtreté et l'entêtement. Nous ne voulons décourager personne, mais nous avons le progrès de l'art tellement à cœur que rien ne peut nous retenir de signaler ce que *l'expérience nous a appris être le résultat inévitable*. C'est de ces essais intempestifs que le progrès a eu le plus à souffrir. Et aujourd'hui surtout que nous en sommes encore à apprendre à apprécier, sans les comprendre, les restes de l'art ancien, qui, à parler par comparaison, existent en si petit nombre, et que nous avons perdu ou, tout au plus, retrouvé à peine les principes d'après lesquels on travaillait les diverses substances — la pierre, le bois, les métaux, le verre, les couleurs, les étoffes — nous devons tous sentir qu'il faut infiniment de jugement, d'étude et d'expérience pour assurer le succès.

L'usage de la couleur dans la décoration des églises exige plus qu'une dose ordinaire de jugement et de bon goût, et dans bien des cas qui sont parvenus à notre connaissance il a échoué complètement. On l'introduit trop souvent de la manière la moins judicieuse et avec un manque total de goût. Nous avons vu une chapelle où toute la surface des murs, du plafond et des piliers est couverte de « dessins pris du livre de Pugin » et choisis et appliqués avec une complète ignorance de l'usage véritable et légitime de la couleur. Ces gens zélés, mais inexpérimentés croient et essaient de persuader à tout le monde que ces dessins doivent être gothiques et corrects, *parce qu'ils sont empruntés au livre de Pugin*. Mais l'usage en est-il bien approprié? Voilà à quoi on ne songe nullement, et le blâme est jeté sur M. Pugin, parce que l'ouvrage ne répond pas à l'attente de ceux qui l'ont exécuté. Le grand malheur c'est que la plupart de ceux qui voient de pareils ouvrages sont trop facilement persuadés « qu'ils sont gothiques, » et le dégoût que ces exhibitions produisent inévitablement chez toutes les personnes d'un goût cultivé qui les examinent est extrême et contribue puissamment à entraver la restauration d'un état de choses meilleur.

L'usage de peindre des perspectives sur les murailles du bâtiment ne sera mentionné ici que pour être condamné. Ce n'est qu'une *pure déception* entièrement opposée au principe de la *réalité*, et on ne saurait la combattre avec trop de force. Il n'y a que fort peu de temps qu'une offense de ce genre fut commise dans une église de ce pays, en dépit de nos remontrances et de la recommandation de l'évêque. *Deux autels furent peints en perspective sur les murailles*, et la dépense en aurait payé un bon autel en pierre. Il y a aussi un échantillon de cette espèce de peinture à Anvers : c'est une représentation de longs transepts avec des piliers, des arches, etc. Quelle étrange inconséquence, en outre, de *détruire* dans une église tout l'ouvrage gothique réel et d'y peindre une représentation décevante d'un pareil ouvrage sur les murs ! « Qu'on ne s'imagine pas, continue M. Pugin dans la brochure que nous venons de citer, que je combatte l'usage légitime de la couleur dans la décoration d'église, mais on doit le restreindre dans des limites convenables, et avec beaucoup de jugement et de discernement. Les toits sont toujours susceptibles d'enrichissements en couleur ; il en est de même des autels, des panneaux, des triptyques, des croix, etc. ; mais la couleur ne remédiera pas à un défaut originel dans le plan d'un bâtiment.

« C'est une grande erreur de dépenser de fortes sommes d'argent à peindre, à dorer et à décorer des bâtiments qui sont *essentiellement pauvres de caractère et de construction*. Les bâtiments ecclésiastiques, si richement décorés pendant le moyen-âge, étaient les constructions les plus élégantes et les plus splendides, non pas des murailles unies de plâtre, mais moulées et sculptées depuis le plafond jusqu'au pavement.

« Les chapelles de Notre-Dame, à Ely et à Glocester, la maison chapitrale d'York, la chapelle de Saint-Étienne et la fameuse sainte chapelle de Paris, furent embellies et ornementées au plus haut degré dans leur construction avant qu'on y appliquât la dorure ou la couleur, et de plus elles avaient leurs fenêtres remplies de *vitraux richement émaillés*, ce qui adoucissait et harmonisait le tout »

Naturellement cette condamnation s'étend également à toutes les peintures décevantes de statues dans des niches, à l'usage de veiner le bois pour le faire ressembler à la pierre ou au marbre, à la pratique d'orner les antipendiums pour leur donner l'air de sarcophages. Tout cela est fait pour paraître, et semble être, ce qu'il n'est pas en réalité, dans le but d'attirer les regards de l'homme, et non pas d'honorer Dieu.

Il peut être bon aussi d'adresser ici un mot d'avis aux amateurs, *et on ne saurait trop le répéter à tous* — touchant un autre principe très-important ou plutôt un trait distinctif de l'art gothique, sur lequel on insiste particulièrement pages 99—101 de cet ouvrage, à savoir *qu'on doit obtenir l'augmentation de la dimension, non pas en agrandissant, mais en multipliant les parties*. C'est là qu'on montre qu'une colonne grecque, par exemple, est toujours la même, soit plus grande, soit plus petite, selon la dimension du bâtiment; mais qu'une colonne gothique qui se compose d'un seul fût dans une petite église, est augmentée en groupant ensemble un nombre de fûts dans l'intersection les uns des autres. Le même principe s'étend à toutes les branches d'ouvrage, et l'inobservation en entraîne une multitude infinie d'erreurs. Dans l'ameublement d'église moderne nous voyons le même patron prévaloir dans presque tous les objets, grands et petits — l'un est seulement une extension de l'autre. Les énormes chandeliers qui se trouvent devant le maître-autel à Gand consistent dans le même nombre de parties et pas davantage, et prennent la même forme et les mêmes contours que le chandelier le plus commun d'un autel de village — les plus grands d'entre les ostensoirs, les calices, les lanternes de nos jours ne sont autre chose qu'un développement des plus petits; mais cette manière trop simple de surmonter une difficulté n'est pas de mise dans le travail gothique. Un bon modèle pour un petit article en sera un fort mauvais pour un grand.

Plus un objet demande à être agrandi, plus on doit en multiplier les diverses parties — on le confectionne en augmentant le nombre des petites parties, et non pas en agrandissant quelques éléments simples. Et ceci explique la merveilleuse beauté et la variété extraordinaire des anciens ouvrages d'art, dans chacun desquels la vérité de ce principe se vérifie abondamment.

Qu'on se prémunisse donc, d'un côté, contre la pratique trop commune d'agrandir un petit dessin pour le faire tenir lieu d'un plus grand dont on a besoin, et, de l'autre, contre cet éclectisme universel mais antiartistique qui prend des parties d'objets différents pour composer le plan de ce qui est à faire. Dans l'un et l'autre cas, le résultat sera un *monstre*. Ce résultat, nous l'avons vu dans des essais fort récents qui sont parvenus à notre connaissance.

Un mot aussi à ceux qui, parce qu'ils se croient de bons dessinateurs ou de bons artisans, ont des prétentions au talent de *dessiner* un ameublement d'église. Si un homme à l'une de ces deux qualités *joint* la connaissance des vrais principes et que les restes du moyen-âge lui soient familiers, alors il a le droit de tenter cet essai, *sinon*, *non*. Un architecte n'est pas nécessairement un artiste, un simple dessinateur ou un artisan l'est beaucoup moins encore. Et si, comme il n'arrive, hélas! que trop souvent de nos jours, il a formé son goût et son style par une longue étude des restes païens et d'après l'enseignement d'académies païennes, il a moins de titres encore à se charger de cette tâche. * Comment un homme, qui toute sa vie n'a fait

---

* « Quelle infatuation extraordinaire, dit M. Pugin, montrent ceux qui demeurent dans le voisinage de quelque glorieuse église, capable par elle-même de procurer une ample instruction à tout étudiant qui se présenterait dans l'enceinte de ses murs, alors qu'ils prétendent fonder une école d'art : ils doivent nécessairement introduire une tête de taureau tronquée et une volute comme le beau idéal de la sculpture, afin de pervertir l'esprit et l'intelligence de tous les malheureux jeunes gens qui fréquentent leur établissement. Tôt ou tard viendra le jour où une tardive justice sera rendue aux ouvrages et aux talents merveilleux de nos ancêtres catholiques pendant les jours de foi, et où la brutale stupidité de ceux qui, complètement aveugles sur les mérites de leur pays natal, ont rempli chaque musée et chaque académie de modèles païens, sera universellement reconnue et cordialement détestée. »

qu'admirer des vases païens et des coupes de bacchante, sera-t-il capable de dessiner un calice chrétien? (voir la note, page 209) et la connaissance familière qu'il a des foudres de Jupiter, des guirlandes votives de Mars, des têtes de bélier et des autres symboles des dieux et des sacrifices païens, ne le rend-elle pas plutôt *impropre à un travail aussi saint?*

4° Il est pénible aussi d'avoir à signaler un autre obstacle très-affligeant qui s'oppose à la résurrection de l'art chrétien — la jalousie que l'on éprouve de l'emploi d'étrangers. Assurément rien n'est moins généreux ni moins catholique, rien n'est plus destructif de tout progrès dans l'art que de s'abandonner à un tel sentiment. Il n'y a que fort peu de temps que l'académie d'une ville assez célèbre dans l'histoire de l'art en Belgique, en répondant à la proposition de l'évêque d'offrir un prix par concours, disait qu'elle espérait qu'il n'admettrait pas les étrangers au concours, et bornerait celui-ci aux habitants du pays, puisqu'autrement il n'y avait pas de chance pour eux. Cette réponse, outre qu'elle implique un franc aveu d'infériorité et le consentement à l'admission d'une production médiocre pour la religion et par conséquent de modèles de second ordre pour les élèves, est tout-à-fait indigne d'un véritable amateur de l'art, et tant que l'on nourrit des principes aussi opposés au christianisme, nous ne pouvons espérer que peu de progrès. Nos pères cherchaient des ouvriers et des trésors dans toutes les parties du monde pour enrichir leurs églises; aujourd'hui encore, il y a en Angleterre beaucoup de restes des ouvrages des anciens Flamands, qui étaient renommés pour la sculpture en bois et les monuments sépulcraux en airain; et l'Angleterre à son tour était fameuse pour ses broderies, qui étaient fort recherchées à Rome. Aujourd'hui aussi, c'est un fait que quelques-uns des meilleurs sculpteurs en bois et en pierre de M. Pugin sont des Belges, et il semblerait, à en juger par les ouvrages récemment exécutés, que la Belgique doive redevenir célèbre pour ce genre de travail. Et pourquoi n'en serait-il pas ainsi? Nous travaillons dans ce pays avec des avantages beaucoup plus grands qu'on ne l'a fait en **Angleterre**; l'ancienne manière de ciseler le métal n'a pas été perdue, comme il l'était là, et ceci est un grand point; les bons artisans abondent, et il y a évidemment beaucoup d'artistes naissants; pourquoi ne mettrions-nous pas à profit les ouvrages d'autres pays, afin de nous aider de leur expérience pour avancer plus rapidement, au lieu de nous traîner pendant bien des années encore dans la pénible route des erreurs et des bévues? Plus on propagera les bons principes et le bon goût, plus il y aura de travaux à exécuter — toutes les restaurations qui s'effectuent à l'heure qu'il est donneront le désir de faire davantage; de sorte qu'il y a comme une espèce de suicide dans l'erreur qui consiste à croire que l'opposition à l'intervention des étrangers favorise la cause de l'art ou de la prospérité publique. C'est tout le contraire. La restauration de l'art chrétien suppose nécessairement la résurrection de l'austérité et de l'abnégation chrétiennes, et plus on fera comprendre au peuple combien il est nécessaire et urgent de rendre les églises à leur dignité et à leur splendeur anciennes, aujourd'hui que la religion est assiégée par des ennemis du dedans et du dehors, et tellement dédaignée par la tiédeur et l'indifférence de ses propres enfants qu'elle semble s'éteindre dans la langueur, et plus on créera de besoins et plus on augmentera la nécessité de les satisfaire. Une fois que vous aurez inoculé dans le peuple la juste appréciation de toutes les merveilles de l'art ancien qui nous restent encore, une fois que vous aurez commencé à restaurer l'ouvrage sculpté et les ornements solennels de nos églises, une fois que vous aurez ranimé un esprit de zèle pour embellir le palais du grand roi, qui depuis trois siècles a été dans un état de désolation, la flamme s'allumera et se communiquera d'un cœur à l'autre et brûlera avec plus d'éclat à mesure que s'écouleront les années.

Espérons que le peuple étouffera l'esprit antichrétien auquel nous avons fait allusion; c'est ce même esprit qui détruisit l'art au XVIme siècle; c'est le culte et la glorification de soi-même. Si jamais quoi que ce soit doit se faire, nous avons à nous rappeler avant tout que nous travaillons pour honorer Dieu, et non pas, comme nous l'avons dit à la page XXIII, pour faire montre de notre habileté et de nos talents. Si nous avons à peindre un tableau, nous devons le faire non pas pour conquérir l'admiration par notre dessin et notre coloris, mais pour employer ceux-ci, ainsi que nous l'avons remarqué précédemment, comme un moyen vers un but — le but étant la production d'une œuvre qui glorifie Dieu et édifie les hommes. — Si nous avons à bâtir une église, nous devons en faire le plan, non pas par amour de la louange ou de l'originalité, ou pour nous faire un grand nom comme architectes, mais avec le respect et l'obéissance dus aux traditions ecclésiastiques, afin de servir l'Église et d'honorer la religion—si nous avons à sculpter une image, ce doit être non pas pour émouvoir une foule béante et lui faire admirer nos connaissances en anatomie ou notre exactitude à retracer l'effet des veines, des muscles et des os, ou notre parfaite habileté à faire passer l'agonie de la mort dans la forme qui naît sous notre main; mais nous devons mettre devant les yeux des hommes une digne conception de la personne que nous représentons, particulièrement si c'est la Sainte Mère ou son divin fils. — C'est là la vraie philosophie de l'art, et jusqu'à ce que nous nous abandonnions à cet esprit, à l'exclusion de toutes les idées étroites, égoïstes et mercenaires, nous ne devons pas nous flatter de l'espoir de produire des ouvrages dignes d'un artiste chrétien.

Avant de terminer ces remarques, nous devons observer que nous avons fait tout notre possible pour éviter de rien dire qui fût de nature à blesser des individus. Nous attaquons un système où insensiblement tous sont plus ou moins tombés, et quoique nécessairement forcés d'en exposer les anomalies et les absurdités, nous nous sommes cependant abstenus de bien des choses qui nous auraient attiré peut-être l'accusation de nous livrer à des attaques gratuites. Par ce motif les contrastes que nous avons fait ressortir sont en petit nombre et choisis dans la vue de prévenir toute apparence de satire personnelle. Ils auraient pu être beaucoup plus nombreux et beaucoup plus piquants, car de tous côtés il existe des absurdités monstrueuses, qui se prêtent fort bien au ridicule, ou, pour mieux dire, que le ridicule seul pourra déraciner et détruire.

Nous avons été obligés de citer des cas particuliers comme exemples : nous ne pouvions pas faire autrement, nous ne pouvions pas autrement rendre intelligibles à nos lecteurs les défauts dont nous nous plaignons et dont nous cherchons à prévenir la reproduction, et même en ceci nous n'avons dit ou fait que la moitié de ce que nous pouvions faire. Dans tout le cours de l'ouvrage, nous avons tâché de suivre une marche qui, tout en évitant les mots et les contrastes qui par leur trop grande aspérité pourraient choquer ou empêcher la réforme du goût en cette matière, pût rendre en même temps nos remarques assez claires pour faire comprendre notre résolution de n'épargner aucun de ceux qui, en présence des faits que nous relevons ici, commettraient encore volontairement de ces énormités que ni mots ni contrastes ne peuvent dépeindre dans leur atrocité réelle.

Nous tâchons et nous nous efforcerons toujours par tous les moyens en notre pouvoir de pousser au progrès qui commence déjà, et vraiment on pourrait voir promptement un immense progrès dans la bonne voie, si nous pouvions seulement persuader aux gens d'abandonner tout d'un coup et pour jamais la pratique insensée de multiplier les bâtiments* ou des articles d'ameublement d'église dans le

---

* Dans le cours de cet ouvrage, il a été fait mention en passant du caprice extravagant par lequel les possesseurs dégénérés d'anciens bâtiments ecclésiastiques et conventuels en avaient détruit tout ce que les révolutions avaient épargné de leur grandeur et de leur majesté passées ; mais nous ne pensions guère qu'avant même que notre livre fût achevé d'être imprimé, nous eussions eu à mentionner une attaque aussi résolue contre les ouvrages de nos ancêtres catholiques, que celle que nous avons maintenant à signaler au public. L'hôpital Saint-Jean, à Bruges, qui, à ce que nous apprenons, est le seul en cette ville qui soit demeuré en possession de ses anciens revenus, est à la veille d'être rebâti, ou du moins de subir des changements très-considérables. Croira-t-on que de tous les plans présentés pour ces travaux pas un seul ne tend à conserver les traits caractéristiques de l'ancienne fondation ?

misérable style de nos jours, uniquement parce qu'ils sont en harmonie avec les objets existants. S'ils pouvaient prendre la résolution *de ne plus dépenser d'argent pour des choses mauvaises, et s'ils commençaient, à mesure qu'ils le peuvent, à exécuter ce dont on a besoin en bon style chrétien*, la moindre de leurs productions serait un acheminement vers la restauration. — *C'est là le seul moyen d'arriver à une restauration complète* — chaque chose nouvelle est un pas dans la bonne direction, et la perfection arrivera à la fin.

Nous avons déjà dit que l'ouvrage que l'on offre ici au public aurait pu être exécuté beaucoup mieux; en effet, personne plus que nous n'en sent les imperfections. Cependant nous avons déjà accompli quelque chose, nous avons fait un pas vers l'amélioration; mais ni dans cet ouvrage ni dans les autres de l'exécution desquels nous avons été chargés nous ne nous arrogeons en aucune façon la gloire de la perfection. Et toutefois nous nous félicitons de n'avoir pas, comme l'auraient désiré quelques-uns de nos critiques et de nos adversaires, de n'avoir pas commis de ces anges à face rosée ou de vermillon qui

---

Dans quel état de dégénérescence l'esprit catholique doit-il être tombé dans cette maison, pour qu'on ait pu nourrir un seul instant l'idée d'adopter de tels plans ou de consommer une pareille abomination! On y a commencé par marbrer le tabernacle, le seul des temps anciens qui se conserve dans la ville, par ériger un autel de modèle païen à l'aide du marbre et du stuc, et par murer les fenêtres de l'apside pour étaler un misérable barbouillage de peinture, tandis qu'on a renfermé les œuvres glorieuses de Hemling dans un musée pour les montrer aux curieux à un demi-franc par tête! — L'acte que l'on médite actuellement achève de faire connaître combien est ardente cette soif de destruction, et montre (spectacle que l'on doit détester à jamais) la tendance réelle du principe païen. Ces religieux démolirent d'abord tous les détails et tous les ornements de leur chapelle et de leur maison, toutes les splendeurs qu'avaient respectées les révolutions, et maintenant, en abattant la maison et le toit eux-mêmes, ils cherchent à briser le dernier lien qui les attachait encore à l'antiquité, aux anciens fondateurs catholiques, à la dévotion et à la munificence de qui ils doivent et leur existence, et leur conservation, à travers tant de générations d'anarchie et d'impiété.

ont si longtemps empoisonné et déshonoré le goût public. L'unique honneur que nous réclamons c'est celui d'aider au progrès vers un but auquel ne peuvent manquer d'aspirer tous les hommes bien pensants, celui de bannir des temples chrétiens les ornements de la luxure païenne, et nous pouvons nous consoler en pensant que nos ouvrages, après tout, sont au moins autant au-dessus de leur goût et de leur misérable critique que le plafond *très-bas* de la chapelle du Saint-Sang est au-dessus de la portée de leur bras. — La noble confrérie se présente courageusement pour arrêter, en y opposant son influence, le torrent dont la violence a jeté la religion et l'art dans la dégradation la plus profonde, elle devance ses compatriotes pour inaugurer un état de choses nouveau et meilleur. Elle a pris la ferme résolution que tout ce qu'elle ferait désormais, dans la mesure des ressources que Dieu mettra à sa disposition, serait exécuté en bon style et d'une manière digne du culte du Très-Haut. Et il est à espérer que ceux qui possèdent ces moyens n'hésiteront pas à les confier à une confrérie qui par ses actes justifie si bien son titre de *noble*, et qui offre une si sûre garantie que ces largesses seront bien employées.

Pour conclure, rappelons que tous ont une tâche particulière à remplir dans l'œuvre divine. Les uns élèvent l'édifice spirituel, les autres l'édifice matériel de l'Église. — Ceux-ci travaillent dans une voie, ceux-là dans une autre. Nous avons fait ce que nous avons pu, dans la mesure des faibles talents que Dieu nous a départis, avec l'espoir que nous pouvons contribuer dans un certain degré à restaurer la gloire et la beauté de sa maison. *Domine dilexi decorem domûs tuæ et locum habitationis gloriæ sanctæ tuæ*, voilà notre devise, et quoique nos efforts soient bien humbles et que notre ouvrage soit mal fait et plein de défauts, cependant Dieu sait que nous n'avons été mus ni par la passion ni par le préjugé, mais par la douleur la mieux sentie à la vue des ravages que trois longs siècles de violence et d'indifférence ont exercés dans l'Église. Si nous avons offensé quel-

PRÉFACE DES ÉDITEURS. XLVII.

qu'un, nous en demandons pardon, nous l'avons fait sans intention; nous attaquons un système, non des individus, et ce n'est qu'en dévoilant tout ce qu'il y a de pourriture et d'avilissement dans ce système que nous pouvons espérer quelqu'amélioration. Nous savons ce que les efforts d'un petit nombre d'hommes énergiques ont produit en Angleterre dans le cours de très-peu d'années, et bien que nous ne soyons pas assez présomptueux pour supposer que nous puissions prendre plus qu'une part très-restreinte dans la bonne œuvre de la restauration, néanmoins nous nous sommes hasardés à y porter aide en tant que nous le pouvions.

Il n'y a que peu de temps qu'en Angleterre l'art et tout ce qui se rapporte à la religion étaient tombés aussi bas que possible : aujourd'hui la face des choses y est entièrement changée. De solennelles églises collégiales et paroissiales s'y élèvent de toutes parts — le joyeux carillon des cloches y est entendu comme aux temps catholiques — les corps des fidèles y reposent en terre consacrée, et les lieux où ils dorment sont marqués par des tombes, par la croix et par des monuments pieux — nos regards y saluent le calvaire dans les cimetières — les fenêtres y resplendissent de vitraux brillants — les murailles et les toits étincellent d'or et de couleur — dominant du haut du jubé, là se dresse dans toute son auguste beauté le symbole du crucifié, autour de lui les lumières rayonnent et le feuillage et les fleurs proclament les jours de fête — de dignes images de Notre-Dame et des saints embellissent gracieusement le sanctuaire.

Les reliques des saints y sont de nouveau déposées dans des châsses couvertes de joyaux — de longues lignes de choristes en surplis y chantent avec recueillement dans les stalles — les autels les plus solennels s'y illuminent des clartés de centaines de cierges, au milieu desquels on exalte sur un trône royal la victime adorable, tandis que tout autour s'agenouillent les évêques et leur clergé et qu'un cercle de jeunes gens des flambeaux à la main gardent l'enceinte sacrée. Oh! quelle consolation ce fut pour nous, qui avions longtemps langui dans l'aride désert de l'hérésie, d'obtenir un aussi bel héritage ! Et si cet ouvrage, que nous offrons aujourd'hui à ceux avec qui nous sommes en communauté de foi, si ce n'est de patrie, contribue dans une certaine mesure, si humble qu'elle soit, à restaurer ici la même majesté et la même beauté dans la maison de Dieu, nous reconnaîtrons que nous avons reçu une bien douce, une bien précieuse récompense.

LES VRAIS PRINCIPES
DE
L'ARCHITECTURE OGIVALE OU CHRÉTIENNE,
AVEC DES REMARQUES SUR LEUR RENAISSANCE
AU TEMPS ACTUEL.

CHAP. I.
DE LA NÉCESSITÉ DE RESTAURER L'ARCHITECTURE CHRÉTIENNE.

L'époque où nous vivons est pour l'art une période très-remarquable. Voici que nous venons de sortir d'un état que l'on peut appeler l'âge ténébreux de l'architecture. Après une décadence graduelle de quatre siècles, le style, car il y avait du style, était devenu si détestablement mauvais, que la coupe de la dégradation se trouvait remplie jusqu'au bord; et, comme le goût était tombé aussi bas qu'il pouvait descendre, une réaction favorable a commencé.

Le renversement de ce misérable état de choses a naturellement produit une convulsion complète dans tout le système des arts, et une confusion de Babel a succédé à l'idée vicieuse, mais unique, qui prévalait généralement.

Les opinions individuelles se précipitent dans la révolte et l'anarchie : chaque architecte a une théorie qui lui est propre, un beau idéal qu'il a lui-même créé; un déguisement sous lequel il essaie de cacher le bâtiment qu'il érige. Celui-ci est d'ordinaire le résultat de ses derniers voyages. L'un, dans ce déguisement, ne respire que l'Alhambra, un autre ne reflète que le Parthénon, un troisième est tout chargé de coupes de Lotus et de pyramides des bords du Nil; un quatrième, empruntant tout à Rome, n'est que dôme et basilique; tandis que tel autre encore travaille d'après un plan modifié et construit des pavillons, des chapelles funèbres, des salles de société et des marchés au poisson, dans un style dorique en miniature et avec des façades de briques blanches. Aujourd'hui on *adopte* des styles, on ne les *crée* plus; l'ornementation et le plan sont *adaptés* aux édifices, au lieu de *naître* de ces édifices eux-mêmes.

Cet état de choses peut à juste titre être appelé le carnaval de l'architecture; ses partisans se montrent ornés des costumes de tous les siècles et de toutes les nations; le Turc et le Chrétien, l'Égyptien et le Grec, le Suisse et l'Indien marchent côte à côte, se heurtent et se confondent; et quelques-uns de ces messieurs, non contents de représenter un seul personnage, apparaissent sous deux ou trois costumes différents dans la même soirée. Ce n'est pas chose insolite chez ces architectes d'envoyer pour le même bâtiment deux plans d'un caractère et d'un style entièrement opposés, afin que la commission puisse choisir; comme s'il était possible que plus d'un principe fût l'expression exacte et correcte de l'édifice projeté. On peut bien (ô dégradation misérable!) découvrir dans ce groupe bizarre la forme vénérable et le cachet sacré de notre architecture nationale et catholique, mais comment les adopte-t-on? Non pas à titre d'autorité ou de principe certain ou homogène, non pas comme expression de notre foi, de notre gouvernement ou de notre pays, mais comme l'un des déguisements du jour, que l'on peut mettre ou ôter à volonté et employer accidentellement au gré des circonstances ou des caprices personnels.

Ce genre, on veut bien le considérer comme propre à atteindre certain but, on y trouve de la *mélancolie et par conséquant un je ne sais quoi qui sied assez bien aux édifices religieux*. C'est un style, dit-on, qu'un architecte de nos jours ne doit pas ignorer, afin de plaire à ceux qui admirent les vieilles choses, — un style qui ne laisse pas d'avoir ses beautés. Tel est le faible et incolore plaidoyer que prononcent d'ordinaire en faveur de notre architecture ses admirateurs de profession, tandis qu'il n'est pas rare de rencontrer des critiques, placés même dans des positions influentes, qui ne craignent pas de prodiguer à ces principes la raillerie et l'insulte, soit que leur intelligence ne saurait s'élever jusqu'à eux, soit qu'ils soient tellement infatués de leurs compositions bâtardes qu'ils tremblent de voir la vérité prendre le dessus. Si l'on envoie un plan ogival, il est le plus souvent en harmonie avec la fantaisie de celui qui emploie l'architecte; et alors, au grand inconvénient de la distribution intérieure, une façade symétrique régulière est revêtue de réseaux, de créneaux et de pinacles; et ces accessoires se trouvent aussi mal à l'aise sur la masse moderne, que les rangées de cheminées et les mansardes sur un Parthénon. Le but du traité qu'on va lire est donc de placer l'architecture chrétienne dans sa position véritable, de montrer quels droits elle a à notre vénération et à notre obéissance, comme seule expression juste de notre foi, de nos besoins, de notre climat et de notre pays; et s'il échoue dans cette démonstration, il faudra l'attribuer plutôt à l'incapacité de l'auteur, qui n'aura pas su faire valoir comme il convient cet important sujet, qu'au manque de vérité qui se rencontrerait dans la thèse elle-même.

Les arguments employés par les avocats aussi bien que par les adversaires de l'architecture ogivale, ont toujours été faux et sophistiques. Ils avaient, pour la plupart, leur fondement dans des vues et des opinions purement individuelles, relatives à la comparaison de la beauté abstraite dans les différents styles, et, comme on devait s'y attendre, ils n'ont rien offert de concluant.

Défendre l'architecture chrétienne d'après le seul fondement de sa beauté, c'est ce qui ne saurait satisfaire ceux qui font profession de penser que tout art et toute majesté sont concentrés dans un temple grec. Nous devons remonter aux principes d'où découlent tous les styles. L'histoire de l'architecture est l'histoire du monde. Lorsque nous contemplons les édifices de l'antiquité, les nations des temps reculés, leurs dynasties, leurs religions viennent se placer sous nos yeux. Les croyances et les mœurs de chaque peuple sont, pour ainsi dire, incarnées dans les édifices qu'ils ont élevés : il était impossible pour aucun d'eux de bâtir d'une manière conséquente autrement qu'ils ne l'ont fait; chacun d'eux fut l'inventeur de son style particulier et le perfectionna; chaque style fut le type de leur religion, de leurs usages et de leur climat. La beauté abstraite de ces divers styles, lorsqu'on les considère au point de vue du but qu'ils devaient réaliser, est grande en effet; ces styles sont la perfection de ce que l'on se proposait d'exécuter. Un sectateur de Brama ou d'Isis, un adorateur du feu en Perse, ne pourraient pas avoir produit une chose différente de ce qu'ils ont fait; et ces édifices ont si fidèlement matérialisé les principes et le culte de ceux qui les ont bâtis, que la découverte d'une certaine forme de temple ou de quelques symboles particuliers, est en même temps admise comme la preuve de l'existence d'un certain peuple et d'une certaine religion au lieu où cette découverte est faite. Il y a plus, à l'aide seule de l'architecture et de l'ornementation, des savants de notre époque sont mis à même de faire les découvertes les plus importantes relatives à l'histoire même des peuples dont l'existence est antérieure de plusieurs siècles à l'ère chrétienne.

L'architecture de notre temps, en la supposant d'ailleurs assez solide pour avoir de la durée, fournirait-elle à la postérité quelque fil conducteur ou quelque guide pour expliquer le système qui lui donna le jour? Non, assurément; cette architecture n'est pas l'expression d'opinions et de circonstances actuelles, mais un mélange confus de styles et de symboles empruntés à toutes les nations et à toutes les époques. Les copistes, les arrangeurs de l'architecture païenne ne violent-ils pas chacun des principes qui guidaient les hommes dont ils font profession d'imiter les ouvrages? Ces intraitables avocats du style classique seraient rudement répudiés par le plus humble architecte de l'antiquité païenne, si un tel artiste pouvait aujourd'hui revenir au monde. Vitruve reculerait d'horreur s'il venait à voir les œuvres de ceux qui font gloire de l'appeler leur maître.

Les restaurateurs de l'architecture chrétienne observent d'une manière plus conséquente les principes classiques que tous ces Grecs tant vantés ; ils comprennent l'antiquité et ils appliquent, dans leur unité logique, les anciennes règles à la loi nouvelle. Les modernes, dans leur prétendue imitation du système classique, ne cessent de produire les plus grandes anomalies ; et on nous convie à admirer ces pots-pourris trois fois cuits de fragments païens (où les ingrédients sont amalgamés dans une confusion extrême) comme si c'étaient de beaux monuments nationaux de ce siècle-ci.

Plus d'une fois les producteurs de ces absurdités ont traité l'auteur d'enthousiaste fanatique du style ogival, de bigot aveugle, insensible et étranger par l'étude à toute autre beauté qu'à celles des siècles du moyen-âge. Loin de mériter ces reproches, l'auteur croit pouvoir demander s'il n'a pas une plus profonde connaissance des principes sur lesquels se basaient les divers styles de l'antiquité païenne, que beaucoup de leurs plus ardents défenseurs. Il croit, lui, que ce sont les *expressions parfaites de systèmes imparfaits;* le comble de l'habileté humaine dans des inventions humaines ; mais il réclame pour l'art chrétien un mérite et une perfection qu'il était impossible d'atteindre même sous la loi de Moïse, bien moins encore sous le règne des erreurs du polythéisme. La première n'était qu'un type des grandes bénédictions dont nous jouissons, l'autre était l'antipode même de la vérité et le culte des démons.

Je puis facilement comprendre comment la pyramide, l'obélisque, le temple et la pagode se sont élevés, d'où l'arrangement de leur plan et les symboles qui les ornaient ont tiré leur origine. Je suis tout disposé à partager l'admiration pour l'habileté qui entassa les unes sur les autres ces masses gigantesques, qui façonna avec un art si exquis chaque membre et chaque détail ; mais je ne puis me résoudre à les reconnaître pour des types appropriés à l'architecture de notre pays chrétien. Si nous adorions Jupiter, ou si nous étions les sectateurs de Juggernaut, nous devrions élever un temple ou ériger une pagode. Si nous croyions en Mahomet, nous devrions arborer le croissant et bâtir une mosquée. Si nous brûlions nos morts et offrions des animaux aux dieux, nous devrions faire usage d'urnes cinéraires et sculpter des frises rappelant des sacrifices de taureaux et de chèvres. Si nous reniions le Christ, nous devrions rejeter sa croix. Car il n'y aurait dans tout cela rien que de naturellement conséquent; mais, au nom du sens commun, puisque nous professons la foi chrétienne, puisque nous nous glorifions du titre de chrétiens et de catholiques, ayons une architecture dont l'ensemble et les détails nous rappellent à la fois et notre croyance et notre pays, — une architecture dont nous puissions revendiquer les beautés comme nôtres, dont les symboles aient pris naissance dans notre religion et dans nos usages. Une pareille architecture se trouve dans les ouvrages de nos grands ancêtres, dont les nobles conceptions et les puissantes productions sont écloses et se sont perfectionnées dans une croyance et dans un système qu'en grande partie nous avons de commun avec eux; car, quelque étrange que cela puisse paraître, la différence entre nous et nos aïeux sera reconnue légère, si nous nous comparons avec ces nations auxquelles depuis le siècle dernier nous nous sommes accoutumés à emprunter nos types, comme étant le mieux en rapport avec nos habitudes actuelles.

Avant d'entrer dans les détails nécessaires à la défense de cette thèse, il pourra ne pas être hors de saison de dire quelques mots au sujet de l'architecture chrétienne. Les avocats du paganisme ont fréquemment fait l'objection que le style ogival spécialement chrétien, ne fut développé que plusieurs siècles après la mort de Notre Seigneur; mais c'est là mesurer les voies de Dieu à un point de vue purement humain. Quelle longue existence ne comptait pas déjà le peuple élu de Dieu avant qu'il lui fût permis d'ériger le grand temple de Jérusalem? Les peaux du désert ne furent-elles pas la représentation typique des pierres polies de cette construction merveilleuse? Et ne pouvons-nous pas dire que les fondements de la cathédrale de Cologne furent commencés dans les catacombes de la ville éternelle? Semblables aux hérétiques qui se raillent des cérémonies ecclésiastiques, parce qu'on ne les trouve pas dans l'Église persécutée des apôtres, ils font valoir l'absence de flèches sous les empereurs romains, comme une preuve qu'elles ne sont pas le produit du principe chrétien. Mais il est des modernes qui ne considèrent l'Église que dans son état de souffrance, que le Seigneur a décrit en la comparant à un grain de moutarde, tandis qu'ils refusent de la reconnaître lorsque, comme le plus grand des arbres, elle étendait, dans le triomphe de sa beauté, son feuillage luxuriant sur toute la terre.

Comment l'église chrétienne pouvait-elle rendre manifeste son caractère divin aux yeux des générations futures, si ce n'est en traversant pendant plus de trois siècles l'épreuve de la pauvreté et de la persécution, et en triomphant des puissances de la terre et de l'enfer sans aucune assistance humaine? Ce n'étaient pas là assurément des temps propices à la culture des arts matériels; mais les fondements de tout temple chrétien, avec ses flèches et ses tours, furent posés alors si solidement que nous pouvons bâtir sur eux jusqu'au jour du jugement dernier sans craindre de rien voir s'affaisser ou s'écrouler. Le Bysantin, le Lombard, le Saxon et le Normand furent toujours des développements divers de l'architecture chrétienne, d'après un plan cruciforme avec des symboles chrétiens. L'architecture ogivale fut le suprême résultat de ces efforts antérieurs, que l'on peut considérer comme la charpente provisoire sur laquelle devait tourner la grande arche.

Le changement qui eut lieu au XVIme siècle ne fut pas uniquement une affaire de goût, mais un changement dans les âmes; ce fut une grande lutte entre les idées chrétiennes et païennes, dans laquelle ces dernières triomphèrent, et pour la première fois l'incohérence se développa dans le style architectural. Antérieurement à cette période, l'architecture avait toujours été un type correct des divers systèmes dans lesquels elle avait été employée, mais du moment que les chrétiens adoptèrent cette fatale erreur de ressusciter le style classique, les principes de l'architecture ont été plongés dans une misérable confusion. Le développement graduel du style incohérent est extraordinairement curieux.

Ce style se borna d'abord à substituer un genre bâtard d'ornementation italienne aux masses anciennes. Ceci frappe surtout dans les édifices français érigés au commencement du règne de François Ier; les toits aux faîtes élevés, les tours élancées et les rangées de cheminées, les crêtes, les contre-forts, les cordons en saillie, les meneaux et tous les traits naturels et homogènes de l'ancien style sont conservés avec les chapiteaux, les frises et les arabesques du paganisme. L'église de St-Eustache à Paris est un très-remarquable exemple de cette époque. Elle est parfaitement chrétienne dans son plan et sa disposition, elle a des ailes doubles et des chapelles latérales, une grande abside; une chapelle de Notre-Dame, des triforiums ou galeries obscures, avec clair étage, des contreforts, arcs-boutants et pinacles, une hauteur immense et toute la physionomie d'une noble église ogivale, mais avec des moulures, des corniches et des détails romains dégénérés, les dais mêmes qui surmontent les statues étant composés de petits frontons ou dômes. De sorte que les architectes de la *renaissance*, comme on l'appelle, bien qu'ils eussent frayé le chemin de l'innovation, n'avaient cependant pas perdu la *composition naturelle*, ils décoraient seulement d'une manière inconséquente ce qu'ils construisaient ; mais cette manie de copier des temples païens et de rendre régulières toutes les faces d'un édifice n'avait pas fait invasion. En effet, jusqu'au siècle dernier, plusieurs des anciens principes furent conservés et dans des bâtiments domestiques et dans des édifices religieux. Dans beaucoup de maisons érigées durant le XVIIme siècle les rangées de cheminées ne sont pas cachées, mais chargées d'ornements, tandis qu'on a conservé les toits élevés, les pignons et les fenêtres saillantes, les tourelles et les traits homogènes de l'ancienne architecture domestique. Ce n'est que depuis un temps comparativement court que l'erreur et l'incohérence ont atteint leur apogée, en aplatissant et en cachant les toits, en déguisant les rangées de cheminées, en érigeant des fausses-fenêtres,

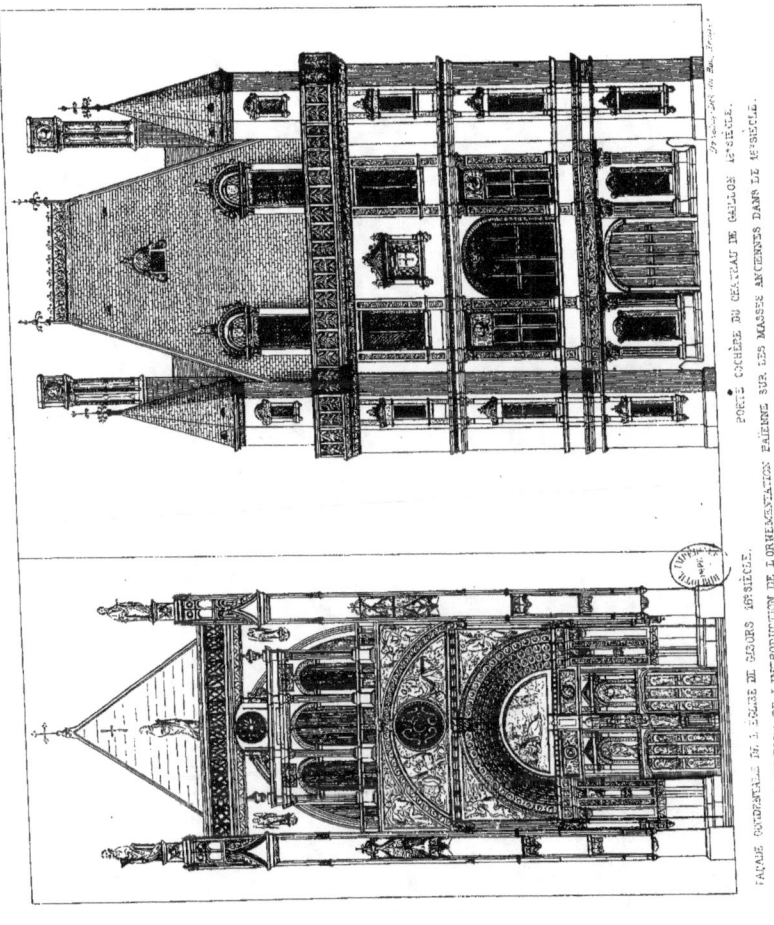

FAÇADE OCCIDENTALE DE L'ÉGLISE DE TOURS, 12ᵉ SIÈCLE.   PORTE COCHÈRE DU CHATEAU DE GAILLON, 15ᵉ SIÈCLE.

EXEMPLES DE L'INTRODUCTION DE L'ORNEMENTATION PAÏENNE SUR LES MASSES ANCIENNES DANS LE 15ᵉ SIÈCLE.

en couvrant de stuc les murs de briques, et en déguisant les masses italiennes sous des ornements gothiques, recueillis de tous les styles, de toutes les dates et de toutes sortes d'édifices.

Jamais dans les annales de l'architecture il ne s'est offert en un court espace de temps autant d'occasions glorieuses de construire de nobles édifices que pendant le dernier demi-siècle. Dans chaque ville de l'Europe des bâtiments de toute espèce, des palais, des églises ont été élevés; il y a eu des restaurations innombrables et vastes; des villes entières ont été rebâties, avec des galeries, des monuments et des édifices publics, des ponts, des hôpitaux, des maisons en quantité prodigieuse et avec une variété infinie. Il y a eu une rage de bâtir telle qu'il n'en exista jamais auparavant, et cependant dans tout ce nombre il y a à peine un édifice qui, comme monument d'art national, ne soit pénible à contempler. On a laissé échapper chaque occasion, à mesure qu'elle s'offrait; pourtant l'argent a été fourni en quantité abondante, car la dépense des divers travaux a été quelque chose *d'énorme;* dans tous les cas, elle a été assez élevée pour qu'on produisît du bon, et dans plus d'une occurrence elle a été bien au-dessus de ce qui était strictement nécessaire. Maintenant la cause de toutes ces erreurs et de tous ces avortements est constamment la même et on peut la résumer en trois mots, *incohérence de style.* Il n'est pas un seul cas où le but ou la destination de l'édifice ait formé la base et le plan de la composition : grec ou gothique, religieux ou civil, ç'a toujours été uniquement un système *d'adaptation.* L'un a adapté un temple, l'autre un château, un troisième une abbaye; mais les temples, les châteaux et les abbayes durent leur existence à d'autres besoins et à d'autres systèmes, étrangers à ceux pour lesquels on les a employés, et de là naturellement, pour résultat final, un non-succès complet. Si l'on avait permis à ces divers édifices de parler leur propre langage, de se montrer dans leur costume national, riche ou simple, n'importe, quelle variété et quel intérêt présenteraient nos monuments d'architecture! Mais non, les édifices publics, disait-on, ne pouvaient pas être gothiques, et par conséquent ils devaient être grecs, c'est-à-dire, étaler des frontons et des portiques. Les raisons qu'on assignait étaient — 1° que le gothique était si extraordinairement dispendieux, ce qui est une fausseté positive, et — 2° que le gothique ne donnerait pas aux édifices un caractère convenable. Maintenant, comment un bâtiment qui doit consister en portes, en fenêtres, en murailles, en toits et en cheminées, puisse avoir un caractère moins convenable lorsqu'on l'exécute avec ensemble, et que ces divers éléments font partie réelle du plan, qu'une construction où ils sont maladroitement dissimulés et déguisés, voilà ce qu'il est impossible d'imaginer. Cependant cette manière de voir si fausse et si absurde s'est tellement emparée de l'esprit de l'immense majorité que l'architecture ogivale est considérée, même de nos jours, comme hors du programme dès qu'il est question d'édifices publics, de palais de justice, de ponts et de semblables constructions. Quoiqu'il soit impossible d'entrer ici avec quelque étendue dans des détails, je veux mentionner quelques-uns des exemples les plus frappants. Tout homme de goût, à une comparaison superficielle entre les ouvrages du temps présent et ceux de nos ancêtres catholiques, verra l'immense infériorité de nos productions. La raison en est simplement que nous avons perdu de vue les principes qui guidaient les anciens architectes, et l'auteur s'attachera à faire ressortir en quoi nous nous sommes si grossièrement trompés, afin que la vue de nos erreurs nous encourage à retourner vers de meilleurs modèles.

Les chemins de fer, si l'on s'y était pris comme il convient, étaient une excellente occasion de faire de la grande architecture massive. Il ne fallait guère plus que des contreforts, des arches segmentales, que de la résistance à une pression latérale et perpendiculaire. Je n'hésite pas à dire qu'en exécutant tout uniment le travail à faire d'après ses exigences naturelles, qu'en bâtissant exactement ce qu'il y avait à bâtir de la manière la plus simple et la plus solide, — uniquement dans le genre qu'adoptaient les anciens architectes en élevant les murs qui flanquaient leurs ouvrages de défense, — on aurait économisé

des millions de francs sur chaque ligne et produit des masses architecturales grandes et durables; mais par suite de l'incohérence qui règne partout où l'on vise à quelque chose de sublime dans les stations, le résultat est parfaitement ridicule.

Dans chaque occurrence, les architectes ont cru trouver une occasion favorable de *montrer ce qu'ils pouvaient faire*, au lieu *d'exécuter* ce qui était exigé. Le non-succès de leurs ouvrages est une preuve frappante de l'extrême dédain qu'ils ont pour *le but* des constructions dont ils sont appelés à tracer le plan, et des milliers de francs sont annuellement prodigués a ériger des frontons de parade et des décorations aussi inconsistantes qu'inutiles.

L'usage d'enterrer hors de l'enceinte des villes dans des enclos séparés a fait dévier grandement du caractère religieux des sépultures chrétiennes et a beaucoup contribué à effacer la ligne de séparation tracée par notre mère l'église pour ceux qui meurent hors de sa communion. Au lieu de l'ancienne croix du cimitière de l'église, de cette croix symbole de la foi dans laquelle les hommes mouraient avec l'espérance d'une *heureuse résurrection*, nous voyons des terrains appropriés dans le même cimitière à toutes sortes de religions, une surabondance de torches renversées, des urnes cinéraires et des emblèmes païens disposés avec un goût affecté le long de sentiers de gravier bien alignés et entourés de cyprès et de saules pleureurs. La chapelle, en général, est petite, sale et négligée, et si l'on vient à la passer sans la voir, ce qui peut facilement arriver, dans tout ce qui reste il y a fort peu de chose qui dénote que c'est là un lieu d'inhumation chrétienne.

Il arrive souvent que lorsqu'on se hasarde à faire quelque chose de gothique, la construction n'est telle que d'un seul côté, et si par hasard le spectateur double le coin, plus d'apparence de faire gothique. Ce misérable principe de faire des *masques ogivaux* pour les bâtiments envahit presque tous les plans de ce qu'on appelle les premiers architectes du jour. Ils ne travaillent que pour la parade et l'effet, et négligent chaque partie du bâtiment que ne rencontre point l'œil du public.

Quelque soignés que soient les détails de la façade, s'il vous arrive d'ouvrir la porte de derrière d'une construction gothique moderne, il y a dix contre un que vous trouverez que l'architecte a grillé son *domaine* gothique et qu'il se montre dans le style des fenêtres à chassis aussi longtemps qu'il est caché par son élévation principale, ayant soin néanmoins de reprendre son déguisement aussitôt qu'il reparaît en vue du public. Maintenant, bien qu'il serait absurde et incohérent d'employer les mêmes détails et les mêmes embellissements sur tous les côtés d'un bâtiment qui forme enclos, cependant l'esprit de la construction doit rester invariable même dans les moindres accessoires. Au moyen de simples chanfriens et de glacis ou verseaux, éléments essentiels d'une bonne maçonnerie, le caractère est parfaitement maintenu dans les anciens bâtiments, et, ce qu'il y a de plus important, *naturellement maintenu*, c'est-à-dire qu'il serait impossible de les faire mieux de toute autre manière. Des détails de cette espèce n'exigent pas d'être *dessinés*, ils ne demandent qu'à être *construits*. Par exemple, la meilleure porte doit être celle qui est le plus solidement charpentée; les arrêtes vives doivent être retranchées des châssis sans affaiblir les jointures et les supports; qu'on ait soin de les chanfreiner et de les arrêter, et la porte doit avoir et elle aura un aspect admirable, et sera par conséquent en harmonie avec une construction ogivale, parce qu'une construction ogivale est une *construction naturelle. Dans des matières d'usage ordinaire un homme doit sortir de sa route pour faire une mauvaise chose;* c'est pourquoi, dans certains districts ruraux où les ouvriers n'ont pas encore été empoisonnés par les idées modernes, des granges, des hangars, etc., ont été conçus et bâtis, jusqu'à ces derniers temps, d'après les vrais principes anciens, avec de fortes charpentes et le toit élevé. Cependant, la plupart des architectes modernes ont si peu l'idée des beaux effets produits par une construction et des combinaisons naturelles, que dans presque tous les bâtiments ogivaux ils dessinent uniquement les façades et abandonnent tous les détails accessoires en désespoir de cause, comme étant si *coûteux à exécuter*, tandis qu'en réalité, si on les traite d'une *manière consistante*, ils coûtent moins que *l'espèce ordinaire d'ajustements* et ont *deux fois autant de durée*. Du moment qu'on comprendra généralement et qu'on croira pratiquement que la beauté réelle du style architectural consiste à être l'expression de ce que la construction exige, et que pour des chrétiens cette expression ne peut être rendue correctement qu'au moyen de l'architecture ogivale, toutes les difficultés viendront à s'évanouir. Et à mesure que l'application de ce principe sera généralement comprise, il s'élèvera des constructions solides, homogènes et pittoresques, avec toute la variété et toute la beauté des anciens temps. Malheureusement, un architecte ne reçoit pas plutôt un ordre de construire un bâtiment, qu'il se met à consulter sa collection choisie d'auteurs païens, pour l'ensemble et les détails de son édifice. Tantôt nous avons une rangée de fausses fenêtres, tantôt une entrée barricadée d'un mur ou bien le mur est élevé en arrière, ne servant qu'à diminuer l'espace intérieur et à aligner une rangée de colonnes destinées à occuper sa place et si bien serrées qu'elles empêchent qui que ce soit de pénétrer dans l'enceinte, ou bien on l'élève pour former quelque chose de brisé et supporter quelques urnes et quelques amphores en pierre, afin de cacher les rangées de cheminées et les lucarnes. Nous ne voyons rien que de gros piliers, des corniches, des colonnes et des frontons, des portiques insignifiants, montés sur des échasses, qui ne servent qu'à obscurcir les appartements sur lesquels ils s'étendent; nous ne voyons rien que des dômes naissants, des frises païennes, avec des têtes de taureaux décorées pour un sacrifice païen, toutes choses qui ont été employées cent fois, dans des proportions plus ou moins grandes, à des façades d'églises, d'hôtels, de maisons de prêche, de salons de lecture, de théâtres, d'estaminets et de musées. Ces fautes sont moins imputables encore à des individus qu'à un système. Comment serait-il possible d'atteindre quelques bons résultats avec le système actuel d'éducation architecturale? Pouvons-nous jamais espérer de voir sortir un seul architecte chrétien d'académies où des erreurs mortelles sont inculquées dans l'esprit avec les toutes premières règles de l'enseignement? Des lectures païennes, des dessins païens, des moules et des modèles païens, des médailles païennes, et même, en certains endroits, comme récompense des progrès dans ces études, un voyage païen!!

Lorsque un jeune homme a l'esprit bien imbu de mépris pour toute idée qui se rattache à sa religion et à son pays, on l'envoie mesurer des temples et, le temps venu, il revient pour former le noyau d'une nouvelle fournée d'hommes épris du dorique en miniature et pour infecter le pays d'adaptation en ciment romain. En vérité, si l'on fermait hermétiquement les bureaux d'architecture et qu'on les détruisît comme des nids de guêpes, ainsi qu'on le fait à la campagne, nous serions débarrassés d'une masse de matière empoisonnée qui persiste a se déposer dans ces sortes de lieux.

Si l'on avait seulement la moitié des ressources qui sont annuellement gaspillées pour pervertir l'esprit des gens, les études architecturales pouraient aisément être mises sur un pied tel que la gloire des temps où nous vivons pourrait même surpasser celle des siècles passés.

Moi aussi, je voudrais faire voyager les élèves, mais je tiendrais à restreindre les limites de leurs excursions : à chacun d'eux j'assignerais un pays ou une province, car chaque province a ses développements propres et particuliers de ces principes, ses propres traits, ses propres détails. Les principes qui produisirent tous les ouvrages dans chaque pays étaient identiques, mais chaque contrée développa des beautés qui lui appartiennent particulièrement en propre. Chaque pays, chaque province devrait être en effet une école, — car chacun d'eux est une école, où ceux qui les parcourent peuvent lire et où des volumes de l'art ancien sont ouverts à toutes les investigations. Quand l'élève dans cet art est bien familiarisé avec les traditions de son architecture nationale, il est temps assez alors de passer à l'étude des grandes cathédrales et des églises d'autres pays, spécialement de ce qui est la fleur et la reine des églises chrétiennes, la cathédrale de Cologne.

De cette manière on apprendrait que la même perfection de style peut se trouver dans la simplicité du clocher de village que dans la magnificence de la flèche qui surmonte la cathédrale; dans les murailles brutes d'une chapelle des bords de la mer que dans le moellon taillé et les belles moulures des grandes églises; que l'harmonie des proportions architecturales à raccourci les piliers de la simple nef et l'a couverte de poutres massives, tandis qu'elle a élevé les colonnes de la cathédrale à une hauteur prodigieuse et a rempli en voûte de pierre le vaste espace; — que l'habileté architecturale consiste à matérialiser et à exprimer la structure requise, et non pas à la cacher sous des traits empruntés. La cabane du paysan, la chaumière du petit propriétaire, la maison du fermier, le château du baron peuvent être parfaits, chacun dans son genre; l'étudiant devrait visiter le village et le bourg, le hameau et la ville; il devrait être un observateur attentif de la création animale et végétale, des grands effets de la nature. La côte rocheuse, la vallée fertile, la plaine étendue, les collines boisées, les bords du fleuve, ce sont là autant de grands points qu'il faut prendre pour bases du travail; et les anciens constructeurs adaptaient si bien leurs bâtiments aux localités, que ceux-ci semblaient faire partie de la nature elle-même, se fondant dans les sites où ils étaient placés et paraissant y avoir pris naissance. Les pierres brutes et le rivage parsemé de cailloux fournissent à l'architecte *naturel* des matériaux aussi riches que la carrière de pierres calcaires ou la roche de granit. Quelle heureuse variété ne présente pas chaque pays! quelle école pour l'étude et la contemplation ne sont pas les vastes cathédrales, les édifices monastiques, les meilleures églises paroissiales dont la piété de nos ancêtres couvrit chaque contrée! Quel enseignement de l'insignifiance de nos œuvres ne peuvent-ils pas nous donner lorsque nous les comparons aux leurs, et à la vue de l'état misérable et dégradé de ces vénérables productions, comme nous devons nous sentir humiliés et attristés!

Celui qui étudie l'architecture chrétienne doit aussi pénétrer son esprit des mystères de sa foi, de l'histoire de l'église, de la vie de ces glorieux saints et martyrs, que la religion a produits dans tous les siècles, spécialement de ceux qui par leur naissance ou leur mission se rattachent aux restes de l'ancienne piété dans son propre pays. Il doit aussi avoir une connaissance approfondie des annales de sa patrie, de sa constitution, de ses lois, de ses privilèges et de ses grandeurs, — de la liturgie et des rubriques de l'église, des décrets des conciles et de la congrégation des rites, — des coutumes et des cérémonies, des antiquités topographiques, des particularités de chaque localité et de ses ressources naturelles. L'aspect de la contrée alors ne serait pas défigurée plus longtemps par des constructions inconvenantes et excentriques, assemblage de tous les styles et de tous les temps; mais nous aurions des productions dont l'ensemble et les détails seraient en harmonie avec notre foi, nos usages et nos traditions naturelles. Le climat de nouveau déterminerait la manière de couvrir et de disposer les bâtiments; l'intérêt local revivrait et l'architecture reprendrait une place distincte et digne dans l'histoire de l'art; car nous ne désirons pas produire uniquement des imitateurs serviles de quelque genre de perfection antérieure que ce soit, mais des *hommes imbus de l'esprit rationnel des anciens architectes*, qui travaillent d'après les principes de ceux-ci, et qui *les appliquent comme l'auraient fait les artistes d'autrefois s'ils avaient été placés dans des circonstances analogues*, et s'ils avaient eu, par rapport à nous, à satisfaire les mêmes besoins.

L'objection que font principalement contre la résurrection de notre ancienne architecture les avocats du paganisme, c'est la grande différence entre les habitudes et les nécessités de notre siècle et celles qui régnaient à l'époque où l'architecture ogivale était la plus florissante; mais à l'homme d'un esprit réfléchi il ne sera pas difficile de prouver, je pense, que, dans tous les cas, nous n'avons rien de commun avec les villes de Pompéi et les temples grecs; que les constructions des anciens architectes catholiques sont les seuls modèles corrects pour nous chrétiens catholiques, et que toute tentative pour les repousser et les abandonner ne peut enfanter qu'erreur et que déception.

CHAP. 2.

EXPOSITION DES PRINCIPES DE L'ARCHITECTURE OGIVALE OU CHRÉTIENNE.

Le but du présent chapitre est de mettre au jour et d'expliquer les vrais principes de l'architecture ogivale ou chrétienne, principes par la connaissance desquels on peut juger de la perfection de l'art architectural. Les deux grandes règles pour le dessin sont celles-ci : la première, *qu'il ne doit y avoir aucun trait à un bâtiment qui ne soit nécessaire à la convenance, à la construction, au caractère;* la seconde, *que tout ornement ne doit consister que dans l'embellissement de la construction essentielle du bâtiment.* Le dédain ou l'omission de ces deux règles est la cause de toute la mauvaise architecture de notre temps. On a ajouté continuellement des traits à des bâtiments, avec lesquels ils n'ont aucun rapport, uniquement par amour de ce qu'on appelle effet; on *construit absolument des ornements*, au lieu de les faire servir de décoration de la construction, à laquelle, d'après les lois du bon goût, ils devraient toujours être subordonnés.

En bonne architecture, le moindre détail doit *avoir sa signification ou répondre à un but;* la construction elle-même *doit varier avec les matériaux employés*, et les dessins doivent être expressément adaptés aux matériaux qui doivent servir à les exécuter.

Quelqu'étrange que cela puisse paraître au premier aspect, ce n'est que dans *l'architecture ogivale seule, que ces grands principes ont reçu toute leur application;* et il me sera possible d'en suivre les traces depuis la vaste cathédrale jusqu'à l'édifice le plus simple. De plus, les architectes du moyen-âge furent les premiers qui *tirèrent tout l'avantage possible des propriétés naturelles des divers matériaux*, et qui firent servir *leur mécanisme de véhicule à leur art*.

Nous aurons donc à considérer l'ornementation dans ses rapports avec la construction et la convenance, et l'ornementation dans ses rapports avec le caractère architectural. La construction se subdivise en trois parties distinctes et nous devons en traiter sous autant de titres différents : — la pierre, le bois et le métal ; on pourrait à la vérité y ajouter la brique, mais comme les principes de la construction de celle-ci sont semblables à ceux de la construction de la pierre, je ne ferai aucune distinction ; et pour ce qui est du plâtre, lorsqu'on l'emploie à toute autre chose qu'à revêtir des murs, intérieurs, ce n'est rien qu'une déception moderne, et cette pratique ne mérite pas une mention spéciale.

LA PIERRE.

Commençons par la pierre. Une église ogivale est le chef-d'œuvre de la maçonnerie ; c'est essentiellement un bâtiment en pierres ; ses piliers, ses arches, ses voûtes, ses intersections compliquées, ses réseaux ramifiés, réclament tout particulièrement la pierre, et ne sauraient convenablement être exécutés dans aucune autre matière. De plus, les anciens maçons atteignaient à une grande hauteur et à une grande étendue avec une économie surprenante de murs et de substance ; la force et la solidité extraordinaire de leurs constructions sont le résultat, non pas de la *quantité ou de la dimension des pierres employées*, mais de *l'art avec lequel ils les disposaient*. Pour montrer toute l'excellence de ces constructions, il sera nécessaire ici d'établir une comparaison entre eux et ceux des contrées si célèbres de la Grèce. L'architecture grecque est essentiellement *de bois* dans sa construction ; elle eût son origine dans des bâtiments en bois, et jamais ses professeurs n'eurent ni assez d'imagination ni assez d'habileté pour concevoir la possibilité de s'éloigner du type originel. Vitruve nous apprend que leurs

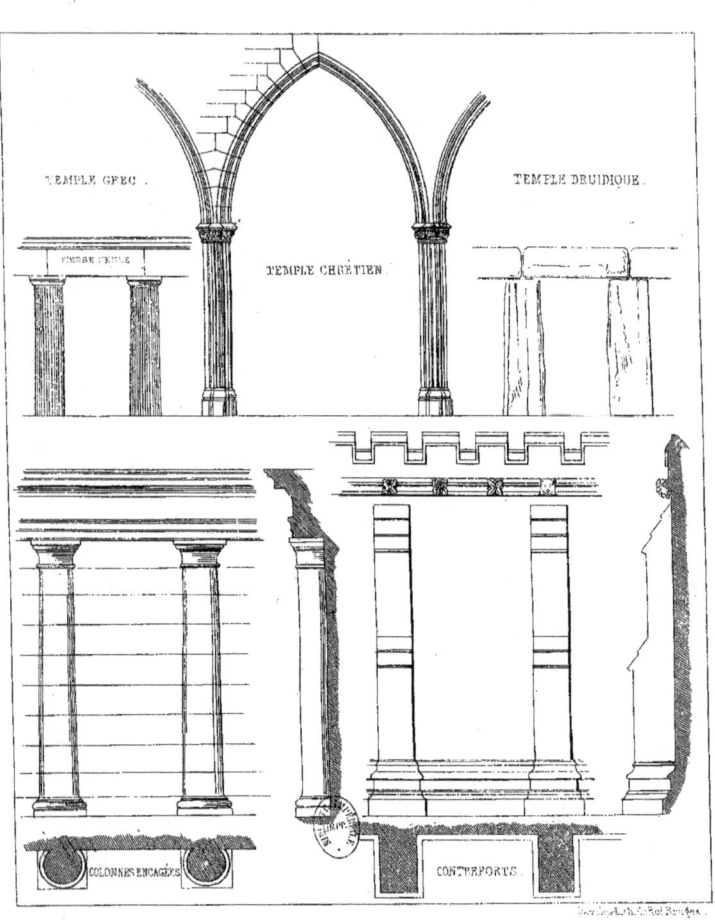

bâtiments se composaient primitivement de troncs d'arbres, avec des linteaux posés en travers du sommet, et des chevrons reposant de nouveau sur eux. Ceci est à la fois le mode le plus ancien et le plus barbare qui se puisse imaginer; c'est lourd, et, comme je viens de le dire, essentiellement de bois. Mais n'est-il pas extraordinaire que, lorsque les Grecs commencèrent à bâtir en pierres, les *propriétés de cette matière ne leur aient pas suggéré quelque mode de construction différent et plus perfectionné?* Tel, cependant, ne fut pas le cas; ils élevèrent des piliers de pierre comme ils avaient posé ceux de bois, *plat en travers* ; ils firent même ressembler encore davantage la construction à du bois, en sculptant des triglyphes, qui sont uniquement une représentation des extrêmités des poutres. Le plus beau temple des Grecs est construit d'après *le même principe* qu'une grande cabane en bois. Comme illustration de l'histoire, ces édifices ont une très-grande valeur; mais pour ce qui est de les vanter comme les modèles de la perfection architecturale, et les types d'après lesquels il faut façonner les bâtiments de notre époque, c'est là une absurdité monstrueuse, qui a pris sa source dans l'admiration aveugle des temps modernes pour tout ce qui est païen, au préjudice et pour la destruction de l'art et du caractère chrétiens.

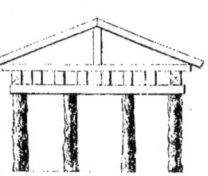

Un bâtiment en bois, l'origine des Temples Grecs.

Les Grecs érigeaient leurs colonnes à une distance les unes des autres, calculée tout juste pour que les blocs qu'elles supportaient ne se rompissent point par leur propre poids.

Les architectes chrétiens, au contraire, pendant les *siècles ténébreux*, avec des pierres à peine plus grandes que les briques ordinaires, jetaient leurs voûtes élevées, en partant de minces piliers, en travers d'un vaste espace intermédiaire, et cela à une hauteur surprenante, où elles avaient à lutter contre toutes les difficultés de la pression latérale. Ceci me conduit à parler des contreforts, un des éléments distinctifs de l'architecture ogivale, **et le premier que nous examinerons en détail.** — (*Planche première.*)

SEC. I. CONTREFORTS ET ARCS-BOUTANTS.

Il est à peine nécessaire de remarquer que des **contreforts sont des supports obligés d'un mur élevé.** Un mur de trois pieds d'épaisseur, avec des contreforts, qui par intervalles se projettent de trois pieds de plus, est beaucoup plus solide qu'un mur épais de six pieds sans contreforts. Une longue masse non interrompue de constructions sans lumière ni ombre est monotone et désagréable à voir; il est donc évident que dans l'intérêt de la solidité, aussi bien que de la beauté, des ruptures ou des projections sont nécessaires en architecture. Nous examinerons maintenant dans lequel des deux styles, chrétien ou païen, elles ont été exécutées avec le plus de succès. L'architecture ogivale ne *cache pas la construction, mais elle l'embellit.* L'architecture classique cherche à la cacher, au lieu de la décorer, et c'est pourquoi elle a eu recours à des colonnes engagées comme des appuis servant à la beauté et à l'effet; rien ne saurait être plus mauvais. Une colonne est un membre architectural qui ne doit être employé que lorsqu'il doit soutenir un poids qui s'y repose *sans obstruer un mur solide;* mais du moment qu'un mur est bâti, *la nécessité et la convenance des colonnes cessent,* et des colonnes engagées produisent toujours l'effet d'avoir été détachées un jour, et les espaces intermédiaires paraissent avoir été comblés après coup.

Dans l'architecture ogivale un contrefort montre tout d'abord son but, et il diminue naturellement à mesure qu'il s'élève et qu'il a moins de résistance à faire. Une colonne engagée, au contraire, est surchargée d'une corniche saillante Un contrefort, au moyen de retraites avec glacis ou verseaux, peut, suivant l'exigence de la construction, être fait de manière à se projeter à une telle distance qu'il produise un bel effet de lumière et d'ombre. Une colonne engagée ne peut jamais se projeter bien loin, parce que la corniche, et tous les autres membres s'accordant nécessairement avec le diamètre de la colonne, s'accroîtraient au-delà de toute proportion. Je laisserai maintenant juger le lecteur dans quel style un projet réel de contrefort est le mieux mis à exécution.

J'ai encore à parler d'arcs-boutants, ces arches hardies, par lesquelles l'appui latéral des voûtes de la nef est prolongé par dessus les ailes et transféré aux contre-forts massifs inférieurs. Ici encore nous voyons les vrais principes de l'architecture chrétienne, en trouvant un support essentiel du bâtiment converti en une décoration légère et élégante. Qui peut s'arrêter au milieu des arches aëriennes d'Amiens, de Cologne, de Beauvais ou de Westminster, sans être saisi d'admiration à la vue de l'habileté mécanique et de la belle combinaison de forme qui se trouvent unies dans leur construction? Mais, disent les critiques modernes, ce ne sont que des soutiens, ce n'est qu'une invention grossière. Examinons cette objection. Les édifices païens remis en honneur sont-ils construits avec une habileté si supérieure qu'ils dispensent de pareils supports? En aucune façon; les lourdes voûtes de St-Paul, à Londres, qui ne sont que des arches en plein cintre sans nervures ni intersections, *ont leurs arcs-boutants; mais*

Arcs-boutants.

comme ce style d'architecture n'admet pas le grand principe de décorer ce qui est utile, ces arcs-boutants, au lieu d'être *ornementés, sont cachés par un énorme paravent,* circulant tout autour du *bâtiment. De sorte qu'en réalité une moitié de l'édifice est bâtie pour cacher l'autre.* Misérable expédient! digne seulement du style dégradé qui y a eu recours.

 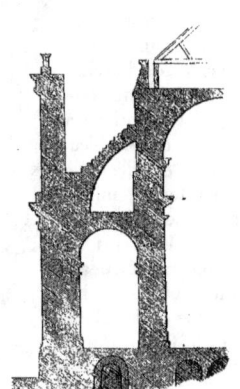

Section d'une église ogivale avec les arcs-boutants ornementés.

Section de l'église de St-Paul, à Londres, bâtie dans le style renouvelé du paganisme, avec les contreforts cachés par un Paravent.

Il importe de remarquer que l'amas des pinacles A n'est pas exécuté pour le *seul ornement*, mais qu'il l'est pour augmenter *par son poids* la résistance du grand pinacle au point de courbure.

DE L'ARCHITECTURE CHRÉTIENNE. 23

SEC. II. LA COURBURE ET LE VOUTAGE.

Nous allons maintenant, en second lieu, examiner la courbure et le voûtage qui sont uniquement adaptés à la construction en pierre.

Un plafond courbé est divisé en compartiments au moyen de nervures et d'arceaux, qui jaillissent de pilastres ou de consoles et s'unissent dans des clefs ou reliefs placés aux intersections; les espaces entre les arceaux et les nervures se nomment reins.

Ici encore une fois on doit remarquer le grand principe de l'utilité de décoration. Un plafond de pierre est très essentiel dans une grande église, tant pour la durée que pour l'abriter contre le feu * et y propager le son. Il est impossible d'imaginer des plafonds de pierre mieux conçus que ceux des anciennes églises; ils sont à la fois légers, solides, beaux et élevés. 1° Ils sont légers, parce que leur principale force résidant dans les nervures, les espaces intermédiaires sont remplis par de petites pierres légères. 2° Ils sont solides, parce que toutes les pierres étant découpées pour un centre, et formant des portions d'une courbe, elles sont capables, quand elles sont unies, de résister à une pression immense, puisque les clefs et les reliefs fonctionnent tous ensemble comme des coins. 3° Ils sont beaux, car on ne saurait concevoir de plafond plus gracieux et plus élégant qu'une longue perspective de lignes et d'arches. 4° Ils sont élevés, non-seulement à cause de la hauteur où ils sont placés, mais parce que leur construction permet de porter les fenêtres du clair étage au niveau de la couronne de l'arche dans les espaces intermédiaires.

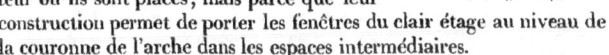

* Depuis peu d'années les cathédrales de Rouen, de Chartres et de Bruges ont eu leurs toits brûlés, et, grâce à la solidité du voûtage en pierre, l'intérieur de ces églises a été à peine endommagé.

24 LES VRAIS PRINCIPES

Dans les voûtes des derniers styles on trouve qu'on s'est départi considérablement des principes sévères et homogènes que je viens de décrire. La chapelle bâtie par Henri VII à l'abbaye de Westminster, est considérée, à juste titre, comme un des plus étonnants exemples de construction ingénieuse et de courbure en éventail perfectionnée qui soient au monde, mais elle montre en même temps le commencement du mauvais goût, car les *ornements y sont construits au lieu de se borner à l'embellissement de la construction*. J'entends parler des clefs pendantes en pierre du plafond, qui sont certainement des extravagances.

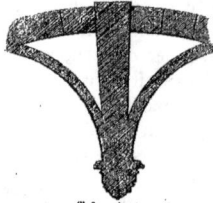
Clef pendante.

Bossage.

Une clef de voûte est *nécessaire* comme support des nervures de l'arche; les anciens architectes se contentaient de l'orner de feuillages ou de figures, mais ceux des derniers styles laissaient *pendre vers l'intérieur de l'église* quatre ou cinq pieds *de pierre inutile*, et en faisaient naître un embranchement d'autres nervures vers le haut. Ceci est tout au plus un artifice ingénieux et tout-à-fait indigne de la sévérité de l'architecture ogivale ou chrétienne. *

---

* Ceci est l'un des nombreux symptômes de décadence qui se manifestent dans les derniers ouvrages en style ogival. Du moment que *l'arche surbaissée* ou *à quatre centres* fut introduite, l'esprit de l'architecture commença à déchoir. *L'élévation* ou le *principe vertical*, emblême de la résurrection, constitue l'essence même de l'architecture chrétienne. C'est pour atteindre une plus grande élévation avec une largeur donnée que l'arche ogivale fut employée, et l'arche à quatre centres ne possède pas sous ce rapport les mêmes avantages que l'ancienne arche en plein cintre, et

DE L'ARCHITECTURE CHRÉTIENNE.   25

SEC. III. PINACLES ET TERMINAISONS EN FLÈCHE.

Nous passerons, en troisième lieu, à l'usage et au but des pinacles et des terminaisons en flèche. Je ne doute guère que les pinacles ne soient considérés par le plus grand nombre de personnes comme des accessoires de pur ornement, introduits seulement pour l'effet pittoresque. C'est tout le contraire qui est la vérité ; et je serais à même de démontrer que leur introduction est garantie par les principes les plus sains de la construction et du dessin. On doit les considérer comme répondant à un double but, à la fois mystique et naturel; leur intention mystique est, comme celle des autres lignes et terminaisons verticales de l'architecture chrétienne, de représenter un emblème de la résurrection; leur but naturel est celui d'une toiture, afin de rejeter la pluie. La couverture la plus utile à cette fin, et qui se présente naturellement, c'est celle qui a la forme qu'on voit dans la figure ci-contre : seulement que cette *forme essentielle* soit *décorée* d'un bouquet et de crochets, nous avons en même temps un pinacle parfait. 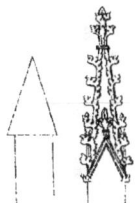 Maintenant les pieds-droits carrés dont ces aiguilles garnies de feuillage forment les amortissements, sont tous érigés pour répondre à un but utile; lorsqu'ils s'élèvent des extrémités de contreforts de murailles, ils servent comme piliers pour renforcer le parapet, qui sans quelque

quoique quelques-uns des bâtiments des temps subséquents, comme la chapelle du Collége du Roi, à Cambridge, conservent encore le principe de l'élévation intérieure, en même temps que l'emploi des arches surbaissées. Qui peut cependant s'empêcher d'être frappé de l'inconsistance que voici ? Au lieu *d'appliquer le principe jusqu'au bout et de tracer* une courbure élevée, on élève d'une part les murs à une hauteur prodigieuse, et de l'autre on perd une partie considérable de la hauteur par une voûte surbaissée. La forme d'une telle voûte est en quelque sorte en contradiction avec la hauteur à laquelle on la commence.

Je ne fais pas cette observation pour déprécier les mérites de ce merveilleux édifice,

support de ce genre serait excessivement faible. (*Voyez fig. S page* 28.)
Leur utilité sur les grands piliers qui offrent de la résistance aux arcs-boutants a déjà été mentionnée à l'article du contrefort. On place aussi des amas de pinacles aux bases de grandes flèches, pour augmenter la force et la résistance; en un mot, partout où des

mais uniquement pour montrer la prompte décadence des vrais principes de l'architecture ogivale, que l'on peut découvrir même dans cette masse glorieuse.
Nous trouvons assez fréquemment la forme bulbeuse employée dans les derniers styles ; cette forme, qui plus tard prévalut dans les clochers de Dresde et de la Flandre, est *du plus mauvais goût possible; et pourquoi?* Parce que c'est *une forme qui ne résulte d'aucun mode rationnel de construire une couverture*, et qu'elle demande au contraire par sa nature même *à être construite*, ainsi qu'on le verra par l'esquisse ci-jointe ; à côté de celle-ci j'ai placé une flèche, dont la forme et la décoration sévères sont tout-à-fait en harmonie avec les vrais principes, qui exigent qu'on rende élégant en apparence le toit ou la couverture nécessaire, mais sans abandonner la *construction essentielle* par amour de *l'ornementation*.

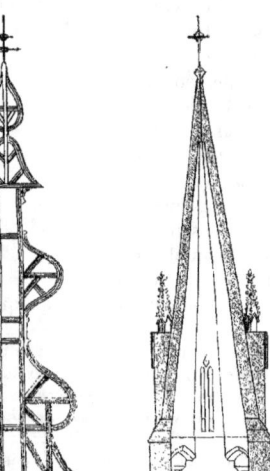

Un des plus grands défauts de l'église de St-Paul, à Londres, c'est son dôme fictif. *Le dôme qu'on voit* n'est pas *le dôme de l'église*, mais tout simplement une construction qui vise à l'effet. A l'église

pinacles sont introduits dans l'architecture ogivale pure, on trouvera après dû examen qu'ils remplissent un but utile.

Les mêmes remarques s'appliqueront aux terminaisons d'escaliers à vis et de tourelles, souvent garnies de feuillage et de crochets, qui ne sont en réalité que des toits ornés ; et j'ai à peine besoin de remarquer que ces tourelles n'étaient point érigées sans quelque motif légitime.

Toute tour bâtie pendant que florissait le pur style de l'architecture ogivale était ou surmontée d'une flèche, ou destinée à l'être, ce qui est la couverture naturelle d'une tour ; un toit plat est contraire à l'esprit du style, en même temps que c'est pratiquement une chose mauvaise.

de St-Pierre, le dôme *est la couverture* réelle du bâtiment, et c'est pourquoi il est, sous ce rapport, construit d'après les vrais principes ; mais, comme on le verra par la section ci-annexée, la partie supérieure de St-Paul n'est rien qu'un étalage imposant, construit à grands frais et sans raison légitime.

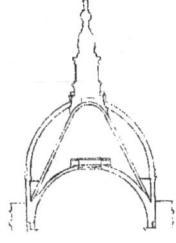

D'après les divers symptômes de déclin dont j'ai relevé l'existence dans les dernières productions ogivales, je suis convaincu que l'architecture chrétienne avait fait son temps, et qu'elle devait se détruire elle-même en s'écartant de ses propres principes à la recherche de la nouveauté, ou qu'elle devait remonter vers ses purs et anciens modèles. C'est ce qui est parfaitement prouvé par les faits existants. Aujourd'hui que le style ogival commence à revivre, nous ne pouvons rien imaginer de nouveau, mais sommes obligés *de retourner à l'esprit des anciens ouvrages*.

En effet, si nous considérons l'architecture ogivale sous son vrai jour comme art chrétien, nous devons reconnaître que de même *que la foi est parfaite, ainsi le sont les principes sur lesquels elle est fondée*. Nous pouvons, à la vérité, en perfectionner les combinaisons mécaniques dans l'exécution, nous pouvons même en augmenter les proportions et la grandeur ; mais nous *ne pouvons jamais dévier d'un seul point de l'esprit et des principes de l'architecture ogivale*. Nous devons nous contenter *de suivre*, nous ne pouvons prétendre à conduire ; nous pouvons bien élargir la route frayée par nos ancêtres catholiques, mais nous ne pouvons jamais nous éloigner de leurs traces sans être punis à coup sûr de notre présomption en recueillant l'erreur pour résultat.

28 LES VRAIS PRINCIPES

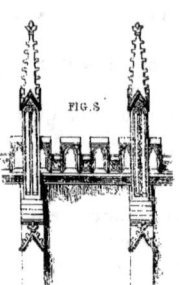

FIG. 8

Avant l'année **1400** il n'y pas d'exemple d'une tour d'église qui n'ait été construite *tout au moins avec l'intention* de la couvrir ou de la surmonter d'une flèche; et celles de ces tours antérieures à cette époque que nous trouvons privées de pareilles terminaisons ont été laissées incomplètes par suite de manque de fonds, de faiblesse dans la structure inférieure ou de quelqu'empêchement accidentel, — ou bien les flèches, qui souvent étaient de bois couvert en plomb, ont été abattues à cause des matériaux dont elles étaient faites. Enfin, lorsqu'on construisit des tours à sommets plats crénelés, *l'architecture chrétienne était à son déclin*, et l'abandon de la terminaison ancienne et seule convenable est une forte preuve de ce fait. Enfin des tours surmontant des portes de ville et de château ne se terminaient que rarement en flèche, car, comme elles étaient originairement bâties pour la défense, l'espace au sommet était nécessaire pour ce but. Ceci est la véritable raison pour laquelle on dit que les tours avec toits au faîte plat et crénelé sont d'un caractère domestique; de sorte que même chez des personnes qui ignorent l'usage et le but des flèches, elles s'associent avec l'idée d'architecture religieuse.

SEC. IV. TOIT.

Le faîte du toit dans l'architecture ogivale est un autre sujet sur lequel on peut faire quelques observations utiles. En examinant ce point, on trouvera que le plus beau faîte d'un toit ou d'un pignon est une inclinaison suffisamment escarpée pour rejeter la neige sans donner à la couverture en ardoises ou en plomb *une pente trop perpendiculaire*, et cette inclinaison est formée par deux côtés d'un triangle équilatéral.

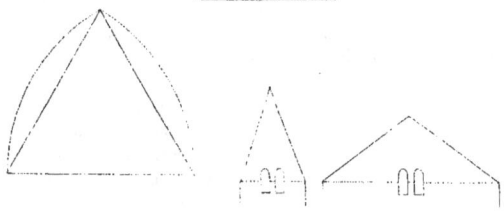

Si l'on se départ de cette forme, le pignon paraît ou péniblement aigu ou trop largement étendu. En bonne architecture toutes les formes réellement belles sont basées sur les principes les plus sains de l'utilité.

Les hommes pratiques savent que les toits au faîte plat, outre qu'ils ont un aspect excessivement difforme, sont assez mal calculés pour résister à l'action des intempéries de l'air. Dans les toits en ardoises particulièrement, des bouffées de vent soufflent littéralement sous la couverture et la soulèvent; lorsque le faîte est élevé à une hauteur convenable, toute la pression du vent est latérale, et serre encore davantage la couverture contre le toit.

En traitant ci-après de la charpenterie, nous parlerons de l'application pratique du principe relatif à l'ornementation de ce qui est nécessaire dans la construction d'un toit de bois, ainsi que de la construction elle-même et des différents noms techniques qu'on donne à ses diverses parties.

SEC. V. MOULURES.

Je suis amené maintenant, en quatrième lieu, à parler des moulures; de leur forme et de leur disposition judicieuse dépend en très grande partie l'effet du bâtiment. Les moulures sont l'embellissement des ébrasements, des portails, des fenêtres, des arches et des piliers, des sousbassements et des cordons en saillie, des chaperons et redents en talus, et on ne les applique que d'après le principe de décorer l'utile.

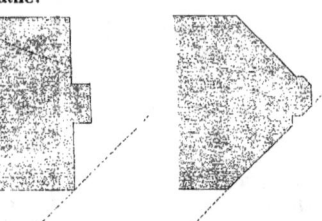

Je veux d'abord montrer la nécessité de ces ébrasements et talus, et puis m'occuper de considérer la forme et l'application des moulures à ces parties.

On verra facilement que sans un ébrasement une portion considérable de lumière serait exclue, et que cette forme de jambage est nécessaire pour l'usage et le but d'une fenêtre.

Dans un portail, la convenance des pieds-droits ou jambages ébrasés doit être évidente pour l'entrée et la sortie ordinaires. Cette forme de pied-droit et de jambage est donc nécessaire pour l'usage et le but d'un portail.

L'avantage de piliers ébrasés ou placés diagonalement sur des piliers carrés, tant pour l'élégance que pour l'utilité, doit être évident pour tous; l'arche construite sur eux est par conséquent aussi en biais. Cette forme ébrasée est donc nécessaire tant pour les arches que pour les piliers.

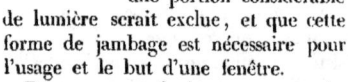
Pieds-droits carrés soutenant les arches.   Pieds-droits ébrasés soutenant les arches.

On obtient un grand surcroît de solidité et de force par des projections à la base d'un bâtiment comme retraits, mais si ces projections étaient posées à plat sur le sommet, au lieu d'être coupées à angle,

DE L'ARCHITECTURE CHRÉTIENNE.

elles deviendraient le réceptable des eaux. La forme ébrasée ou taillée obliquement est donc nécessaire pour les moulures des soubassements.

Les cordons en saillie et les couronnements ou chaperons en talus, dont le but essentiel est de rejeter l'eau, doivent être construits en pente pour la même raison.

Maintenant que l'usage de la forme ébrasée est démontré, je vais considérer les moulures employées pour les embellir. Toutes les moulures doivent être dessinées d'après le principe de la lumière, de l'ombre et de la demi-teinte; et toute section d'une moulure doit être telle qu'elle produise des gradations variées et agréables de lumière et d'ombre. On doit soigneusement éviter la monotonie, et se garder aussi de couper des ombres près de l'extrémité exterieure, celles-ci produisent toujours un pauvre effet. La forme originale ébrasée ne doit jamais être perdue de vue dans le creusement de la moulure, qui ne doit pas être profonde à l'excès et de manière à produire une faiblesse à la fois réelle et apparente dans le pied-droit ou jambage.

Toutes les moulures de jambage sont *invariablement creusées à la face de l'ouvrage*. Dans une telle

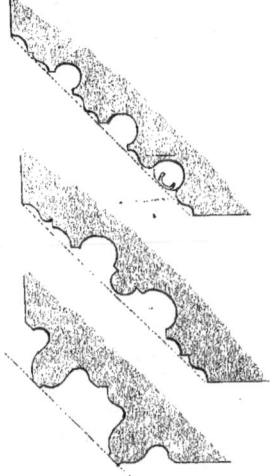

Exemples d'anciennes Moulures des Pieds-droits.

situation une moulure à projection serait une excroissance inutile, et contraire aux principes de l'architecture ogivale, qui n'admettent point de membres superflus, mais une moulure ou larmier qui se projette immédiatement au-dessus de la saillie de l'arche pour recevoir l'eau coulant le long du mur par dessus la fenêtre, et pour la conduire de l'un à l'autre côté. Cette projection répond à un but, et n'est par conséquent pas seulement admissible, mais indispensable dans le style ogival; mais une projection le long des côtés d'un jambage, où elle serait entièrement inutile, ne se rencontre jamais dans les monuments de l'antiquité.

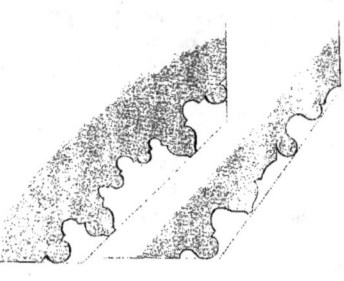

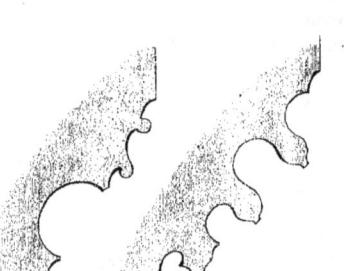

Les moulures autour d'une arche sont généralement plus subdivisées que celles du pied-droit. Ceci n'est que l'application du principe que l'on peut observer dans la végétation, où le tronc solide se ramifie et se divise à mesure qu'il s'élève. L'usage de chapiteaux à la naissance des arches sert à recevoir les différentes moulures du jambage et de l'arche, qui ne sauraient être unies avec

DE L'ARCHITECTURE CHRÉTIENNE. 33

Chapiteaux à la Naissance de l'Arche.

succès par aucun autre moyen que celui des projections à feuillage et à moulures. C'est pourquoi, dans les dernières églises ogivales du continent, où les mêmes moulures circulent sans interruption autour des jambages et des arches, on a omis entièrement les chapiteaux; et la même particularité s'observe, dans des conditions analogues, dans la nef de l'ancienne abbaye de Croyland, en Angleterre. *

La classe de moulures que je mentionnerai ensuite est celle des soubassements, des redents en talus et des cordons en saillie. J'ai montré plus haut que la forme à angle coupé est nécessaire pour ces projections; mais lorsque le retrait est d'une certaine profondeur, il est évident que le plan incliné occupé par les jointures horizontales de la maçonnerie produisent ce qu'en termes techniques on appelle des jointures aménuisées aux points A A A, lesquelles seraient facilement brisées par l'action de la gelée, tandis que les jointures elles-mêmes seraient pénétrées par l'eau. Pour obvier à cet inconvénient,

---

* Les moulures forment une partie si importante de l'étude de l'architecture gothique qu'il ne sera pas déplacé ici d'attirer l'attention sur les traits particuliers qui distinguent chaque style.

Nous remarquons que les styles romans ne font guère plus que se borner à alterner le rond et le creux; que le style gothique primaire étendant l'exemple qui lui est donné par les architectes de la période semi-romane creusait ses moulures à un degré extravagant, et que les creux jusqu'alors *divisaient les membres individuels d'un*

34 LES VRAIS PRINCIPES

Anciennes moulures de redents en talus et de soubassements.

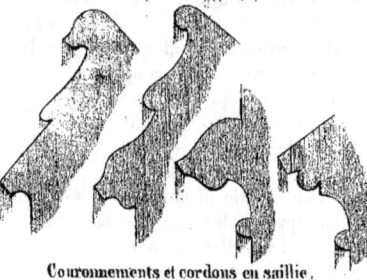

Couronnements et cordons en saillie.

on a introduit toutes ces moulures variées et élégantes des retraits, ornements dont la forme fortifie les pierres près des jointures, et les protège contre l'action de l'eau par le chaperon avancé qui la rejette vers la pente suivante. Ces observations s'ap-

groupe, mais que dans le style secondaire ou rayonnant les creux *divisaient seulement les groupes complets;* que tandis que les moulures primitives du style primaire, à cause de la section irrégulière de leurs creux, présentent davantage l'apparence d'avoir été dessinés *liberâ manu,* celles du style secondaire, au contraire, sont remarquables par leur précision géométrique, et produisent leur effet par des alternatives de lumière et d'ombre sans descendre aussi loin de la face de l'ouvrage que de donner une apparence débile au jambage, fait qui constate d'une manière remarquable la

DE L'ARCHITECTURE CHRÉTIENNE.   35

pliqueront également aux cordons en saillie et aux chaperons en talus.

Une autre considération importante relative aux moulures, et qui doit régler en grande partie leur profil, c'est la position dans laquelle elles sont placées par rapport à l'œil du spectateur. La pente des talus ou des verseaux eux-mêmes est déterminée par ce principe, le sommet s'augmentant avec la hauteur à laquelle ils s'éloignent du sol. Si l'on n'avait pas égard à cette considération, le redent en talus supérieur serait dérobé à la vue du spectateur, à moins qu'il ne se trouvât à une distance considérable du bâtiment.

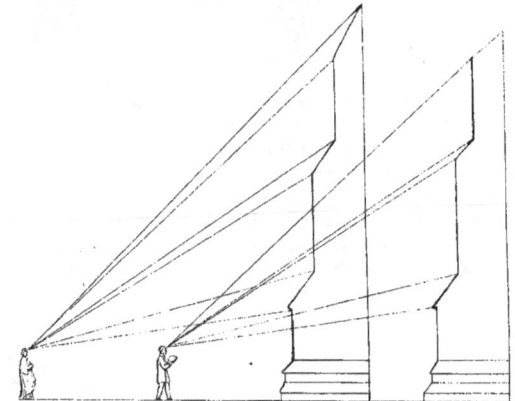

Dans des moulures à encorbellement le profil doit *être formé de*

supériorité du style secondaire sur le style romane et qui prouve que le style ogival avait alors atteint sa perfection. Dans le style tertiaire ou flamboyant les creux déjà réduits auparavant furent ou exagérés ou trop rétrécis, le caractère des moulures souffrant en commun avec toutes les autres parties de la décadence générale de l'architecture.

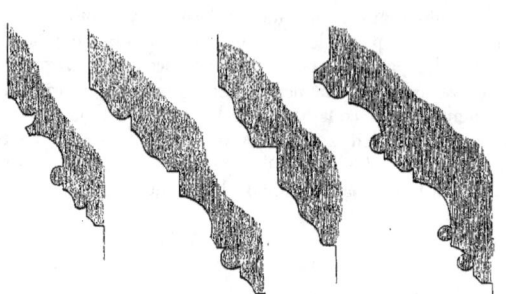

Anciens profils de moulures à encorbellement.

manière à acquérir de la projection avec de la force, et il faut que l'on évite soigneusement des creux profonds et des becs ou arrêtes non nécessaires.

La largeur apparente d'un cordon en saillie placé au-dessus de l'œil dépend presqu'autant de la pente du sommet que de sa largeur réelle, car des cordons en saillie,

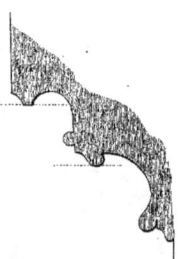

Moulure moderne et maigre.

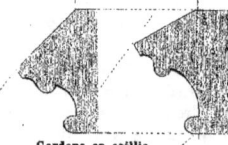

Cordons en saillie.

avec des inclinaisons différentes, varieront considérablement à l'œil.

Chaque moulure dans un bâtiment ogival doit être dessiné et formé d'après ces principes consistants, vu

EXEMPLES DE LA DIFFÉRENCE D'EFFET PRODUITE PAR L'EMPLOI DE GRANDES OU DE PETITES PIERRES.

que la sévérité de l'architecture chrétienne exige un *but raisonnable pour l'introduction du moindre détail*, et une expérience journalière prouve que ceux qui abordent ce style glorieux sans une idée arrêtée de ses règles inaltérables, sont certains de finir par de misérables bévues.

LA MAÇONNERIE.

Une autre partie importante de la maçonnerie, mais fort négligée aujourd'hui, c'est la jointure des pierres. Toute liaison, toute solidité est fréquemment sacrifiée à ce qu'on appelle un joint net, en plaçant une seule pierre debout pour former un jambage (planche II, fig. A), tandis que le même espace dans les bonnes constructions anciennes eût été occupé par cinq ou six pierres posées en liaison dans le mur, et *placées dans leur assise naturelle* (fig. B); point qui demande a être observé très-strictement.

Ou, si les jambages sont bâtis en assises, on les fait aussi uniformes que possible, *et souvent rustiquées!* (fig. C). De cette manière l'effet de la fenêtre est gâté, par suite de la régularité de ces projections, l'œil *est détourné de la ligne de jambage vers elles*, tandis que dans l'ancienne maçonnerie (fig. D) le contour irrégulier des pierres n'influe pas sur les moulures de la fenêtre.

Un autre point à remarquer dans l'ancienne maçonnerie c'est la petitesse des pierres employées; or, outre que ce mode de construire est le plus solide de tous, il ajoute beaucoup à l'effet du bâtiment en augmentant sa dimension apparente. *De grandes pierres détruisent la proportion;* et, pour faire ressortir ceci, j'ai représenté de deux manières le même morceau d'architecture joint différemment. Fig. E, F.

Les pierres employées dans les anciens bâtiments ne sont pas seulement excessivement petites, mais elles sont aussi très irrégulières en dimension, et cela pour la même raison que j'ai mentionnée plus haut, afin que la jointure *ne paraisse pas un trait régulier* et ne se *confonde* pas par ses *lignes* avec celles du bâtiment.

Dans les premiers bâtiments l'ouvrage s'exécutait par assises régulières : il y avait autant de joints dans un pilier détaché que dans le mur, et le mortier occupait un espace égal dans chaque partie du bâtiment. Les joints du réseau en pierre doivent toujours être coupés au centre de la courbe où ils tombent ; *et si le joint traverse trois ou quatre courbes différentes, son assise doit varier avec ces courbes ;* et si l'on ne se conforme pas rigoureusement à cette règle dans la construction du réseau en

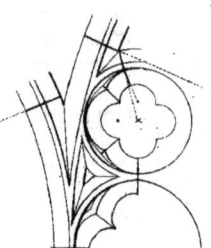

pierre, l'ouvrage doit manquer de la solidité nécessaire.
L'une ou l'autre grande fenêtre circulaire ou à réseaux des anciennes cathédrales éclaircira suffisamment ce principe.

SEC. VII. STATUES.

Dans nos contrées du Nord, les statues étaient, à fort peu d'excep-

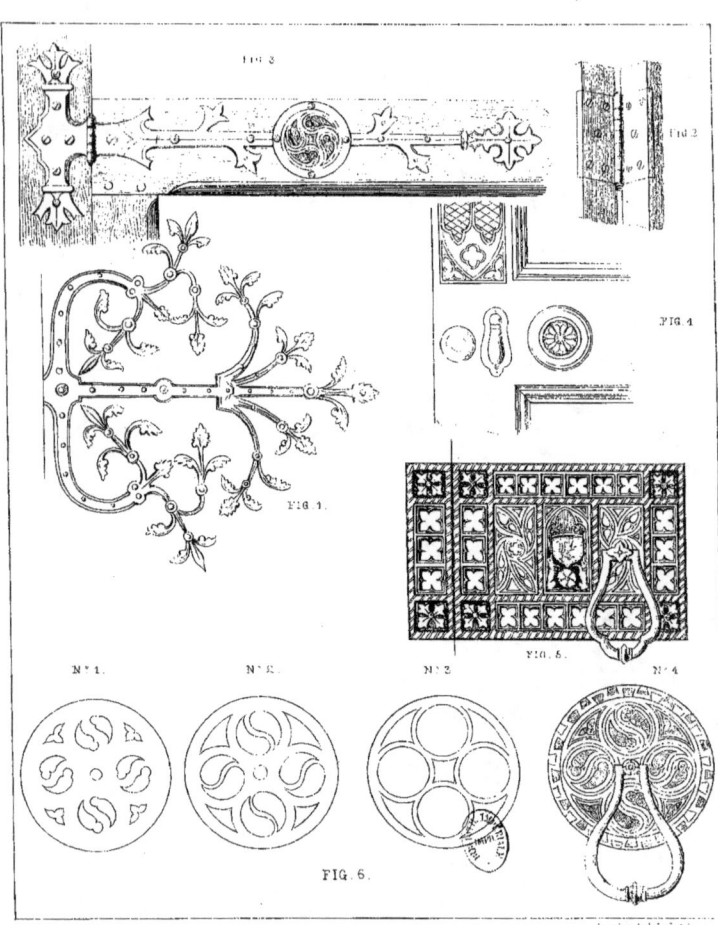

tions près, placées dans des niches sous des dais. Ceci est en effet nécessaire pour préserver la sculpture des injures des éléments, et c'est un usage plus rationnel que de laisser la vénérable image d'un saint ou d'un personnage royal exposée à la violence de l'impitoyable tempête. Des statues détachées, surmontant les bâtiments, caractérisent l'architecture méridionale et italienne, et elles conviennent beaucoup mieux au climat de Milan qu'à celui des pays septentrionaux.

Maintenant que j'ai, à ce que j'espère, montré avec succès que les parties ornementales des bâtiments ogivaux en pierre ne sont autre chose que les décorations de leur construction essentielle, et que la formation des moulures et des détails est réglée par l'utilité pratique, je vais tâcher d'expliquer les mêmes principes pour les anciens ouvrages en métal.

DES OUVRAGES EN MÉTAL.

Nous arrivons maintenant à l'examen des ouvrages en métal, et je serai à même de démontrer que les mêmes principes d'approprier le dessin à la matière et de décorer la construction étaient strictement suivis par les artistes des siècles du moyen-âge dans toutes leurs productions, soit en métal commun, soit en métal précieux.

En premier lieu, les gonds, les serrures, les verrous, les clous, etc., qui sont toujours *cachés* dans les dessins modernes, devenaient dans l'architecture ogivale de *riches et belles décorations;* et cela non seulement dans les portes et les ajustements des bâtiments, mais dans les armoires et les petits articles d'ameublement.

Les anciens gonds couvraient toute la face des portes de toutes sortes d'entrelacements variés et beaux. De ce genre sont ceux de Notre-Dame à Paris, de l'église de Sainte Élisabeth à Marbourg, des portes occidentales de la cathédrale de Litchfield, du chapitre d'Yorck, et de centaines d'autres églises et de bâtiments dans toute l'Europe. Planche III. (Fig. 1 et 3).

Les gonds de cette espèce ne sont pas seulement beaux de dessin, mais ils sont aussi *pratiquement bons*. Nous savons tous que d'après le principe du levier une porte peut être facilement arrachée de ses gonds par un effort appliqué à son arrête extérieure (fig. 2). Il n'en pouvait être de même des anciens gonds qui s'étendaient sur toute la largeur de la porte, et étaient verrouillés en divers endroits. Dans des portes de grange et dans des portes de ville ces gonds sont encore employés, quoique dénués de toute élégance de forme; mais ils sont religieusement bannis des édifices publics comme désagréables à la vue, uniquement parce que la génération actuelle d'artistes ne déploie pas la même habileté que ceux des temps passés à faire servir *l'utile* pour rehausser le beau : les mêmes remarques s'appliqueront aux serrures qui sont cachées et enfoncées dans les cadres des portes, que l'on entaille dans plus de la moitié de leur épaisseur pour les recevoir. Planche III. (Fig. 4).

Une serrure était un objet sur lequel les anciens forgerons aimaient à exercer toutes les ressources de leur art. Les serrures des coffres étaient en général du travail le plus soigné et le plus élégant. Il n'est pas rare de trouver dans des églises des serrures ornées de sujets sacrés qui y sont ciselés, et où l'on a employé les combinaisons mécaniques les plus ingénieuses pour cacher le trou de la serrure. Les clefs étaient également enrichies d'ornements en rapport avec les serrures auxquelles elles appartenaient; et même les gardes étaient façonnées en belles devises et en lettres initiales. (Fig. 5.)

Dans tout ancien ouvrage en fer ornementé nous pouvons remarquer une manière particulière d'exécution, admirablement appropriée à la matière, et tout-à-fait distincte de celle du bois et de la pierre. Par exemple, le réseau était produit par l'épaisseur différente de plaques percées et placées les unes sur les autres. (Fig. 6.)

Les feuilles et les crochets n'étaient pas *sculptés* ou *modelés* et puis *coulés*, mais taillés dans une même plaque de métal, et pliés et tordus avec des tenailles (Planche IV fig. 1, 2), et les lignes des tiges y étaient

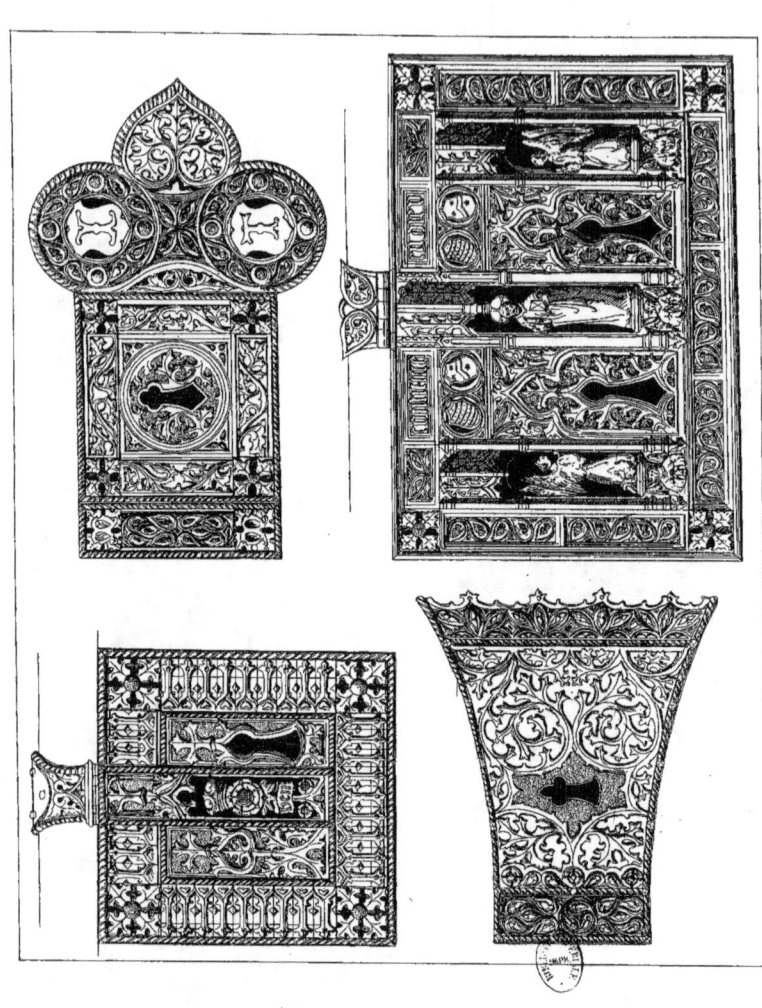

EXEMPLES DE SERRURES ANCIENNES.

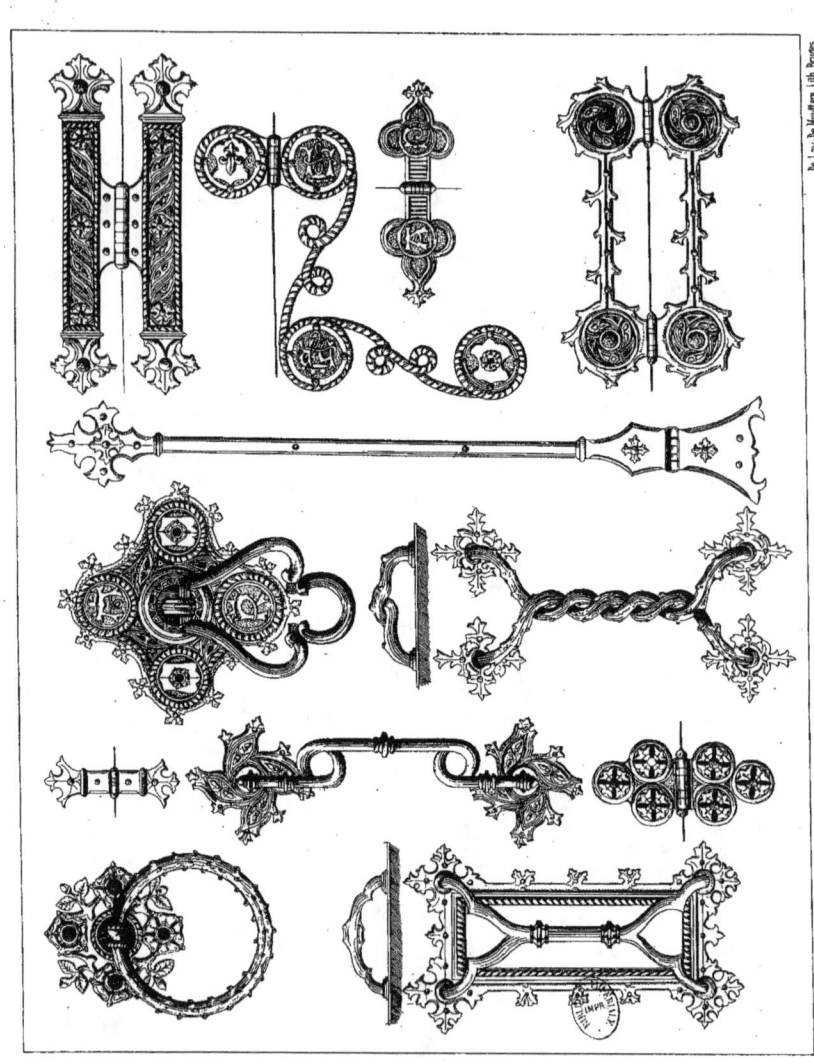

MANCHES, MARTEAUX ET GONDS DE PORTES.

EXEMPLES D'ÉCUSSONS ET VERROUS.

GIROUETTES ET TERMINAISONS DE PIGNONS.

GRILLES, BARRES DE FENÊTRE ET TÊTES DE CLOUS.

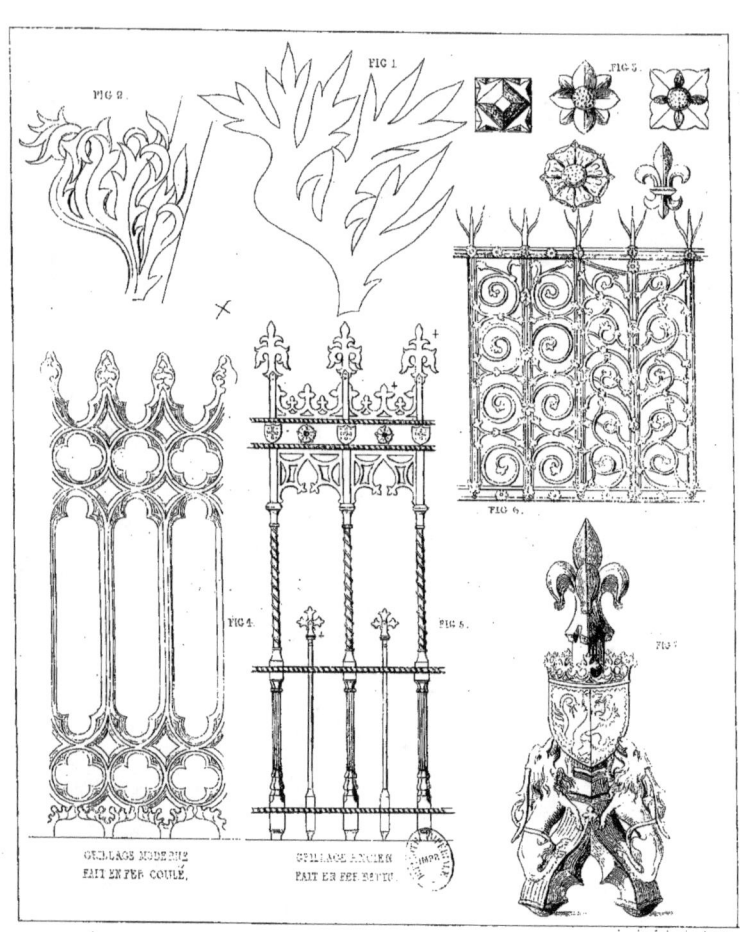

DE L'ARCHITECTURE CHRÉTIENNE. 41

gravées ou soudées. Par ces simples procédés on produisait toute la légèreté, la grâce, la finesse de la végétation réelle à des frais beaucoup moindres que le lourd et plat feuillage que l'on est dans l'usage de couler et de ciseler aujourd'hui. On doit également remarquer que tout ce qui servait à fermer ou à unir les ouvrages en fer, était toujours mis en évidence et ornementé. Les verrous, les clous, les rivets, loin d'être d'un aspect choquant, sont de beaux détails et des embellissements utiles, lorsqu'on les exécute convenablement. (Fig. 3.)

Le grand réseau était fait de fer rond, comme une tige tordue en intersections, ou de barres de fer plates d'épaisseur différente ployé ensemble et ayant les arrêtes chanfreinées par la lime.

Puits à Anvers.

Les balustrades en fer n'étaient pas de *maigres réseaux moulés en dessin de pierre* (Planche IV. Fig. 4), mais des combinaisons élégantes de barres de fer, rapportées, en ayant suffisamment égard à la solidité et à la résistance. Fig. 5. (1).

Il y avait beaucoup d'échantillons de ce style de grillage autour

(1) Les parties marquées X dans cette figure ont été simplement percées dans des plaques d'étain et rivées aux barres.

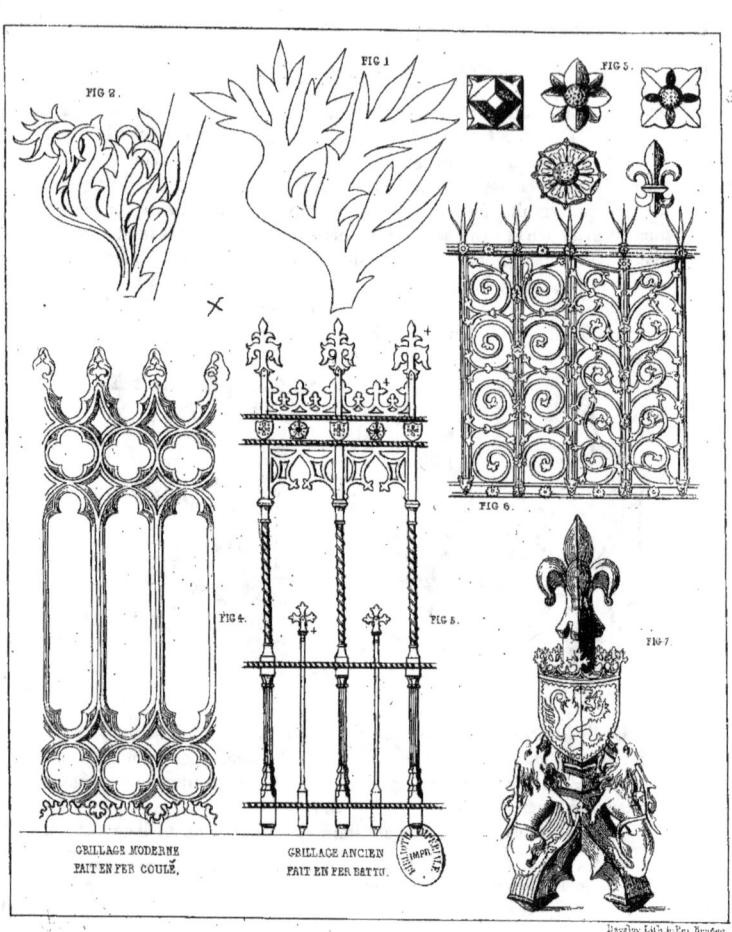

42   LES VRAIS PRINCIPES

des tombes, et l'abbaye de Westminster était riche en ornemens de
ce genre, mais de nos jours ils ont été abattus et vendus comme vieille
féraille, et même le précieux et délicat entrelacement appartenant au
tombeau de la reine Éléonore, dont j'ai donné un spécimen (fig. 6),
ne fut pas respecté. Le grillage en fer du tombeau du roi Edouard IV
dans la chapelle de Saint-George, à Windsor, est un magnifique
exemple des anciens ouvrages en fer; il fut fait par Quentin Matsys.

Les chenets qui supportaient les bûches là où l'on brûlait du
bois, ou les grils pour le charbon, étaient fréquemment d'un dessin
splendide. Les ornements étaient généralement héraldiques, et il était
assez d'usage de travailler les parties les plus délicates en cuivre jaune
afin de relever la couleur et augmenter l'effet.

Ces ornements forment un contraste frappant avec les inconséquences
des grils et des poêles
modernes que l'on fait
servir ordinairement à
représenter des façades
de châteaux en minia-
ture avec des tours, des
meurtrières, des fenê-
tres et des portails, le
tout sur un espace de
quelques pouces : ce
sont du moins très sou-
vent des monstruosités
dans ce genre.

Exemple des absurdités dans les dessins des poêles modernes.

Le garde-feu est une espèce de parapet à créneaux, avec un portail
à chaque extrémité; le bout du tisonnier est l'aiguille d'un pinacle,
et le sommet des pincettes est une statue. Il est impossible d'énumérer
la moitié des absurdités des ouvriers en métal modernes; mais tout
ceci procède de la fausse théorie qui *déguise* les objets d'utilité, au lieu
de les *embellir*. Combien de choses d'usage ordinaire sont rendues

GRILS ET CHENETS.

monstrueuses et ridicules uniquement parce que l'artiste, au lieu de chercher la *forme la plus convenable* et *puis de l'embellir*, à forgé quelque extravagance *pour cacher le but réel pour lequel l'article a été fait!* Si c'est une pendule qu'il faut, on a assez l'habitude de couler un guerrier romain sur un chariot lancé à pleine carrière, autour des roues duquel on peut, à un examen attentif, découvrir les heures ; ou bien toute la façade d'une église cathédrale réduite à quelques pouces de hauteur, où le cadran occupe la position d'une magnifique fenêtre à rosaces. A coup sûr l'inventeur de cette production patentée ne doit jamais avoir réfléchi qu'en se conformant à l'échelle d'après laquelle l'édifice a été réduit, son cadran aurait environ deux cents pieds de circonférence et qu'un pareil monstre de cadran détruirait les proportions de tous les bâtiments presque sans exception qu'on pourrait élever. Mais ceci n'est rien en comparaison de ce que nous voyons continuellement produire par ces mines inépuisables du mauvais

Exemple du ridicule dans les dessins gothiques modernes.

goût, Paris et Bruxelles, Birmingham et Sheffield : Des lanternons ou escaliers à vis pour des encriers, des croix sépulcrales pour des abat-jour, des pignons surmontés d'édicules pour des candélabres ou quatre portes cochères et un amas de piliers pour supporter une lampe; enfin en dessinant les objets d'ameublement, l'on n'a plus égard au but pour lequel ils sont destinés, l'à-propos n'en règle plus la forme ni les proportions. Le dessin ne sert que comme un misérable masque pour cacher le but que l'objet doit remplir.

Les auteurs de ces abominations n'ont égard ni à l'échelle de proportions, ni à la forme, ni au but, ni à l'unité du style; pourvu qu'ils introduisent seulement un pinacle, un quatre-feuille ou une arche ogivale surmontée de crochets et d'un bouquet, l'article est baptisé du nom de gothique et vendu pour tel, quelque modernes et quelque dégradés qu'en soient le style et les contours.

Nous allons maintenant traiter de l'usage du fer coulé. Lorsqu'on le considère au point de vue de l'emploi mécanique, on doit le regarder comme une invention très précieuse, mais il ne peut que rarement s'appliquer à un but d'ornementation.

Le fer est une matière tellement plus solide que la pierre qu'il n'exige naturellement qu'une quantité de substance beaucoup plus petite pour atteindre la même force; il résulte de là que, pour être conséquent, on doit réduire les meneaux au point qu'ils ont l'air péniblement mince, qu'ils sont dépourvus d'ombre et hors de toute proportion avec les baies dans lesquelles ils sont fixés. Si, pour surmonter ces difficultés, on donne au fer coulé les mêmes dimensions qu'à la pierre, on tombe dans une grande inconséquence par rapport à la matière, et, ce qui sera un argument autrement puissant auprès du plus grand nombre, on triplera la dépense de la matière ordinaire.

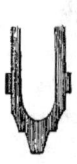 

Meneau de fer coulé. Meneau de pierre.

De plus, tous les ouvrages en fer coulé doivent manquer de ce jeu d'ombre et de lumière propre au relief hardi et aux creux profonds, et qui est si essentiel pour produire un bon effet.

Le fer coulé est également une source de répétitions continuelles, destructives de la variété et de l'imagination déployées dans le dessin ogival. Un moule pour le coulage est un objet dispendieux; une fois qu'on l'a acquis, il faut qu'il soit utilisé jusqu'au bout. Voilà pourquoi nous voyons la même fenêtre dans une serre, une prison, une église et une chambre; le même feuillage de fraisier, tantôt perpendiculaire et tantôt horizontal, tantôt suspendu et tantôt debout; quoique, d'après les principes du pur dessin, les diverses positions demandent à être traitées différemment.

Le fer coulé est une déception, rarement on lui laisse les dehors du fer. On le déguise en le peignant, soit en pierre, soit en bois ou en marbre. Ce n'est là qu'une tromperie, et la sévérité de l'architecture chrétienne ou ogivale est complètement opposée à toute déception : *il vaut mieux faire peu substantiellement et conséquemment en restant dans le vrai*, que de produire un étalage grand mais faux. *Ces trompeuses magnificences à bon marché encouragent les gens à se donner un semblant de décoration bien au-dessus de leurs moyens ou de leur position, et c'est à cette cause que l'on peut attribuer toute cette splendeur dérisoire qui envahit jusqu'aux habitations des classes inférieures de la société.* Jamais les ornements brillants, ostentateurs et menteurs ne furent plus en vogue qu'aujourd'hui; c'est un travers qui déshonore chaque branche de nos arts et de nos manufactures, et viser à le corriger serait digne des tentatives sérieuses de tout homme qui désire voir la restauration réelle des principes de l'art.

Je veux mentionner les exquises productions des anciens orfèvres et argentiers. Les violences des hérétiques et des révolutionnaires et le mauvais goût des ecclésiastiques ont à peine laissé autre chose que le nom des châsses et des ornements glorieux qui autrefois embellissaient la grande cathédrale et les autres églises, et si ce n'était un petit nombre de places qui ont conservé leurs anciens trésors, nous serions incapables de concevoir la moitié de l'art, la moitié du talent, la moitié des beautés exquises de cette classe d'ornements religieux. Dans la sacristie d'Aix-la-Chapelle il y a un trésor d'une valeur inestimable, consistant en : châsses, reliquaires, croix, couronnes, ampoules, calices, ciboires, livres des Saints Évangiles, patènes, images d'argent émaillées, le tout exécuté durant les plus belles périodes de l'art chrétien, et d'une richesse de matière qui n'est surpassée que par celle de la forme. L'énumération de la dixième partie seulement de ces merveilleuses productions de l'art de l'orfèvre prendrait beaucoup trop de temps pour le but que je me propose ici ; mais je veux en faire l'objet d'un petit nombre de remarques, pour mieux éclairer le style qui nous occupe.

Leur construction et leur exactitude sont décidément d'un *caractère métallique*. L'ornement est produit par *le perçage, la ciselure, la gravure et l'émail* : plusieurs des parties étaient d'abord formées dans de minces plaques de métal, et façonnées ensuite par le marteau ou les tenailles. La gravure est un style d'ornement particulier au métal. Les anciens orfèvres furent sans aucun doute les inventeurs de nos planches à imprimer actuelles. Ils augmentèrent l'effet des gravures d'ornement en creusant le fond dans certaines parties et en le remplissant d'émail colorié. La gravure ci-jointe d'un ancien ciboire fera voir le style de l'argent ouvré, tel qu'on le pratiquait aux siècles du moyen âge. Il y a quelques échantillons admirables de pieds de calice émaillés de sujets sacrés dans la sacristie de la cathédrale de Mayence, et à Aix on trouve un reliquaire circulaire que l'on dit avoir servi à donner le baiser de paix et qui est un spécimen capital de l'art d'émailler.

Les couvertures des grands livres des Saints Évangiles furent enrichies de ciselures, d'émaux et même de joyaux ; le crucifiement de Notre Seigneur est au centre, et les emblèmes des évangelistes sont aux coins d'une reliure d'un fini très soigné. Des pierres précieuses de toute sorte furent montées dans ces ornements qui présentaient une merveilleuse combinaison de richesse et de beauté, produites par un émail d'or de diverses nuances et par des diamants scintillants, ar-

DE L'ARCHITECTURE CHRÉTIENNE. 47

rangés avec le goût le plus pur et présentant l'effet le plus harmonieux. Comme il faudrait un volume entier pour expliquer ces objets séparément, j'ai tâché d'en donner une idée en joignant ici une gravure d'une vue de l'intérieur d'une chambre de reliques, déployant des trésors qui, quoique possédés aujourd'hui par Aix-la-Chapelle seule dans leur beauté originelle, ne sont en aucune façon supérieurs à beaucoup d'autres de ces splendides ornements ecclésiastiques que l'on trouvait autrefois dans toutes les grandes églises, mais qui sont devenus la

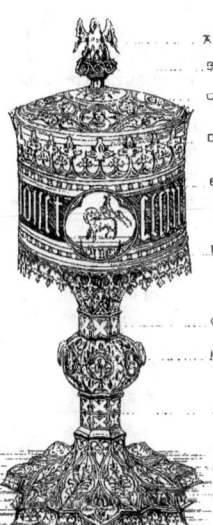

A. Le pélican ciselé.
B. Le nid de fil d'argent ployé.
C. Gravé et émaillé.
D. Percé et gravé.
E. Gravé, le milieu émaillé.
F. Percé et gravé.
G. Quatre-feuilles émaillés.
H. Le nœud ciselé avec les quatre-feuilles émaillés.
I. Quatre-feuilles émaillés.
K. Le pied ciselé, gravé et émaillé.
L. Gravé.

proie de la violence et du mauvais goût des deux derniers siècles. *

Les orfèvres ne sont plus des artistes; ils fabriquent des cuillers ornées de coquilles de pétoncles, des vases pour boire couverts de fleurs raboteuses, des terrines et des vaisseaux à rafraichir le vin bien lourds; leurs plateaux communs sont couverts d'un rococo grotesque, terminé par un modèle d'un usage universel. Huilier, théière, chandelier, cuvette à beurre, plateau, cafetière et étuve, tout est bordé de cet éternel dessin de coquilles et de feuillages, qui, frappé ou coulé, n'a pas même le mérite du relief. Les calices et les ciboires sont ornés du même éternel rococo que les coupes pour les courses, les candélabres de bal et les poêles, sans la moindre signification mystique. Comme toute autre chose, l'argenterie est tombée au simple rang de métier, et l'art est rigoureusement exclu de tout ce qui le concerne.

Les forgerons même jadis étaient souvent de grands artistes, Quentin Matsys, par exemple, dont le beau travail surmonte le puits en face de la cathédrale d'Anvers, et dont le beau tableau de l'ensevelissement de Notre Seigneur est un ornement réel du musée de cette ville. Les Quentin Matsys cependant ne sont pas de notre époque; si vous avez besoin de quelques ouvrages exécutés en fer et tant soit peu différents de ceux qui sont d'un usage ordinaire, et que vous alliez trouver un forgeron pour lui expliquer vos désirs et vos intentions, le vague regard du misérable artisan vous a bientôt convaincu que l'arrangement d'un sabot de cheval est tout ce qu'il connaît des mystères de son art; vous vous adressez alors à un autre, à un homme qu'on appelle un *premier talent;* et s'il est suffisamment à jeun pour comprendre ce que vous voulez, il vous dira que ce dont

---
* Explication de la planche V. I Feretum ou Châsse portative. II Livre des Saints-Évangiles. III Reliques renfermées dans un buste d'argent. IV Reliquaires. V Relique de la Sainte Croix. VI Instrument pour le baiser de paix dans la messe. VII Agrafe pour fermer une chape. VIII Sommet d'une croix de procession. IX Mitres précieuses. X Bâton d'un évêque. XI Bâton d'un chantre. XII Images d'argent dorées.

ARMOIRE DANS UNE CHAMBRE A RELIQUES.

vous avez besoin sort tout-à-fait de sa spécialité, qu'il ne fait qu'une espèce particulière de serrure, et qu'il ne pense pas qu'il y ait un homme du métier qui pourrait entreprendre la besogne, laquelle, après tout, est peut-être une simple copie d'une pièce très-ordinaire d'ancien ouvrage en fer ; et ceci est une peinture fidèle de la majorité de nos artisans au dix-neuvième siècle, cette époque éclairée d'académies au caractère païen et de sociétés scientifiques.

Ces institutions ne sont le plus souvent qu'une invention du jour pour empoisonner l'esprit des ouvriers de doctrines infidèles et prétenduement libérales ; hélas ! l'on néglige la vraie source du grand et du beau. L'évangile de Jésus-Christ est si pur, si calme, si élevé à côté de tout ce qu'il a été donné aux plus grands philosophes du paganisme à deviner ! Il me semble qu'il devrait aussi susciter, des écoles d'art qui nous doteraient d'œuvres bien autrement nobles que les chef-d'œuvres des plus grands artistes de l'ancienne Grèce. Et comme la religion chrétienne est la vraie source des nobles inspirations, ainsi l'église est la véritable institutrice pour les arts ; c'est la plus ancienne et la meilleure. *Elle fut la grande et infaillible école où furent formés tous les grands artistes des jours de foi.* Guidés par elle, ils dirigèrent vers la gloire de Dieu les plus merveilleux efforts de leur habileté ; et prions toujours avec ferveur pour que l'église puisse encore, comme jadis, former et développer les talents de ses enfants pour la prospérité de la religion et le bien-être de leurs propres âmes ; car sans de pareils résultats les talents sont vains, et les plus grands efforts de l'art retombent au niveau d'une abomination.

CHAP. 3.

DES VRAIS PRINCIPES DE LA CONSTRUCTION ET DE LA DÉCORATION DES OUVRAGES EN BOIS.

Nous allons maintenant passer à l'examen de la décoration par rapport aux constructions en bois, qui reposent sur des principes entièrement opposés à celles de pierre. Le bois de charpente peut atteindre à une grande hauteur, ou s'étendre sur une grande largeur, au moyen d'une simple poutre élevée à sa base ou supportée aux extrêmités. La solidité d'un ouvrage en bois s'obtient en liant ensemble les diverses pièces qui le composent, d'après des principes géométriques. La gravure qui suit montre quelles sont les pièces ordinaires dans la bonne construction d'un comble : en voici les noms : A entrait, ou tirant; B poinçon; C faux entrait, D contre-fiches; E arbaletriers; F faitage; G sous-faîte; H chevrons; I liens aisseliers; K pannes; L chantignoles ou tasseaux; M sablière; N coyaux; O le haut de mur qui

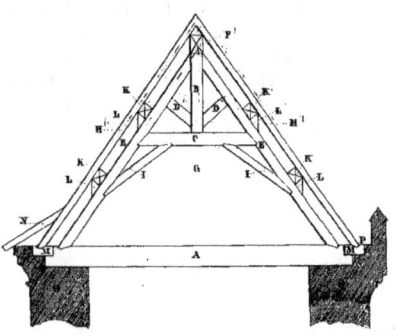

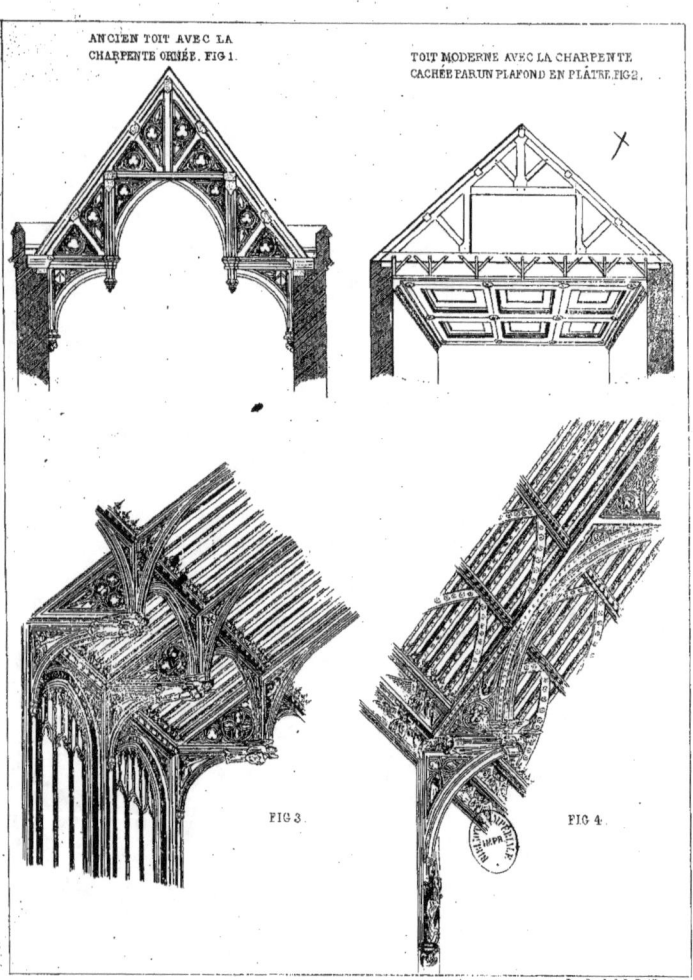

porte le comble; p la gouttière. Les anciens architectes, sans abandonner la forme ou la construction essentielle de la charpente, trouvaient moyen de la rendre très-ornementale.

De ceci on voit de beaux exemples dans d'anciens toits, soit d'églises, soit de bâtiments domestiques; loin de cacher la construction de ces toits, on la fait servir d'ornement. Les principaux entraits ou tirants, les chevrons, les pannes, et les liens aisseliers, que dans les édifices modernes on cache à grands frais par un plafond uni en plâtre, deviennent ici des traits d'ornement réels, et cette partie essentielle d'un bâtiment en devient la plus grande beauté. Planche VI. (Fig. 1 et 2).

Le toit merveilleux de la halle de Westminster, à Londres, sans contredit le plus grand de cette espèce qui soit au monde, met pleinement ce principe en lumière, et il en est de même de tous les toits des halles collégiales d'Oxford et de Cambridge, aussi bien que de ceux de plusieurs édifices princiers et d'autres servant de résidence à de grandes familles.

Nous avons de beaux spécimens de toits en bois dans divers pays de l'Europe, mais particulièrement en Angleterre, dans les comtés de Lincoln, de Norfolk et de Suffolk. Les poutres de ces toits sont élégamment façonnées et enrichies de sculptures. (Fig. 3 et 4).

Et ces sculptures n'étaient pas sans avoir une signification mystique et bien appropriée; elles représentaient d'ordinaire des anges, des archanges, et divers ordres de la hiérarchie céleste, planant sur les fidèles assemblés, tandis que les espaces entre les chevrons étaient peints en azur et semés d'étoiles et d'autres emblèmes célestes, belle représentation du firmament. Quelques-uns de ces anges portaient des boucliers chargés des emblèmes de la passion, le saint nom et d'autres symboles; d'autres montraient des écriteaux avec de pieuses devises. Chaque partie de ces toits était enrichie de peintures, et lorsqu'ils étaient dans tout leur lustre, ils doivent avoir formé des dais splendides pour les temples du Dieu vivant; et ce qui sert surtout à prouver ma thèse actuelle, ces toits étaient d'une construction entièrement différente pour des couvertures de pierre. Un voûtage en bois est décidément mauvais, parce qu'il y a là l'emploi d'une matière *remplaçant et imitant la pierre, qui exige un mode de construction entièrement différent.*

Je sais bien que l'on trouve quelques exemples de voûtage en bois; mais une simple inspection des bâtiments prouvera clairement qu'ils étaient primitivement destinés à être voûtés en pierre, et que les côtes saillantes ont été exécutées à une certaine hauteur dans cette matière, mais qu'à cause d'une faiblesse réelle ou supposée dans les murs latéraux, que l'on ne croyait pas capables de résister à la pression latérale d'une voûte de pierre, on a eu recours à l'expédient d'une imitation d'un voûtage en bois, comme un cas de nécessité absolue; et j'ai l'entière conviction que si l'intention première n'avait pas été de voûter ces églises en pierre, leurs architectes auraient fait un arrangement complètement différent dans les parties supérieures des murs et tel qu'il convenait à un toit en bois d'une construction ornementale.

A Bury St-Edmond, en Angleterre, on voit un glorieux toit dont j'ai donné une esquisse. A chaque paire de poutres principales il y a deux anges de grandeur d'homme, portant les vases et les ornements sacrés employés dans le saint sacrifice; ces anges sont vêtus de chasubles et de dalmatiques, de tuniques et de chapes, d'une forme antique et belle; les chandeliers, l'encensoir, le calice, les livres, les burettes, etc., qu'ils portent sont d'importantes autorités pour la forme et le dessin de ceux qu'on employait dans nos anciennes églises. Dans le même pays, les toits des églises de **St-Pierre** et de **Tous-les-Saints**, à Norwich, ville à l'aspect vraiment catholique, sont d'une grande beauté; et dans les églises de Lavenham et de Long Melford, dans le comté de Suffolk, il y a d'admirables spécimens de toits en bois sculpté.

Mais, hélas! combien de toits également beaux n'ont pas été démolis et brûlés par la brutale ignorance de fonctionnaires de paroisse! Combien n'ont pas été barbouillés par l'impitoyable badigeonneur!

DE L'ARCHITECTURE CHRÉTIENNE.

Combien n'ont pas été grossièrement peints à l'imitation du marbre (surtout s'il arrive que le marguiller du moment soit un peintre)! Combien de ces toits élégants n'ont pas été dépouillés de leurs ornements si beaux et si bien appropriés par l'exécrable fanatisme des révolutionnaires! Combien n'ont pas été dérobés à la vue par des plafonds de lattes et de plâtre placés en dessous, grâce au mauvais goût des marguillers et des prêtres, et cela sous le nom d'amélioration!

— Et quoiqu'une tendance un peu meilleure se soit enfin déclarée, cependant combien de ces beaux monuments de la piété et de l'habileté de nos ancêtres n'ont pas été mutilés ou entièrement détruits sous prétexte de réparation! Excuse qui est assez fréquemment alléguée par ceux qui ont l'autorité, pour vendre le plomb et les poutres de chêne

Plafond d'une ancienne maison à Long Melford.   Plafond d'une ancienne maison à Anvers.

massives, la solide couverture de l'antiquité, et pour y substituer un plafond en plâtre et de maigres ardoises, pratique détestable qui est encore en pleine vigueur dans beaucoup de places.

Non seulement on trouve la construction des toits ornementée, mais il y a de nombreux exemples de planchers communs en soliveaux avec les poutres qui les supportent et que l'on voit admirablement embellis par des moulures et des sculptures.

Plafond de la chantrerie de la famille Clopton, Long Melford. *

Dans les vieilles maisons en bois, dont il reste encore des échantillons assez intéressants dans beaucoup d'anciennes villes, *on ne trouve pas un seul trait introduit au-delà de la décoration de ce qui était*

---

* Le fond de ce plafond est azur; les étoiles sont de plomb doré; une supplication à Notre Seigneur pour la pitié est tracée sur les chevrons; les blasons sont ceux des différentes branches de la famille Clopton, avec leurs noms inscrits au-dessous. Les inscriptions tracées sur le grand rouleau sont extraites des psaumes; le tout est richement peint.

DE L'ARCHITECTURE CHRÉTIENNE.

essentiellement nécessaire pour leur construction substantielle. Que peut-il y avoir de plus solide et en même temps de plus ornementé que les liens aisseliers courbés par lesquels on tirait si bon parti des pièces de bois courbées? Les anciennes villes de France, Rouen, Beauvais, Abbeville, Lisieux, et d'autres, étaient remplies de maisons en bois, couvertes de poutres sculptées et embel-

Exemple de la construction ornementale d'une ancienne maison en bois.

lies par les ornements les plus variés; mais ceux-ci disparaissent rapidement pour faire place à de monotones bâtiments en plâtre, qui sont également construits en *bois;* mais comme les architectes modernes n'ont pas l'habileté d'orner cette construction, l'ensemble des charpentes est *caché par des corniches et des pilastres,* de sorte que toutes les maisons du Rouen moderne ont tous les inconvénients des anciens bâtiments en bois, sans une seule parcelle de leur beauté.

Comme les pignons forment des traits fort saillants des anciens bâtiments et qu'ils sont continuellement reproduits par les partisans modernes du gothique, j'appellerai votre attention sur leur usage réel, et puis, je ferai ressortir quelques-unes des bévues les plus frappantes commises par les architectes du jour qui essaient de les introduire.

Les rampants de pignons sont destinés à couvrir et à préserver les extrêmités des pannes qui s'avançaient pour porter en avant la toiture afin de protéger la façade du bâtiment.

Le bouton qui terminait les anciens pignons était en réalité un poinçon fixé à la jonction des rampants, et dans lequels ils étaient enchevêtrés; sur la partie supérieure de ceux-ci était ordinairement placée une girouette, et la base finissait en pendant. Planche VII.

Dans les pignons modernes les rampants sont généralement si *faibles et si ouverts* qu'ils deviennent tout bonnement des squelettes et ne sont plus d'aucune utilité pour le but auquel ils doivent concourir, celui de couvrir les extrêmités en bois. Le bouton réellement utile au sommet du pignon, est encore une fois répété dans les pignons modernes aux extrêmités, penché à une profondeur extravagante et chargé de lourds bouquets et de pendants. Planche VII.

Un poinçon au centre d'un pignon est bon, parce qu'il est réellement utile, mais aux extrémites inférieures ces excroissances ne peuvent servir qu'à ajouter un poids inutile et une dépense superflue.

Lorsqu'un tuyau de cheminée est élevé au centre d'un pignon, on prolonge les rampants à travers le tuyau. Ceci est absurde; des tuyaux doivent nécessairement arrêter le passage des charpentes; par conséquent les rampants qui ne sont que des couvertures de ces

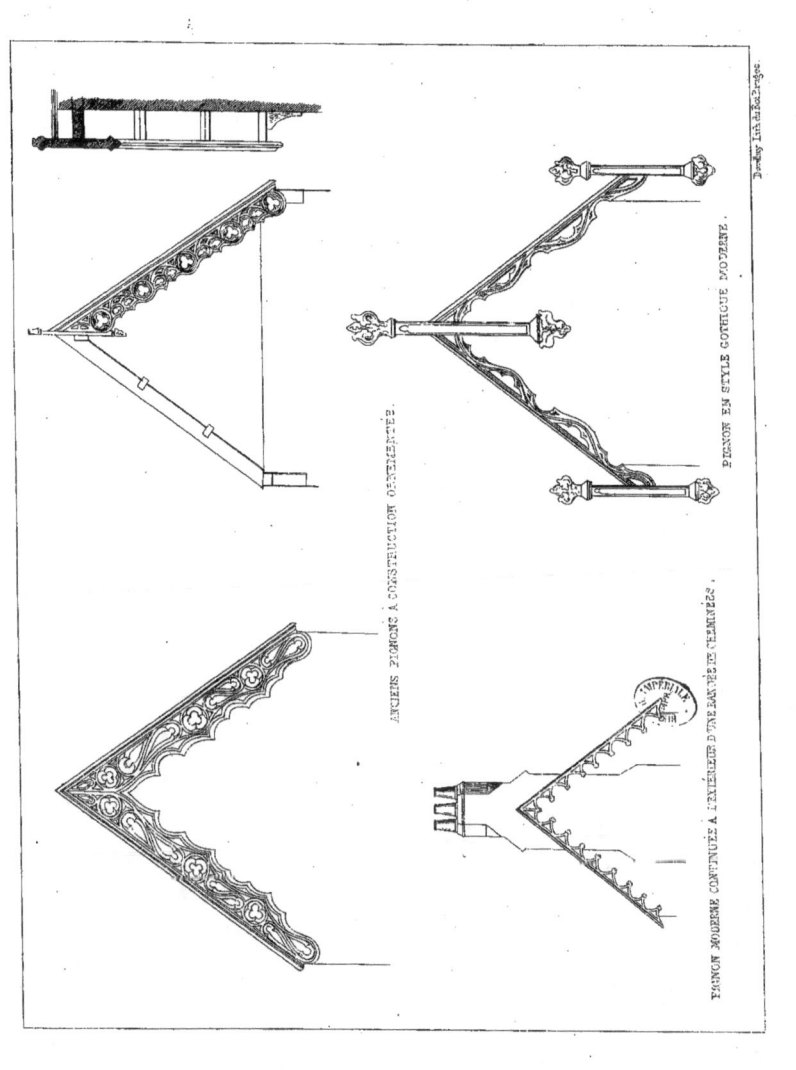

charpentes, doivent s'arrêter aussi.

Si l'on examine les anciens ouvrages en bois qui décoraient les appartements, on trouvera qu'ils consistaient uniquement en panneaux, plus ou moins enrichis par la sculpture, avec de grands espaces ménagés pour les tentures et la tapisserie. Planche **VIII**.

Si la restauration des vrais principes de l'architecture gothique était accomplie, l'objection que l'on fonde aujourd'hui sur son caractère d'extrême cherté viendrait à cesser. Dans la décoration ogivale on entreprend en général *trop ;* on pense que chaque chambre dans ce qu'on appelle une maison gothique doit être pourvue de niches, de pinacles, de voûtage, de réseaux et de guinberges, à l'instar d'une chapelle de chantrerie. De pareils ajustements doivent être énormément dispendieux, et ils sont en même temps contraires au véritable esprit du style, qui n'admet pas l'introduction de ces traits dans une autre place que celle à laquelle ils appartiennent naturellement. Les admirateurs modernes du style ogival ont grandement nui à sa résurrection par le système erroné et dispendieux qu'ils ont suivi : les intérieurs de leurs maisons ne sont qu'une masse d'ouvrages travaillés à l'excès : il n'y a là ni repos, ni solidité, ni espace laissé pour des tentures ou de simples

Exemples du ridicule dans les dessins d'ameublement en gothique moderne.

panneaux; le tout est couvert de petits détails, excessivement coûteux et en même temps destructifs de tout bon effet. Ces observations s'appliquent également à l'ameublement; les tapissiers semblent croire que rien ne peut être gothique à moins qu'on ne le trouve dans quelqu'église. C'est pourquoi votre décorateur moderne dessine un sofa ou une table quelconque d'après des ornements copiés de quelque

DE L'ARCHITECTURE CHRÉTIENNE.   59

Exemples d'ameublements modernes dessinés d'après les vrais principes des anciens artistes.

cathédrale, et tous les articles ordinaires d'ameublement, qui demandent à être simples et convenables, sont non seulement rendus fort coûteux, mais encore fort incommodes. J'ai donné à l'autre page une esquisse d'une chambre ornée de gothique servant à donner une idée des extravagances ridicules dans lesquelles ces artistes modernes sont tombés, à côté de laquelle j'ai placé une planche contenant quelques esquisses d'ameublements domestiques dessinés selon nos besoins actuels, mais d'après les anciens principes homogènes.

Puisque j'en suis à ce sujet, il ne sera pas hors de propos de mentionner ici quelques autres absurdités, d'autant moins qu'elles se rapportent à des besoins domestiques. Je commencerai par ce qu'on appelle des papiers à dessin gothique, de ceux qu'on emploie à tapisser les murs et où une misérable caricature de bâtiment gothique se répète depuis le bord jusqu'à la corniche dans une glorieuse confusion. Ils constituent l'ornement favori des hôtels et des estaminets. Ces papiers qui sont ombrés sont encore une fois défectueux en principe, vu qu'un papier étant tendu autour d'un appartement, les ornements doivent fréquemment être ombrés du côté de la lumière.

Dessin de papier en gothique moderne.

La variété de ces pauvres modèles est vraiment surprenante, et comme la dépense pour la planche d'un mauvais dessin est égale sinon supérieure a celle d'un bon, il n'y a pas l'ombre d'une excuse pour leur reproduction continuelle. Un moment de réflexion doit montrer l'absurdité qu'il y a à *répéter une perspective* sur une surface étendue ayant quelques centaines de points de vue différents. Un panneau ou mur peut être embelli et décoré autant qu'on le désire, mais il faut toujours qu'on s'y prenne d'un manière conséquente.

Des papiers veloutés remplacent admirablement les anciennes tapisseries; mais 'alors ils doivent consister dans un dessin *sans ombre* et avoir leurs formes relevées par l'introduction de couleurs harmonieuses. Des manuscrits enluminés du moyen-âge fourniraient un nombre immense *de dessins exquis pour ces objets.*

Ces observations s'appliqueront aux tapis, aux soies, aux étoffes et aux tentures modernes, dont les dessins sont généralement *ombrés.* Rien ne saurait être plus ridicule qu'un plancher destiné à figurer une *voûte renversée*, mise en guise de plancher, ou qu'un feuillage à haut relief et des réseaux perforés pour la décoration *d'un plancher.*

Ancien dessin pour un papier velouté.

Les anciennes tuiles à carreaux répondent tout à fait à leur but, puisqu'elles sont uniquement ornées d'un dessin qui n'est produit par aucun relief apparent, mais seulement par le *juste contraste des couleurs*, et les tapis doivent être traités absolument de la même manière. Les tapis de Turquie et de Perse, qui sont de bien loin les plus beaux qu'on fabrique aujourd'hui, n'ont point d'ombre dans leur dessin, mais consistent uniquement dans une combinaison compliquée d'intersections coloriées.

Ancien dessin pour les tuiles à carreaux.

62   LES VRAIS PRINCIPES

L'art du tapissier moderne, on doit le répéter, devient un étrange véhicule du goût faux et mesquin, surtout lorsqu'on vise à faire quelque chose de très-beau.

Pour arranger des rideaux conformément aux règles du bon goût, on doit toujours tenir compte de leur usage et de leur destination; ils sont suspendus en travers de fenêtres et d'autres ouvertures pour exclure le froid et le vent, et comme ils n'ont pas toujours besoin d'être tirés, on les pend à des anneaux glissant sur des tringles, pour les ouvrir ou les fermer à volonté; et comme il doit y avoir nécessairement entre cette tringle et le plafond un espace à travers lequel passera le vent, on a imaginé une couverture de bois, du haut de laquelle pendent des lambrequins pour exclure l'air.

Maintenant la matière de ces rideaux peut être riche ou simple, ils peuvent être frangés pesamment ou légèrement, ils peuvent être brodés d'emblêmes héraldiques, ou ne pas l'être, suivant la localité où on doit les pendre, mais on doit strictement maintenir leur usage réel. Il suit de là que toute cette pratique moderne de suspendre d'énormes replis d'étoffes à des bâtons, comme pour les vendre ou les sécher, est entièrement contraire à l'usage et à la destination des rideaux et qu'elle est d'un goût abominable, et le seul objet que puissent remplir ces interminables festons et ces grands plis de soie, c'est d'enfler les mémoires et les profits des tapissiers, inventeurs de ces extravagantes et *disgracieuses*

Anciennes tentures de rideaux.

Exemple du ridicule dans les dessins de tapisseries modernes.

draperies, qui sont non seulement inutiles à préserver l'appartement du froid, mais deviennent des dépôts de couches épaisses de poussière et bien souvent la retraite de la vermine.

Il n'est pas moins ridicule de voir des dais de tombeau ou des retables placés au-dessus de fenêtres, au lieu des franges ou du baldaquin des temps anciens. Il convient d'expliquer ici l'origine et la juste application des franges, que l'on ne comprend guère. Les franges originairement n'étaient autre chose que le bord effilé de l'étoffe, tressé en nœuds pour l'empêcher de s'effiler davantage. Ceci suggéra l'idée de fabriquer

Franges modernes de pièces de bois.

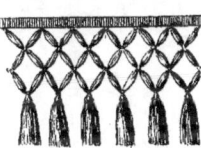

Franges anciennes de fils,

des franges comme une bordure ornementale, mais le bon goût exige qu'on les *dessine et qu'on les applique d'une manière conséquente.*

1° Les franges ne doivent jamais consister en *parties lourdes*, mais simplement en fils tressés en dessins ornementaux; 2° des franges longues ne doivent jamais être suspendues à un lambrequin étroit; 3° aucun lambrequin ne doit jamais être fait entièrement de franges, vu que des franges ne peuvent être appliquées que comme une bordure ornementale à une *espèce quelconque* d'étoffe; 4° les franges ne doivent pas être cousues sur l'étoffe, mais invariablement aux bords. On peut les permettre au sommet même, puisque on peut supposer que les franges sont le bord supérieur renversé.

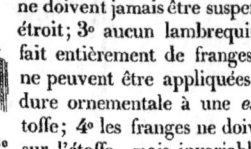
Lambrequin moderne de frange.

CHAP. 4.

DES VITRAUX PEINTS ET DE L'USAGE DE LA COULEUR DANS LA DÉCORATION.

La peinture ou teinture sur verre doit être traitée d'un manière tout-à-fait différente de la peinture sur toile, et la raison pour laquelle les vitraux modernes restent si complètement inférieurs aux anciens sous le rapport de l'éclat et de l'effet, c'est que les artistes ne tiennent pas compte de cette différence de matière et d'usage.

1° Le verre est une substance claire, et destinée à transmettre la lumière. Par conséquent on ne doit pas le rendre opaque pour lui donner une apparence d'antiquité, mais on doit le laisser transparent. En cet état il modifie et adoucit la lumière sans l'exclure.

2° Les fenêtres d'une église sont à une certaine distance de l'œil, et, pour conserver aux figures ou dessins des contours bien accusés et bien tranchés, il est nécessaire de les border de *fortes lignes*. Ceci se fait généralement par le *plombage*, qui, loin de nuire à une figure, est réellement nécessaire pour produire un bon effet.

Il s'ensuit de là que l'usage moderne d'employer le plomb aussi peu que possible est préjudiciable à l'effet. Par la même raison l'excès du fini et de l'ombre dans les vitraux modernes, spécialement en ce qui concerne les visages, est une chose mauvaise. C'est là traiter le verre comme si c'était de la toile, pour aboutir à l'effet d'un transparent. Et vraiment par ce motif quelques fenêtres modernes manquent si absolument d'éclat et d'animation, qu'elles auraient tout aussi bonne apparence si elles étaient faites en calicot. Les visages et la draperie des anciennes figures étaient tracées à fortes lignes noires, dans ce qu'on appelle le *pointillé*, et n'avaient que peu d'ombre réelle. Quelques-uns des menus ouvrages, tels que les contours des crochets, sont uniquement produits par le gratage de la superficie.

3° Le colori moderne est mauvais. Je ne prétends pas que les couleurs en elles-mêmes soient moins intenses que celles du verre ancien, mais on les emploie sans jugement et sans harmonie, et souvent on se sert de couleurs que les anciens artistes auraient rejetées. On ne produit pas l'harmonie de la couleur en jetant pêle-mêle des masses immenses de teintes brillantes, mais en les combinant judicieusement. Il manque aux vitraux modernes plus de teintes neutres et moins d'intensité. On peut dire hardiment que, tandis que l'éclat intense de certaines couleurs modernes est réellement un malheur et qu'elle ruine l'effet des meilleurs vitraux, il n'est point de rubis qui puisse approcher de l'ancienne couleur sous le rapport de la variété et de la profondeur.

4° Un seul jour doit former un sujet complet. Ce n'est que dans les vitraux des styles derniers que les sujets, et même souvent les figures, furent divisés par les meneaux d'une fenêtre. Naturellement cela est absurde et opposé aux vraies principes de la peinture sur verre. *

Les anciens artistes travaillaient réellement d'après un système conventionnel, ils appropriaient parfaitement leurs dessins et leurs procédés à la matière qu'ils devaient employer, ils étaient guidés non par

---

* C'est là le grand défaut des nouveaux vitraux dans la nef de la cathédrale de Cologne. Malgré le brillant du coloris et la perfection du dessin, on ne saurait les comparer aux vitraux d'Albert Durer, au côté opposé de la nef. Chose étrange à dire, le *seul* défaut que l'on puisse découvrir dans ces anciens vitraux est reproduit dans leurs rivaux modernes, celui de couvrir la surface des vitraux d'un sujet qui se trouve divisé par les meneaux. Mais pour la vigueur, l'harmonie de leurs couleurs, leur éclat étincelant et leur ressemblance avec les joyaux, ils sont bien loin d'en approcher, ou plutôt il semble qu'on ait considéré tout cela comme des défauts, à en juger du moins par les principes d'après lesquels sont faits les nouveaux vitraux. Les vitraux modernes sont des *peintures de transparent* et ils ont littéralement l'air d'être de *verre moulu*.

DE L'ARCHITECTURE CHRÉTIENNE.

par l'ignorance, mais par la science. Les beaux contours des réseaux en pierre ressortent d'autant mieux par leur manière de remplir les espaces vacants. *Ils ne visaient pas à faire une peinture coupée par les meneaux, mais ils embellissaient les ouvertures tracées par ces mêmes meneaux.* *

Les vitraux peints pour les maisons particulières ne doivent pas en général être confectionnés avec la même richesse que ceux pour les églises. Des carrés clairs couverts de dessins formés de feuilles ou de fleurs naturelles, avec des blasons, des monogrammes, etc., encadrés dans de petits cercles, étaient généralement en usage dans les anciennes habitations seigneuriales.

DE L'USAGE DE LA COULEUR DANS LA DÉCORATION.

Voici un fait curieux : ce qu'on appelle généralement un goût cultivé admet l'emploi de la couleur à décorer dans les vitraux et dans le pavement, peut-être même dans un voûtage, mais du moment qu'il s'agit de l'appliquer à d'autres parties d'une église, du moment qu'on propose de peindre de la pierre ou du chêne, les préjugés se soulèvent contre cette application. On ne doit jamais oublier que ce qu'on nomme techniquement harmonie des parties, est aussi bien exigé *dans un bâtiment* que *dans un tableau.* Dès qu'on introduit la couleur dans les fenêtres, le reste des ornements doit correspondre, — le plafond,

---

* C'est en Italie que se trouvent les vitraux de bien loin les meilleurs qui nous restent. Il est étrange d'avoir à dire que M. Pugin est à peu près la seule personne qui ait mis à profit les magnifiques échantillons qui y existent encore. A Assise, à Pérouge, à Florence, à Arezzo, les fenêtres sont admirablement belles et toutes dans le meilleur style de l'art. Elles sont cependant complètement égalées en Angleterre par les vitraux peints de M. Pugin, qui sont fabriqués avec le plus grand succès. En effet, je ne connais nulle part de vitraux modernes qui puissent le moins du monde être comparés à ceux que M. Pugin a fait faire, soit pour la grandeur du dessin, l'harmonie de la couleur, ou l'effet général.

(*Note de l'éditeur.*)

le pavement, les murailles, doivent tous jouer leur rôle dans l'effet général. Les vitraux peints dans une église blanche ne sont rien que des taches, qui par leur richesse contribuent seulement à mettre au jour d'une manière plus frappante la pauvreté du reste du bâtiment. Dans les anciennes églises le plafond azuré et doré, les carreaux incrustés de diverses couleurs, les fresques des murailles, les emblêmes héraldiques, les tentures précieuses des autels, les vitraux multicolores, tout se fondait harmonieusement et formait un ensemble splendide, qui peut seul être produit par l'effet combiné de tous ces détails — omettez n'importe lequel d'entre eux, l'unité du dessin est détruite.

Lorsqu'on applique l'or et la couleur à la décoration des églises — qu'il s'agisse de piliers ou de murailles, de tabernacles ou de châsses, — naturellement je veux indiquer nettement que ces matières ne doivent jamais être employées *à l'imitation* de toute autre substance. Peindre ou veiner le bois pour le faire ressembler au chêne, au bronze ou au marbre est tout aussi mauvais que d'employer le plâtre et le ciment à l'imitation de la pierre. Les deux pratiques sont contraires au principe fondamental de l'art chrétien — la réalité. Mais il y a un usage légitime de chaque substance, comme il en est un d'illégitime. De même qu'on peut employer le plâtre pour en revêtir les murs, lorsqu'il n'y a point d'intention de tromper et que nous savons que c'est du plâtre, ainsi on peut se servir de la dorure et de la couleur, lorsqu'on les applique naturellement pour relever l'effet. Personne, si ce n'est par esprit de contradiction, ne pourait dire qu'en dorant la pierre on cherche à faire croire au peuple que c'est de l'or. On tâche seulement de lui donner une beauté que de sa nature elle n'a pas, et si cela s'effectue soit en ajoutant de la couleur, soit en embellissant la forme, voilà ce qui importe peu au principe de la réalité. Il n'y a pas plus de manque de réalité à donner à un chapiteau la couleur de l'or qu'à lui donner la forme d'un feuillage de chêne : personne ne s'imaginerait que les décorations de la pierre sont un feuillage réel dans l'un des cas, pas plus qu'un métal réel dans l'autre.

CHAP. 5.

DE LA CONVENANCE DANS LA DÉCORATION.

Je suis amené maintenant à considérer la décoration sous le rapport de la convenance. Ce que j'entends par convenance est ceci : — *que l'apparence intérieure et extérieure d'un édifice doit révéler le but pour lequel il est destiné et être en harmonie avec lui.* Il y a une immense différence entre un bâtiment élevé à Dieu et un bâtiment destiné à des usages mondains. De même, dans des édifices religieux, il y a nécessairement une grande distinction à faire entre une cathédrale et une église paroissiale, entre une chapelle collégiale et un oratoire privé ; et, dans des édifices civils, entre une résidence royale et une habitation seigneuriale, entre des monuments érigés pour un but public ou national et des constructions pour les besoins ou l'agrément des particuliers.

L'échelle de convenance doit toujours être réglée par le but, et pour rendre ceci plus intelligible, je diviserai les édifices en trois catégories : édifices religieux, collégiaux ou monastiques, et civils.

I. ARCHITECTURE DES ÉDIFICES RELIGIEUX.

Il n'est guère moins important de respecter les traditions de l'Église, en ce qui concerne les bâtiments matériels, que de les suivre pour tout autre sujet se rattachant à la célébration des divins mystères, car il est impossible de célébrer ceux-ci conformément au rituel et aux intentions de l'Église, si l'on néglige ceux-là. Peut-on s'imaginer que l'Église eût, dans tous les siècles, déterminé avec une si scrupuleuse exactitude tout ce qui se rapporte à la célébration de l'office divin, si de telles précautions n'avaient pas été jugées nécessaires pour assurer un caractère décent et majestueux à la solennisation des rites sacrés? L'Église d'ailleurs nomma des officiers particuliers, tels que les archidiacres et les doyens de campagne, pour agir sous la direction de l'évêque et avoir soin que les intentions et les réglements de l'autorité ecclésiastique fussent convenablement exécutés, et pour faire un rapport sur l'état des diverses églises du diocèse. Il nous reste encore des rapports du douzième siècle, où le plus léger défaut ou la moindre irrégularité dans la construction sont soigneusement signalés, avec des propositions pour les corriger; cependant toutes ces excellentes mesures pour conserver l'unité et la discipline, introduites par la sagesse des anciens dignitaires de l'Église, sont traitées de folie par plusieurs de nos contemporains. Soutenir l'importance qu'il y a à adhérer à l'ancienne tradition dans ces matières, suffit pour provoquer la risée et même le blâme. Il est déplorable d'entendre les opinions qu'expriment parfois sur l'architecture religieuse bien des personnes qui devraient être les plus ardentes à la faire revivre dans toute son ancienne pureté, mais qui n'y accordent même pas l'attention que des gens du monde donnent à leurs écuries. La plupart des églises modernes sont le résultat de la fantaisie et du caprice. Ceux qui les bâtissent et les dessinent ne sont dirigés par aucune autorité, soit ecclésiastique, soit architecturale. De là presque toujours, pour une nouvelle église catholique, la certitude d'être un parfait outrage à la convenance religieuse et au goût architectural. Il est impossible de dire avant son achèvement à quoi elle ressemblera le plus, ou à un palais pour les sciences, ou à une salle de bal, ou à un temple idolâtre; si elle étalera quelque symbole de christianisme, ou si elle sera chargée d'ornements païens; si elle sera une caricature de l'architecture ogivale ou grecque, ou si en réalité elle aura le moindre trait caractérisque d'une église catholique.

Autrefois le mot *église* impliquait l'idée *d'une espèce particulière d'édifice invariablement érigé d'après le même principe;* cet édifice pouvait être richement orné ou tout simple; il pouvait être grand ou petit, élevé ou bas, coûteux ou bâti à peu de frais, mais il était toujours combiné selon un *principe arrêté*. *Des églises bâties à la distance de centaines de lieues, même dans des pays différents, et à des intervalles de plusieurs siècles dans la période de leur construction, montreraient encore une parfaite similitude de but, et attesteraient par leur forme et leur combinaison que la même foi avait inspiré leur érection et que les mêmes rites étaient célébrés dans l'enceinte de leurs murailles.*

Mais aujourd'hui, hélas! quelle énorme différence! Qu'on bâtisse ce qu'on veut, et n'importe dans quel style, d'après quel plan, avec quels détails, cela s'appellera une église. Les lois et les traditions ecclésiastiques sont négligées pour la plupart, et les splendides modèles de l'architecture chrétienne qui nous restent encore sont rarement imités, — bien plus, combien de fois la vénérable grandeur de quelque vieille cathédrale n'est-elle pas tournée en dérision par l'érection d'un bâtiment d'un style sans nom et sans caractère, qui n'a qu'un mérite, celui de faire ressortir la beauté de l'édifice en présence duquel il s'élève!

Le plus grand privilège que possède l'homme c'est de pouvoir, pendant qu'il séjourne ici-bas, contribuer à la gloire de Dieu. L'homme qui bâtit une église attire une bénédiction sur lui-même et pour cette vie et pour celle du monde à venir, en même temps qu'il ouvre, après Dieu, la source de toutes les bénédictions pour ses semblables; c'est pourquoi nous ne pouvons être étonnés du grand nombre de bâtiments religieux érigés aux jours de foi par nos ancêtres catholiques, ni de leurs efforts pour rendre, sous le rapport de la disposition et des ornements, ces constructions aussi propres à leur sainte et importante destination qu'ils pouvaient le faire dans la mesure de leurs moyens.

Ce doit avoir été un spectacle édifiant que de voir élever une ancienne ville, alors que la religion était l'impulsion première de l'esprit de l'homme et que l'honneur et le culte de l'auteur de tout bien étaient considérés comme d'une importance bien au-dessus de celle des spéculations commerciales les plus lucratives.

Il est très probable que beaucoup de personnes bien intentionnées ont été induites à approuver, ou du moins à tolérer ces misérables constructions par l'idée erronée que toute résurrection de l'ancienne architecture entraînerait des dépenses énormes. Or, bien loin d'en être ainsi, *cette architecture a décidément l'avantage sous le rapport de l'économie*; elle peut s'adapter *à toutes les matières, à toutes les dimensions, à toutes les localités*. Les fausses opinions conçues à ce sujet sont la suite des résultats malheureux qui suivent les efforts de ceux qui étant sur le point de bâtir dans le style ogival, prennent pour modèle quelque vaste église, et puis avec un vingtième de l'espace nécessaire et un centième de l'argent qu'il faudrait, entreprennent de faire quelque chose de semblable à celle-là. Ceci ne peut manquer d'aboutir à une bévue. S'ils s'étaient au contraire donné la peine d'examiner quelque édifice de l'antiquité correspondant *en proportion et en intention à celle qu'ils voulaient ériger*, ils auraient produit un bâtiment suffisant à un prix raisonnable. Chaque église ogivale n'a pas besoin d'être une cathédrale. Il serait à la fois injuste et déraisonnable de s'attendre à voir un petit nombre de paroissiens de campagne élever au tout-puissant un édifice aussi somptueux, que les négociants d'une ville opulente, et lors même qu'ils pourraient réaliser pratiquement un pareil résultat, ce serait là quelque chose de déplacé pour l'usage et le but d'une église de village. De plus, nous ne devons pas chercher l'étendue ou les ornements d'une église publique dans une chapelle ou un oratoire érigé par la piété d'un seul particulier sans l'assistance d'autres, à moins que ce particulier ne fût possesseur d'une grande richesse et, dans ce cas, la construction, à l'exception des dimensions, doit surpasser en gloire les embellissements ordinaires de ce genre de bâtiments. L'histoire de nos vastes et magnifiques églises met ce principe en pleine lumière; plusieurs d'entr'elles, à leur origine, ne l'emportaient guère sur des granges en chaume; c'était tout ce qu'on pouvait faire à cette époque reculée; mais lorsque s'accrurent la richesse et l'influence de l'Église, elles furent bientôt démolies pour faire place à des constructions plus convenables; celles-ci à leur tour furent rebâties avec une magnificence plus grande encore. L'ancien clergé et les riches ecclésiastiques n'étaient jamais satisfaits ni contents, ils ne s'imaginaient jamais en avoir fait assez; les échafaudages étaient placés autour des murs et les grues sur les tours de bien des bâtiments ecclésiastiques au moment de leur suppression ou lorsque commencèrent les troubles du XVIme siècle.

Aux jours de foi, les villes étaient remplies de bâtiments religieux. Là se trouvait l'église métropole, la grande cathédrale, d'une hauteur imposante et s'élevant au-dessus de tous les clochers des églises paroissiales qui l'environnaient : douées de proportions et d'une grandeur à peine moindres, ailleurs se montraient les églises abbatiales et collégiales avec leurs nobles cours, leurs bibliothèques et leurs réfectoires; chaque rue avait son temple élevé pour le vrai culte de Dieu. Même les ponts et les entrées n'étaient pas dépourvus de bâtiments religieux et plus d'une jolie chapelle, plus d'un élégant oratoire étaient portés à faux dans les piles massives au-dessus de l'eau qui coulait à leurs pieds. Mais tous ces bâtiments, les uns fort grands, les autres petits, étaient également parfaits et beaux pour le but auquel ils étaient destinés, aussi bien que la cathédrale; chacun d'eux était un bel échantillon d'art chrétien. Pour être bonne, l'architecture doit être conséquente. Une église paroissiale destinée à contenir seulement quelques centaines de personnes doit *être dessinée et arrangée tout-à-fait différemment* d'une église métropolitaine, et si l'on comprenait et qu'on appliquât ce principe, il nous serait donné de voir élever des édifices appropriés aux nécessités présentes et qui ne seraient pas indignes des architectes anciens. La convenance architecturale, en ce qui concerne les bâtiments religieux, exige qu'on en règle les proportions et les embellissements (comme cela se pratiquait autrefois) d'après les moyens et le chiffre de la population; et toujours on doit se rappeler que les maisons de Dieu doivent être aussi bonnes, aussi spacieuses, aussi ornées que le permettent *les circonstances et les moyens et le nombre de ceux qui s'occupent de les élever.*

Ce n'est pas le devoir de tous les hommes d'ériger des églises vastes et splendides, mais c'en est un pour tous de rendre les bâtiments qu'ils élèvent dans un but religieux *plus vastes et plus beaux que ceux qu'ils habitent.* Voilà tout ce que je prétends; mais c'est là un sentiment qui est à peu près, pour ne pas dire entièrement, éteint. De nos jours on bâtit trop souvent des églises sans avoir le moindre égard à la tradition, aux raisons mystiques ou même aux plus simples convenances — et lorsque quelqu'un de ces modernes bâtisseurs d'églises se laisse aller à faire des ornements, ce n'est uniquement que pour attirer l'œil des passants, déception des plus *méprisables*, puisqu'elle a pour but de cacher la médiocrité du bâtiment réel. Combien de fois ne voyons-nous pas une façade ou un pignon élevé à une hauteur respectable, et ne sommes-nous pas naturellement portés à en conclure que c'est là, en ce qui regarde et la hauteur et la forme, *la terminaison* du toit véritable; mais en doublant le coin, nous nous apercevons bientôt qu'il s'agit là tout bonnement de dissimuler quelque difformité monstrueuse dont l'architecte n'a pas su se défaire autrement, ou bien de dissimuler quelque trait nécessaire du bâtiment, qui a été une pierre d'achoppement pour son habileté et auquel il n'a pu parvenir à donner un air décent, précisément parce qu'il ne l'a pas traité *d'une manière naturelle.*

Très souvent des pignons ou pinacles élevés ne sont maintenus dans leur position que par des crampons de fer et ils cachent un toit au faîte plat et des murs bas et minces percés de petites ouvertures, et sans un seul trait ou détail qui réponde à l'apparence qu'ils offrent du côté de la rue. Or la sévérité de l'architecture chrétienne est *opposée à toute déception. Un bâtiment élevé à Dieu, on ne doit jamais le faire paraître meilleur qu'il ne l'est réellement par des moyens artificiels.* Ce sont là des expédients mondains pleins d'ostentation, qui ne con-

DE L'ARCHITECTURE CHRÉTIENNE.

Élévation vers la rue.

Perspective de la face latérale.

viennent qu'à ceux qui vivent de brillantes déceptions. Rien de plus exécrable que de faire une église riche et belle aux yeux des hommes, mais qui n'est que tromperie et fausseté, ce qui ne saurait échapper à l'œil de Dieu qui scrute tout, de ce Dieu à qui seul, et non pas à l'homme, on doit bâtir des églises. Même sous la loi de Moïse, le Saint des Saints, *dans lequel le grand prêtre seul entrait*, était couvert de lames d'or; et à combien plus juste titre les intérieurs de nos tabernacles ne doivent-ils pas être garnis de matières précieuses, eux qui sont dix fois plus saints et méritent dix fois plus cet honneur que les tabernacles figurés de l'ancienne loi! et cependant de notre temps *on néglige tout ce qui n'attire pas l'œil*. Un frontel à l'apparence riche cache souvent des matières brutes, un dépôt de bouts de chandelles et un amas d'immondices, choses repoussantes qu'on laisse là parce qu'elles sont hors de la vue. Le plâtre, le fer coulé et des ornements en composition, peints à l'instar de la pierre ou du chêne, sont autant de pures tromperies, et quoiqu'ils siéent fort bien au jardin d'un estaminet, ils sont complètement indignes d'un édifice sacré. « *Omne secundum ordinem et honestè fiat.* » Que tout homme bâtisse pour Dieu conformément à ses moyens, mais qu'il ne pratique pas ces déceptions prétentieuses; mieux vaut faire peu solidement et en respectant la vérité, que de produire un effet grand mais menteur. C'est pour cette raison que le mur à hourdage et le soliveau de chêne de l'antiquité réveillent encore dans l'esprit des sentiments de respect et de vénération que ne pourraient jamais produire ces imitations en ciment et en plâtre de réseaux artistement travaillés et ces dessins flamboyants que l'on essaie de nos jours dans des cathédrales en miniature avec une profusion si dégoûtante.

Une autre condition essentielle de la convenance religieuse c'est que les ornements introduits dans les églises soient de mise et aient leur signification, et qu'ils ne consistent pas *en emblêmes et en attributs païens*, alors qu'il s'agit de bâtiments expressément érigés pour le culte chrétien. Si les admirateurs de la décoration classique étaient conséquents, en vertu même des principes qui guidaient les anciens en élevant des édifices objet de leur culte, ils emploieraient aujourd'hui d'autres ornements et de mieux appropriés; car tous ceux que l'on trouve dans les temples et les autres bâtiments des païens s'accordaient strictement avec leur mythologie et leurs usages : *ils n'introduisaient jamais un emblême sans y attacher une signification mystique*. Or, quelque grandes qui soient leurs enormités, je pense qu'il serait injuste d'accuser les sectateurs de la renaissance des ornements païens, de croire réellement à la mythologie dont ils sont des admirateurs si jaloux; il s'ensuit qu'ils sont coupables d'une inconséquence d'autant plus grande, vu que les païens véritables agissaient par conviction. Ils n'auraient pas placé d'urnes auprès des tombeaux, s'ils n'avaient eu coutume de brûler les morts, au lieu de les enterrer; coutume dont l'urne était un emblême convenable, comme le vase dépositaire des cendres. Ils n'auraient pas non plus décoré les frises de têtes de béliers et de bœufs, s'ils n'avaient pas sacrifié ces animaux à leurs prétendus Dieux, ni placé des torches renversées sur les mausolées, s'ils avaient cru à une resurrection glorieuse. Mais nous, comme *chrétiens*, qu'avons-nous à démêler avec tous ces objets qui ne servent qu'à rappeler *des*

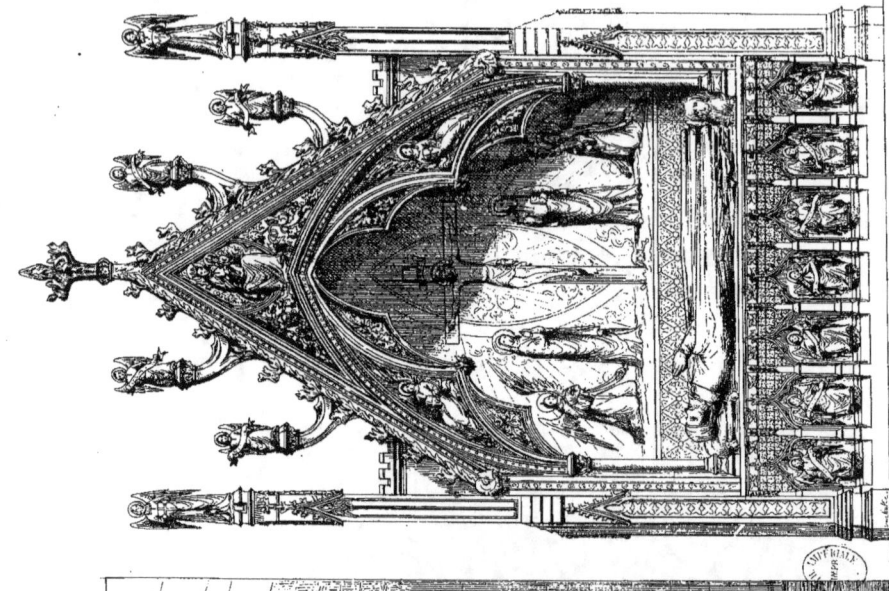
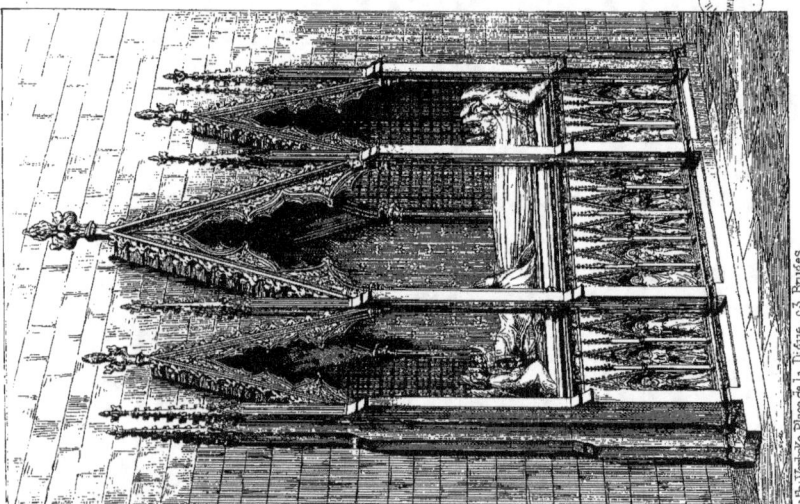

MONUMENTS FUNÉRAIRES D'APRÈS LES ANCIENS PRINCIPES.

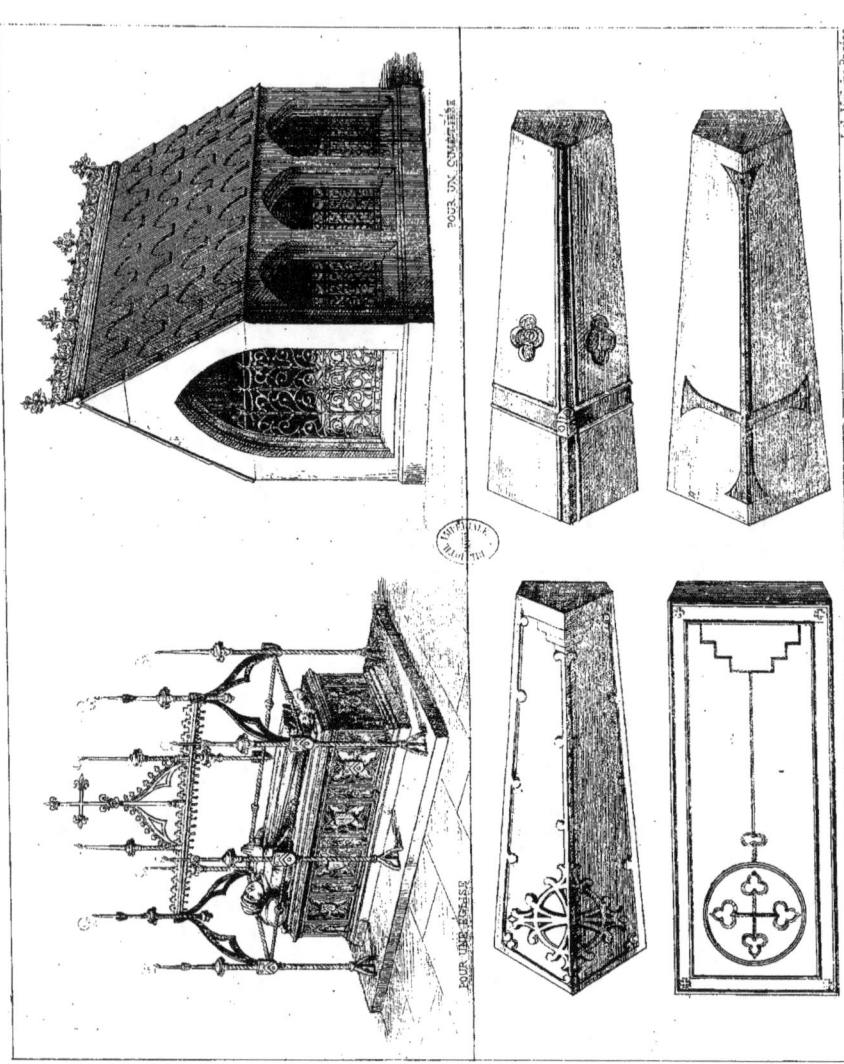

MONUMENTS SÉPULCRAUX SIMPLES DESSINÉS D'APRÈS DES MODÈLES ANCIENS.

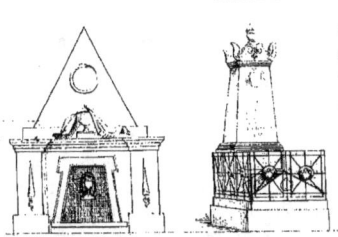

Monuments sépulcraux modernes dans le style païen

erreurs anciennes? Notre sagesse est-elle représentée par le hibou de Minerve, ou notre force par la massue d'Hercule? Nous qui avons été rachetés par le sacrifice de Notre-Seigneur lui-même, qu'avons-nous à faire des carcasses des taureaux et des chèvres? Et nous qui entourons les bières de nos frères décédés d'emblêmes de notre espérance et de notre confiance dans le glorieux jour de la résurrection, comment pouvons-nous sculpter la *torche renversée du désespoir païen*, sur cette même tombe où nous conduisons leurs restes avec des lumières si brillantes? Renonçons à d'aussi grossières inconséquences, et restaurons les idées chrétiennes de nos catholiques ancêtres, car elles seules se prêtent dignement à notre imitation. Mais ce ne sont pas seulement les ornements d'églises modernes que l'on emprunte à l'antiquité païenne en dédaignant l'antiquité chrétienne, mais jusqu'au plan et à la disposition des bâtiments sont façonnés d'après un temple païen; et pour cette forme déplaisante et inconvenante des ecclésiastiques et des architectes modernes ont abandonné celles qui non seulement relevaient les grands mystères de la foi chrétienne, mais dont l'usage avait été sanctionné par la pratique de plus de douze siècles.

Je donnerai maintenant les raisons distinctes pour lesquelles des temples grecs ne sauraient être introduits ni imités convenablement par des chrétiens.

1° Ces temples étaient érigés pour une culte idolâtre, et n'étaient appropriés qu'aux rites idolâtres qui se célébraient dans leur enceinte.

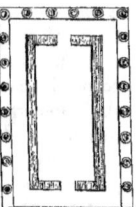 L'intérieur, dont les prêtres seuls avaient l'entrée, était comparativement petit, et au sommet il était ou obscur ou ouvert, tandis que le péristyle et les portiques, réservés au peuple qui assistait au dehors, étaient spacieux. Il n'y a pas la moindre similitude entre notre culte et le culte idolâtre des Grecs. Nous exigeons que le peuple se tienne *dans l'intérieur* de l'église, et non pas au dehors, Si donc vous adoptez un temple grec parfait, votre intérieur sera resserré et ne répondra aucunement au but qu'on se propose, tandis que votre extérieur occasionnera une dépense énorme sans aucune compensation d'utilité. Si, d'un autre côté, vous dépouillez un temple grec de son péristyle extérieur, et que vous bâtissiez vos murs là où doivent être les piliers, vous détruisez entièrement le plus beau trait de l'architecture, et le bâtiment offre une misérable caricature du style qu'il a la prétention d'imiter.

2° Les Grecs n'introduisaient pas de fenêtres dans leurs temples; pour nous elles sont essentielles. Percez les murs de fenêtres, et vous détruisez encore une fois la simplicité et l'unité de l'architecture grecque, que ses admirateurs vénèrent comme l'une de ses plus grandes beautés.

3. Des églises chrétiennes exigent des cloches au son desquelles les fidèles puissent être appelés à leurs exercices de dévotion. Pour être entendues distinctement, les cloches doivent être suspendues dans une tour ou beffroi, et ce sont là des traits entièrement inconnus dans l'architecture grecque. Un clocher composé d'un nombre de petits portiques, élevés les uns au-dessus des autres, et placés au front d'une caricature de temple grec, est une éblouissante absurdité, et une tour qui ne s'élance de rien au sommet d'un portique ne vaut pas mieux. Figures 1 et 2.

Figure 1.   Figure 2.

4. Notre climat septentrional exige un faîte de toit pointu, pour prévenir l'accumulation de la neige et résister à l'inclémence des saisons. Les Grecs, dont le climat est l'inverse du nôtre, avaient leurs toits et leurs frontons excessivement plats, et on ne pourrait pas les élever à la hauteur de notre propre faîte sans violer le caractère distinctif de leur architecture. *

Les temples grecs, en un mot, sont tout-à-fait inapplicables au but des églises chrétiennes, et c'est quelque chose qui approche de la

---

* Il est à remarquer que des toits au faîte plat ne furent introduits dans nos églises ogivales qu'après le déclin de ce style architectural, et on peut voir généralement les traces des toits aux faîtes élevés sur les tours de ces églises, dont les toits actuels sont plats, ce qui prouve qu'ils ont été altérés postérieurement à l'érection des bâtiments.

folie que de tenter de les y appliquer,* alors que chaque pays est littéralement couvert de beaux modèles de constructions religieuses de toute demension, *dont l'architecture et les combinaisons ont leur source dans leurs besoins et leur but.* Une ancienne église paroissiale telle qu'elle servait primitivement pour l'ancien culte, était l'un des bâtiments les beaux et les mieux appropriés que puisse concevoir l'esprit de l'homme; chacune de ses parties répondait à un but utile ou mystique. Là s'élevait le clocher, formé, non pas de *parties* de détail architectural *détachées et mal appliquées*, et attachées les unes aux autres pour produire quelque chose de haut, mais d'arcs-boutants et de murs solides naissant d'une base solide, et diminuant et s'embellissant graduellement à mesure qu'ils s'élevaient, jusqu'à ce qu'ils se terminassent par une flèche dont la pointe montrait le ciel, qu'environnait un groupe de pinacles, et qui formait un emblême imposant et instructif des espérances les plus brillantes d'un chrétien. Ces tours

* Et ils ne s'adaptent pas mieux à un but domestique; car il est encore plus absurde de voir deux ou trois lignes de fenêtres introduites dans la superficie d'un temple Grec, dont le toit est rompu par de nombreuses rangées de cheminées vainement déguisées. Cependant, en dépit de l'impossibilité palpable d'adapter des temples Grecs à notre climat, à nos habitudes et à notre religion, nous voyons se faire et se répéter continuellement la tentative et le non-succès qui la suit : Bureau de postes, Théâtre, Caserne, Bain, Hôtel, Casino, Palais de Justice, Café, Restaurant, Estaminet et Bureau d'Octroi, tout présente l'éternelle ressemblance avec un temple Grec outragé dans ses proportions et dans son caractère.

remplissaient un double but, car là pendaient les cloches aux sons solennels pour appeler le peuple aux services de l'église, et par leur grande élévation elles servaient de phares pour diriger ses pas vers le lieu Saint. Puis le porche occidental, destiné à la célébration de plusieurs rites — la nef et les ailes spacieuses pour les fidèles, la voûte en chêne ornée d'images sculptées de l'armée céleste et peinte de devises ingénieuses et convenables, l'impressionnant tableau du jugement dernier retracé sur la grande arche du sanctuaire, la châsse avec ses ciselures, l'écran et le jubé avec leurs imageries, la séparation mystique entre le sacrifice et le peuple, avec l'emblême de la rédemption qui se dressait environné de gloire — le maître-autel, riche de tentures, placé loin des regards irrévérents et avec la brillante fenêtre orientale qui terminait cette longue perspective ; tandis que la chantrerie et les chapelles de confréries, pieuses fondations de familles et de corporations, contribuaient grandement à accroître la solennité du glorieux édifice. Dans un chapitre subséquent nous entrerons plus en détail dans l'examen des diverses parties d'une église ; que ce qui vient d'être dit suffise pour le moment à titre de faible ébauche de ces constructions nationales que nous avons abandonnées pour les froides et misérables adaptations de l'architecture païenne.

Si donc une église catholique exige des clochers, des flèches, des nefs, des ailes, des sanctuaires, des châsses, des fonts baptismaux, des autels, des symboles et des ornements sacrés, je demanderai si l'on trouve les types de ces divers traits dans les anciennes églises ogivales, ou dans les temples classiques de l'antiquité. Assurément personne ne peut hésiter à reconnaître que nous avons dans les premières des modèles parfaits pour l'imitation ; tandis que dans les derniers on ne peut trouver aucun détail ou arrangement correspondant, et c'est pourquoi *les architectes sont tenus, sous peine de grossière inconséquence, de travailler exclusivement d'après les principes de l'architecture chrétienne* et de renoncer à toutes les adaptations païennes, quelles qu'elles soient.

ARCHITECTURE COLLÉGIALE ET MONASTIQUE.

Nous traiterons maintenant de la convenance architecturale par rapport aux établissements collégiaux et monastiques. Il ne saurait y avoir de doute relativement à la convenance, sinon à l'absolue nécessité d'ériger des colléges et des monastères dans le même style et dans le même esprit que ceux qui furent élevés par les anciens ecclésiastiques. Je dis *esprit*, aussi bien que style, car il ne suffit certes pas de tailler des réseaux, de construire des arcs-boutants et des pinacles, mais il importe de *conserver le caractère distinctif* de chaque masse de bâtiments. Dans les colléges, tout ce qui s'éloigne de l'antiquité catholique est impardonnable, l'objet pour lequel on les fonde étant identique avec celui des temps anciens. Ils doivent avoir ce même caractère de gravité scholastique, le même aspect vénérable et solennel que les anciennes fondations. Les offices fréquents dans les chapelles, la réunion de la communauté au réfectoire, la réclusion, le costume académique, le célibat des habitants sont une continuation de la discipline catholique, qui demande l'adoption des traits d'architecture auxquels ces besoins donnèrent primitivement naissance.

Le principal trait de ces bâtiments était la chapelle : pour nos ancêtres catholiques la célébration du service divin avec la solennité et la splendeur convenables était une considération capitale, et dans toutes les anciennes fondations collégiales rien n'était épargné pour atteindre un but aussi saint. La place que l'on réservait à la chapelle dominait généralement les bâtiments environnants.

Une université catholique vue à une certaine distance offrait une véritable forêt de tours, de flèches et de tourelles à pinacles, s'élevant des églises collégiales. Après ce trait principal, chaque partie de ces édifices avait son élévation et son caractère distinctif ; afin de donner l'effet convenable au grand portail, au réfectoire et aux autres parties importantes du bâtiment, les chambres excédaient rarement la hauteur d'un étage au-dessus du rez-de-chaussée. Un trait fort

caractéristique des anciennes constructions collégiales c'est la position des cheminées, que l'on fait saillir du nu des murailles extérieures des bâtiments. Ceci, je ne l'ignore pas, a été considéré comme un défaut par d'ignorants artistes modernes, mais, à un examen plus attentif, on trouvera que cette pratique, comme toutes celles des anciens architectes, était fondée sur d'excellentes raisons pratiques.

Les avantages de cet arrangement sont les suivants : 1° tout l'espace intérieur occupé par les rangées de cheminées et qui est très considérable, est économisé au profit des appartements; 2° les rangées de cheminées ainsi placées font pour le mur l'effet de contreforts; 3° on évite entièrement le danger d'incendie, qui naît lorsqu'on fait passer les tuyaux de cheminées à travers la charpente des toits; 4° le bâtiment gagne une grande variété de lumière et d'ombre et une succession de traits hardis. Il est impossible de concevoir des bâtiments mieux appropriés à la vie collégiale, tant sous le rapport de l'arrangement que sous celui du dessin, que les établissements fondés par cet homme grand et bon, Guillaume de Wykeham, à Winchester et à Oxford. Dans sa fondation de Winchester il avait deux classes à considérer, le clergé et les étudiants. Pour les premiers il fit exécuter de beaux cloîtres éloignés du reste de l'édifice, et propres à la contemplation et à la dévotion; pour les seconds il ménagea un vaste espace favorable à des récréations salutaires pen-

dant le mauvais temps, et des prairies unies pour les amusements d'été. Tout le caractère de ces bâtiments est à la fois sévère, élégant et scholastique; il est précisément ce qu'il doit être, et ce que le testament de Henri VI d'Angleterre prescrivait pour la partie domestique de son collége de Cambridge, laquelle devait être bâtie *sans une trop grande superfluité d'ornements ou de moulures prétentieuses;* c'est d'après ce principe que Wykeham traça le plan de ses bâtiments. Les ornements extérieurs sont en petit nombre, mais admirablement choisis : une image de Notre Dame portant l'enfant Jésus est placée au-dessus de chaque grand portail, parce que le collége était dédié sous le patronage et l'invocation de sa Sainte Mère, pour laquelle le bon évêque avait eu, depuis ses plus jeunes années, une dévotion extraordinaire. Les autres images de chaque côté de la niche centrale sont celles de l'ange Gabriel et de Wykeham lui-même priant à genoux.

L'intérieur de cette chapelle (aujourd'hui déplorablement défigurée par ses possesseurs protestants) doit avoir été, dans l'état où le laissa son fondateur, glorieux au-delà de toute expression; il consiste en un chœur et une *antechapelle,* à côté desquels se dressait le clocher, simple, mais élégant et élevé.

Les membres de l'association étaient enterrés dans les cloîtres et dans l'antechapelle, comme l'attestent leurs monuments en cuivre richement burinés. L'intention de cet usage était sans doute d'engager la communauté survivante à prier pour le repos de leur âme, et pour lui rappeler qu'un destin semblable l'attendait inévitablement. Comme la sagesse catholique et la piété catholique éclatent glorieusement dans toutes les combinaisons de ces nobles bâtiments! Qu'il est grand l'esprit supérieur qui les conçut et les exécuta, et cependant combien peu de nos jours sont capables de les comprendre ou enclins à les imiter!

Les constructions collégiales modernes, principalement sur le continent, sont l'opposé de tout ce que je viens de décrire. Nous y cher-

EXEMPLE DE L'EXTÉRIEUR D'UNE ÉGLISE COLLÉGIALE.

L'INTÉRIEUR D'UNE ÉGLISE COLLÉGIALE AVEC JUBÉ EN PIERRE.

chons en vain le quadrangle solennel, le cloître studieux, le portail surmonté d'un tour, le noble réfectoire avec son toit de poutres de chêne, les fenêtres à meneaux et le parapet à pinacles, et le clocher élevé de l'église; on n'y voit pas la moindre trace de ces vénérables traits caractéristiques d'un collége, mais d'ordinaire une seule masse uniforme, dont rien ne rompt les contours ou la façade et qu'il est impossible de distinguer des autres grands bâtiments qui l'entourent. Quant à sa destination, on pourrait la prendre pour celle d'une caserne, d'un hôpital ou d'un asyle; comment est-il possible d'espérer que la génération d'hommes sortis de ces fabriques de science possédera les mêmes sentiments * que celle qui autrefois fut formée dans les édifices de nos ancêtres? Nous ne pouvons assez admirer l'architecture des universités anglaises. Dans ce genre il n'existe rien, absolument rien sur le continent qui puisse leur être comparé, malgré les misérables additions et modernisations qui aujourd'hui défigurent si généralement les bâtiments.

Et si les bâtiments collégiaux sont de nature à exiger, sous peine d'inconséquence et d'inconvenance, l'adoption de l'ancienne archi-

* La nécessité de s'attacher aux anciens modèles pour le style et l'arrangement de séminaires ecclésiastiques devient plus évidente si l'on considère que les étudiants forment leurs idées et leurs goûts d'après le système sous lequel ils vivent. On ne peut guère espérer d'amélioration dans la construction et la décoration ecclésiastiques aussi longtemps que les églises collégiales montrent la déplorable déviation actuelle des vrais principes et des bonnes traditions. Le mauvais goût du collège est propagé dans le diocèse, et chaque église paroissiale devient un champ ouvert aux expériences ecclésiastiques en fait de décoration et un musée de mauvais goût.

Comment s'étonner que des antiquités ecclésiastiques aient été traitées avec un dédain si complet, lorsque ceux qui devraient être les plus soigneux à les conserver n'ont jamais appris à en apprécier la valeur, ou pour mieux dire les ont vu depuis leur jeunesse jeter de côté pour faire place à des énormités parisiennes? Il est consolant de savoir que l'étude de l'architecture gothique fait partie des travaux des jeunes ecclésiastiques dans plus d'un diocèse de France.

tecture, à combien plus forte raison l'esprit des ordres monastiques ne les oblige-t-il pas de l'adopter également? La sévérité et la simplicité de la partie domestique des anciens bâtiments monastiques témoignent d'une manière expressive de l'austérité de leurs habitants, tandis que la pompe de l'église et du chapitre, du cloître et de la bibliothèque indique la dévotion, la sagesse et la science qui doivent briller surtout chez des religieux. Rien n'est plus éloigné de l'esprit des ordres monastiques qu'une lourde masse païenne de bâtiments ornés d'emblêmes idolâtres, ou que ces imitations de seconde main des modes fugitives et luxurieuses du jour. Les austérités, le silence, la mortification, le recueillement, la prière s'accordent mal avec l'esprit mondain des bâtiments monastiques modernes.

Des hospices pour les malades et les pauvres doivent certainement être construits dans un style à la fois simple et religieux; on doit procurer aux vieillards des cloîtres pour des exercices à couvert; il doit y avoir une salle et une cuisine communes, des chambres à coucher séparées et une chapelle pour les dévotions journalières. Des emblêmes religieux et des monuments à la mémoire des bienfaiteurs portant des inscriptions pieuses et des légendes morales doivent constituer leurs seuls embellissements.

ARCHITECTURE CIVILE.

En troisième et dernier lieu, nous considérerons la convenance architecturale par rapport à l'architecture civile et domestique. Il suffit d'un moment de réflexion pour se convaincre que les besoins et le but des bâtiments civils sont identiquement les mêmes que ceux de nos ancêtres. D'abord, le climat, qui nécessairement règle le faîte des toits, la lumière, la chaleur et l'arrangement intérieur restent naturellement les mêmes qu'autrefois. Ensuite, quoique les lois et le système d'économie politique puissent avoir considérablement changé, ils exigent cependant en grande partie la même espèce de bâtiment que ceux dont se servaient nos aïeux.

La royauté et la noblesse réclament des palais et des châteaux; — les juges des diverses juridictions, des palais de justice; — les corporations légales et les fonctionnaires civils, des hôtels de ville. En outre il nous faut également des bibliothèques, des casernes, des écoles, des musées et d'autres bâtiments publics. De nouveaux besoins ont, à la vérité, créé la nécessité d'autres espèces d'édifices, mais tous peuvent être exécutés très rationnellement d'après les anciens principes, et, si on les traitait convenablement, ils pourraient égaler en beauté les productions du moyen-âge.

Le palais d'un souverain doit montrer dans chaque détail la preuve d'une antiquité glorieuse. A coup sûr une longue succession de rois et de princes — leurs nobles exploits — les symboles des honorables charges dont ils furent revêtus — formeraient des sujets qui naturellement s'offriraient d'eux-mêmes pour la décoration des salles et des appartements. Comme il paraîtrait vraiment grand et national, le bâtiment qui, ainsi dessiné et orné, présenterait, non seulement dans son caractère général, mais dans chaque détail, l'expression de la gloire du pays et l'illustration de son histoire! Une ancienne salle à manger avec sa tapisserie, ses vitraux, ses bannières, ses peintures, son bois de chêne sculpté, ses couronnes et son buffet d'argenterie massive doit avoir produit un effet surpassant de bien loin celui de l'appartement le plus somptueusement décoré des temps modernes.

Les mêmes remarques s'appliquent avec la même force aux résidences de la noblesse titrée et non titrée. Qu'il est pénible de contempler au centre d'un vaste domaine un ancien château mutilé et démantelé! — Dépouillé de tout trait imposant — les toits au faîte pointu démolis — les cheminées abattues — les meneaux des fenêtres arrachés et remplacés par des châssis modernes — en un mot, tout le caractère du bâtiment changé par l'introduction de modes nouvelles. L'intérieur aussi n'est rien qu'un reflet de la monotonie d'une maison citadine moderne : les plafonds peints, les panneaux de chêne sculpté, les vitraux, les supports armoriés ont été enlevés pour faire place à l'éternelle décoration du blanc et de l'or, à des plafonds et à des corniches en plâtre, à des papiers récemment venus de Paris, et à d'autres ornements périssables, qui demandent à être renouvelés périodiquement au bout de peu d'années. Ou, ce qui est pire encore, on voit s'élever au centre d'un terrain ondulant et de nobles bois une masse carrée et désagréable de bâtiments, ne montrant que des murs et des fenêtres, ressemblant parfaitement à une manufacture, *sans rappeler en quoi que ce soit la croyance, la famille ou le pays* du propriétaire, sans beauté, sans plan, sans convenance. Comme tout cela est contraire à l'esprit de ces anciens manoirs, couverts des symboles et des armes des ancêtres et s'harmonisant dans leurs belles irrégularités avec l'esprit de la nature!

Les anciens manoirs catholiques étaient des édifices solides et convenables; leurs proportions et leur distribution les rendaient propres à leur but, celui de l'habitation. Ils n'étaient pas enjolivés de ces parures passagères des modes d'un jour, qui se fanent promptement et qui demandent à être renouvelées plusieurs fois en une génération; mais ils passaient du père au fils, immuables dans leur intégrité originelle. Chaque partie de ces bâtiments indiquait sa destination particulière : le portail à tourelles et la loge du portier, le porche d'entrée, le toit au faîte élevé et la salle surmontée de fumérelles avec sa spacieuse cheminée, les chambres pour les étrangers, les vastes cuisines et les offices, tout formait des traits distincts et beaux, qui n'étaient *ni masqués, ni cachés sous une seule façade monotone*, mais qui par la variété de leurs formes et de leurs contours augmentaient l'effet du bâtiment et offraient comme un emblême palpable de la bonne et vieille hospitalité : tandis que la vénérable église paroissiale placée dans le voisinage immédiat, avec sa tour grisâtre et sa chantrerie de famille, montrait que le soin spirituel n'était point négligé par nos ancêtres lorsqu'ils érigeaient leurs habitations temporelles.

Toute personne doit être logée comme il convient à sa position et à

ANCIENNE MAISON DE CAMPAGNE.

MAISON DE CAMPAGNE MODERNE.

MAISONS DE CAMPAGNE CONTRASTÉES.

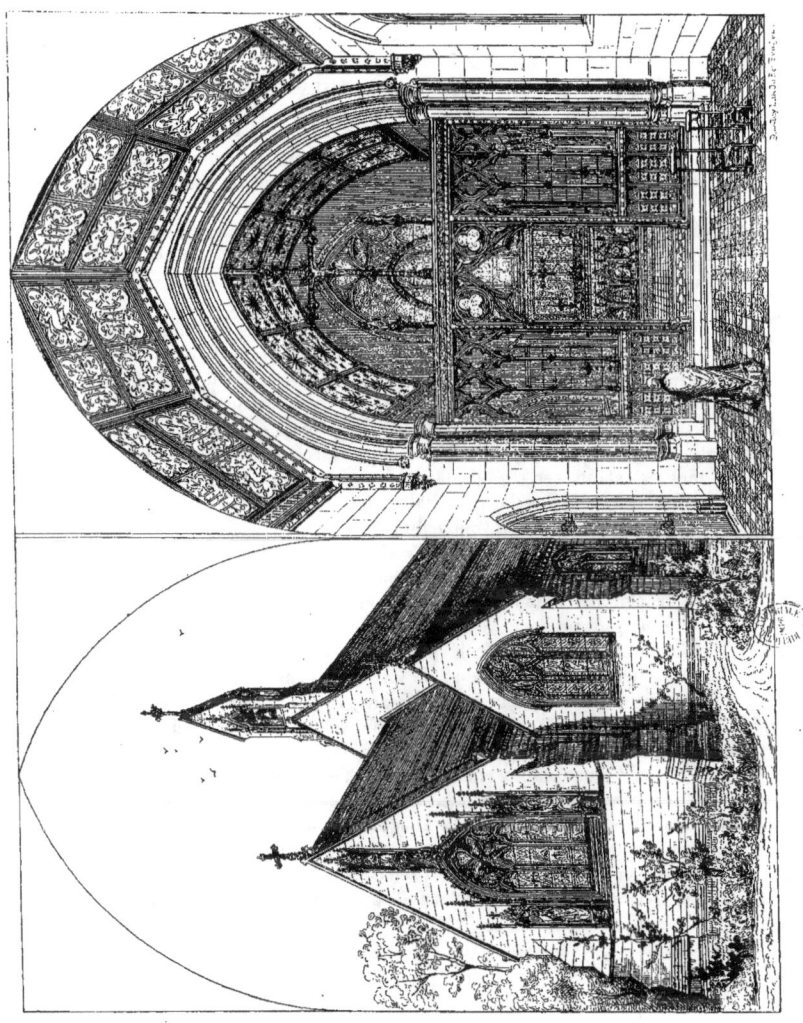

CHAPELLE D'UN MANOIR AVEC CHANTRERIE DE LA FAMILLE.

sa dignité, car ceci n'est point contraire au principe catholique, mais en parfait accord avec lui ; aussi les manoirs érigés par nos ancêtres n'étaient pas le caprice passager d'un moment, ou des monuments d'ostentation élevés avec une dépense si extravagante qu'ils appauvrissaient pour plusieurs générations les héritiers de leurs biens ; mais des constructions solides, dignes et chrétiennes, bâties sans perdre de vue la prospérité générale de la famille ; et la résidence presque continuelle de l'ancienne noblesse non titrée dans ses terres rendait indispensable d'avoir des manoirs où ils pussent exécuter les devoirs de l'hospitalité dans toute leur étendue. Ils ne bornaient pas le nombre de leurs hôtes à quelques *fashionables* qui passent accidentellement quelques jours dans une maison de campagne ; mais sous les soliveaux de chêne de leurs salles spacieuses les lords du manoir avaient coutume de réunir tous leurs amis et tenanciers à ces époques successives où l'église invite tous ses enfants à se réjouir, tandis que des hôtes plus humbles prenaient leur part des dons charitables que leur distribuait la main de l'aumônier sous l'entrée voûtée du portail.

J'ai déjà dit que le climat a une bonne part dans les combinaisons de l'architecture gothique. La vérité de cette remarque se prouve facilement par l'examen d'une maison italienne. Les ouvertures de celles-ci sont petites ; elle a de longues colonnades pour l'ombre, et tout le bâtiment est calculé pour qu'on y trouve un refuge et une protection contre la chaleur ; les toits sont plats au faîte, parce que les fortes neiges ne sont pas à craindre, et le plan aussi bien que les contours est approprié au climat auquel appartient l'architecture. Mais dans nos contrées du Nord c'est le contraire de tout cela que réclame le confortable. Notre climat est fort différent de celui d'Italie : nous avons des vents violents, des pluies abondantes, des neiges épaisses et un froid intense. Il n'y a point de similitude entre les climats des deux pays. A quoi bon donc une maison italienne en notre pays ? Et que sont les prétendus palais italiens modernes, si ce n'est une imitation burlesque ou fausse du style, puisque notre température naturelle nous force en réalité, pour rendre une maison habitable, d'abandonner les deux traits distinctifs de l'architecture italienne que je viens de signaler? Une autre objection contre le style italien c'est celle-ci — nous ne sommes pas des Italiens ; Dieu, dans sa sagesse, à inculqué à tout homme l'amour de la nation et de la patrie, et nous devons toujours cultiver ce sentiment. Nous devons observer les usages et les mœurs des autres peuples sans préjugé, faire notre profit de tout ce que nous y trouvons d'admirable, mais nous ne devons jamais oublier notre propre pays. A dire vrai, l'amalgame d'architecture, de style et de manières qui s'opère en ce moment est si extraordinaire, qui si ce n'étaient les œuvres de la nature qui ne sauraient être détruites et les œuvres glorieuses de l'antiquité chrétienne qui ne sont pas détruites encore, l'Europe offrirait bientôt une uniformité qui ferait disparaître tout intérêt.

Ceci m'amène à parler de l'architecture moderne des villes. Dejà une espèce de style grec bâtard, un style moderne sans caractère et sans nom a ravagé plusieurs des cités les plus importantes de l'Europe, remplaçant les bâtiments nationaux primitifs par des lignes insignifiantes de façades de plâtre, sans forme, sans couleur, sans intérêt. Combien de glorieuses églises ont été détruites dans le cours de ces dernières années, afin de faire une place pour les excercices d'occasion de la garde nationale! Là, quelques arbres rabougris et une mare d'eau dans un bassin de pierre, qui de temps en temps jaillit à quelques pieds de hauteur, sont tout ce qu'on nous laisse à voir en échange de l'un des monuments les plus intéressants de l'ancienne piété. Combien de belles maisons au pignon antique ont été démolies pour élargir une rue ou pour être remplacées par une énorme façade de parade, surmontée d'une corniche qui surplombe, et percée de fenêtres grandes et raides et d'une porte monstre pour les voitures. Et c'est là le type d'après lequel tant de maisons modernes sont conçues et exécutées. Chaque ville, chaque pays de l'Europe a perdu son air vénérable, les croix et les images anciennes ont disparu, et à leur place s'élève la

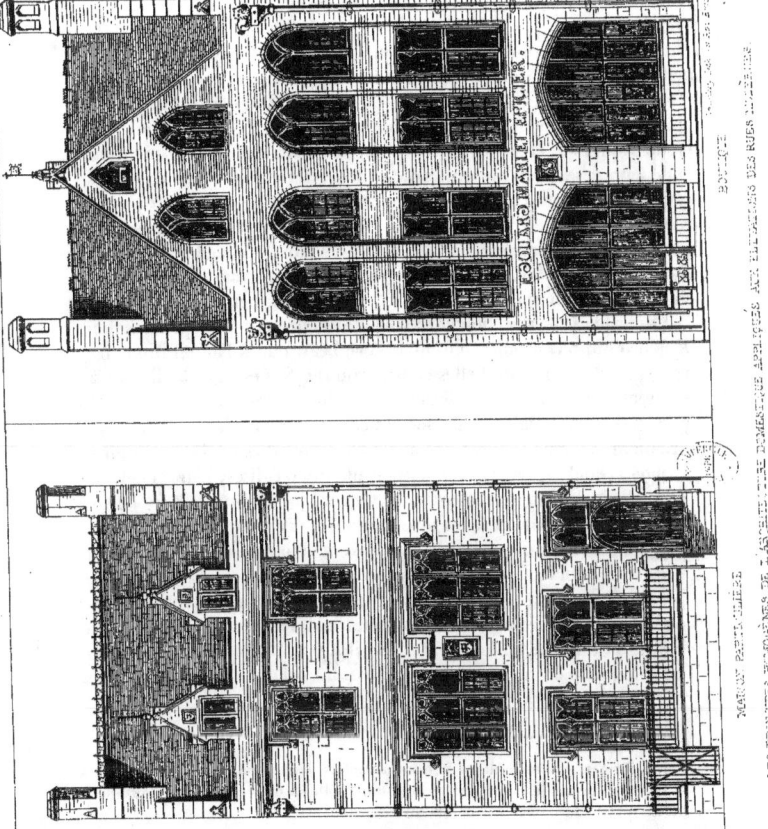

statue colossale en bronze de quelque peintre où de quelque mathématicien avec une inscription païenne; les anciennes fontaines ont été remplacées par des nymphes, des dieux marins et des cariatides, ou même par une pompe aussi simple que respectable — les toits des vieilles tours ont été abattus, les fenêtres dépouillées de leurs meneaux et de leurs réseaux, d'anciennes sculptures religieuses ont été arrachées, — en un mot, tout ce qui rend l'architecture des rues frappante, pittoresque et belle a été soigneusement banni, et les restes mutilés en sont périodiquement badigeonnés ou remplacés par des rangées de maisons monotones et raides, couvertes de stuc et peintes, afin de donner à la ville, comme on le dit quelque fois, « un air de petit Paris. »

Les anciennes villes doivent avoir été réellement bien pittoresques. Aujourd'hui même elles offrent encore beaucoup à l'admiration; il y reste grand nombre de belles constructions ogivales, qui à elles seules suffisent pour nous faire regretter les changements destructeurs des jours modernes. Mais peu de personnes ont quelque idée de leur beauté première. Que ne doivent pas avoir été les vieilles cités des Flandres, Bruges, Gand, Anvers, avec leurs centaines d'églises, leurs hôtels-de-ville, leurs bâtiments monastiques, leurs bibliothèques, leurs portes-cochères, leur tours et leurs terminaisons à flèches! *

Quelle belle variété de dessin doivent avoir offerte les anciennes rues avec leurs pignons élancés, leurs fenêtres à meneaux et leurs portails voûtés, sur lesquels étaient exécutées ou des peintures religieuses ou des sculptures imposantes, des armoiries ou les emblêmes de quelque métier. Et même à l'heure qu'il est il n'y a aucune espèce de raison pour laquelle on ne ferait pas revivre la beauté particulière de nos anciennes cités, pourvu seulement que nous renoncions à vouloir faire

---

* A Bruges, par exemple, il y avait autrefois treize maisons d'ambassadeurs, à chacune desquelles se rattachait une tour belle et élevée, avec un toit qui se dressait bien au-dessus des bâtiments environnants.

ressembler chaque place à Paris et que nous tournions notre attention vers les modèles d'architecture ogivale civile et domestique qui restent encore. Les beaux hôtels-de-ville doivent à coup sûr nous montrer quel succès on obtiendra pour tout bâtiment qu'on voudra bien traiter d'une manière naturelle. Je suppose que, lorsque ces places furent bâties, les besoins civiques étaient à peu près les mêmes qu'aujourd'hui, et naturellement les anciens artistes ne combinaient pas leur plan pour produire une grande façade, car chaque partie de ces bâtiments est également belle, mais ils visaient à satisfaire leurs besoins, tels qu'une tour élevée pour une cloche et un carillon, des halles pour les assemblées municipales et des réunions publiques, des fêtes locales, etc.

La même remarque s'applique aux palais de justice. Il n'est pas nécessaire de chercher au loin ou de construire une cour païenne avec les figures allégorique de la justice et de la clémence, ou avec des têtes de Lycurgue et d'autres législateurs païens. Une cour de justice chrétienne doit offrir un aspect qui relève la majesté de la loi, la dignité du juge, la solennité du procès, qui est en quelque sorte le type et l'ombre du jugement plus redoutable qui nous attend tous au grand et dernier jour. * Il faut que tous les assistants éprouvent des sentiments de vénération et que l'accusé soit frappé d'une crainte respectueuse. Les ornements doivent consister en peintures ou en

---

* L'ancienne chambre du conseil à Bruges était décorée de la manière la plus solennelle. On la montre aux curieux, et, d'après un tableau qui existe encore, il paraît qu'une représentation du jugement dernier était appendue aux murs. Cela était parfaitement convenable et devait être pour tous les assistants un avertissement émouvant. C'est avec beaucoup de regret que je vois relégué au musée le tableau du jugement, car on ne peut rien imaginer de plus propre à produire un effet salutaire sur l'esprit du peuple que la représentation d'un pareil sujet. L'effet général du procès dans cette cour, le demi-jour, les riches sculptures, le maintien les magistrats revêtus de leurs robes, tout doit avoir été d'un caractère extrêmement solennel.

sculptures de traditions locales dans les armoiries de la ville, des portraits de grands législateurs, du souverain du pays, etc.

En un mot, tous les bâtiments publics doivent montrer extérieurement quelle est leur destination, et c'est à leur but que l'on doit exclusivement subordonner leur degré de décoration.

Les casernes peuvent être ornées des armes nationales, de bannières, de trophées d'armes, d'images de saints patrons, de statues de nobles et de guerriers avec les blasons de leurs familles.

Les hôpitaux peuvent être embellis de sujets tirés de l'écriture analogues au but et aux intentions des fondateurs et des bienfaiteurs, ainsi que des armoiries de ceux-ci; elles peuvent l'être encore de pieuses légendes, d'images de saints patrons ou de saints sous le patronage et l'invocation desquels l'institution est fondée.

Les écoles peuvent recevoir pour ornements des sujets empruntés à l'écriture et rappelant l'humilité et la docilité du divin enfant Jésus et son obéissance envers ses parents; des textes de l'écriture propres à inculquer les mêmes vertus; les armoiries des fondateurs et des bienfaiteurs et des statues de saints patrons de la fondation, celles en particulier de Saint-Nicolas et de Saint-Louis de Gonzague, patrons spéciaux de l'enfance et de la jeunesse.

Les bibliothèques peuvent être ornées des armes des fondateurs et des bienfaiteurs, des portraits des quatre évangelistes et des quatre docteurs de l'église, ainsi que d'autres saints qui se vouèrent particulièrement à l'étude. On peut y joindre de pieuses inscriptions tirées des saintes écritures. Enfin, on peut adopter pour chaque bâtiment quelque devise qui lui soit particulièrement propre.

Et à ces bâtiments, aussi bien qu'à toute espèce d'édifices, une seule remarque importante s'applique : *tout trait nécessaire doit être visible, aucun ne doit être caché.*

Les pignons, les toits, les cheminées, etc., tout doit être bâti et placé précisément comme la nécessité l'exige. Toutes ces parties peuvent être ornées dans une mesure convenable, lorsque par là on augmente la beauté du bâtiment et l'effet pittoresque. Des girouettes peuvent surmonter des pignons élevés, aux coins des rues on peut placer des images de saints patrons, devant lesquelles doivent être suspendues des lampes attachées à des branches de métal richement travaillés — on peut étaler des sculptures et des peintures sur des panneaux entre les fenêtres — des noms et des emblêmes dans de riches couleurs là où ils sont requis, — des monogrammes, des armoiries, du feuillage, des animaux, etc., en verre, en pierre, en bois, en métal. *Et cette manière de traiter chaque habitation comme une chose distincte et parfaite en elle-même, est beaucoup plus rationnelle et produit beaucoup plus d'effet, que de bâtir une rangée de maisons pour leur donner l'air d'un seul palais.*

On doit tenir compte aussi des inventions modernes. Toute invention nouvelle qui contribue au confortable, à la propreté, à une plus grande durée, doit être adoptée par l'architecte conséquent : *reproduire une chose uniquement parce qu'elle est vieille est absolument de la même absurdité que les imitations des païens modernes.* L'architecture domestique doit avoir une expression particulière, qui révèle les mœurs et les usages d'un peuple. *De même que le château se transforma en manoir baronial, on peut aussi le modifier de manière à l'approprier aux exigences actuelles;* et les maisons isolées plus petites, qu'a produites l'état présent de la société, doivent être revêtues d'un caractère à part; elles ne sont sujettes à critique que lorsqu'on prétend leur donner l'air de représentation en miniature de constructions plus grandes. Et il est non seulement possible, mais facile d'opérer d'après les mêmes principes conséquents que nos ancêtres dans l'érection de tous nos bâtiments domestiques.

En présence de nos ressources actuelles, il serait absurde de bâtir dans les villes des maisons de bois, qui durent leur origine à la surabondance de cette matière dans les temps antérieurs, et à la difficulté de transporter les pierres ou les briques; mais des façades de pierres parfaitement adaptées aux convenances intérieures, et qui ne violent point les réglements sur la bâtisse urbaine, peuvent être érigés, et ils sont même susceptibles de produire un excellent effet s'ils *sont traités rationnellement et terminés par la forme naturelle du pignon.*

Il n'y a pas de raison au monde pour que de nobles cités, réunissant tout ce qu'exige un bon système d'égouts, de cours d'eaux et de conduits de gaz * ne soient pas érigées avec le caractère le plus conséquent et cependant chrétien. *Tout bâtiment qu'on traite naturellement sans imposture et sans déguisement ne peut manquer d'avoir bon air.*

Si nos bâtiments domestiques actuels étaient seulement dessinés conformément à leur véritable but, ils paraîtraient aussi pittoresques que les anciens. Chaque édifice parlerait son propre langage et par la diversité de son caractère contribuerait au grand effet de l'ensemble.

Les styles modernes inspirent maintenant un mécontentement croissant, et on commence à retourner un regard vers l'architecture domestique ancienne. Il est donc nécessaire de mettre les gens en garde contre certaines erreurs où ils sont exposés à tomber dans leur admiration fraîche éclose pour le style ogival. Malheureusement ceux qui font profession d'admirer l'architecture ogivale et qui s'efforcent de l'imiter, ont jusqu'à présent produit des résultats plus ridicules que ceux qui ont recours à l'aide étrangère. Toute tentative de bâtir des maisons dans le style des anciens châteaux conduira à un non-succès. En effet, que peut-il y avoir de plus absurde? L'architecture des châteaux dut sa naissance à des besoins qui résultaient d'un certain état de la société; naturellement la nécessité d'une grande force et les moyens de défense en rapport avec la tactique militaire de l'époque dictèrent aux constructeurs d'anciens châteaux le style le mieux approprié à leur architecture. Considérées comme monuments historiques, ils ont un intérêt merveilleux, mais comme modèles offerts à notre

---

* Une lampe à gaz. si elle était dessinée naturellement et simplement pour l'usage auquel elle doit servir, serait un objet inoffensif, mais lorsqu'elle se compose d'un autel romain en miniature ou d'un manoir surmonté de faisceaux et terminé par un trépied pour brûler l'encens, elle devient parfaitement ridicule.

imitations ils sont plus qu'inutiles. Quelles absurdités, quelles anomalies, quelles choquantes contradictions, ces bâtisseurs de châteaux modernes n'ont ils pas commises! Il est vrai que l'on ne trouve un grand nombre d'exemples de ces extravagances qu'en Angleterre, et je les mentionne ici principalement comme des fanaux qui nous avertiront de ce que nous devons scrupuleusement éviter. Ces bâtiments ont des herses qui ne s'abaissent point et des ponts-levis qui ne se lèvent point — d'un côté des parapets à machicoulis, des embrasures, des bastions et toute l'apparence d'une solide défense; autour du coin du bâtiment un conservatoire conduisant aux principaux appartements et au travers duquel tout un escadron de cavalerie pénétrerait d'une seule poussée jusqu'au cœur de la place! car qui s'amuserait à battre des portes garnies de clous, lorsqu'il peut se frayer un chemin à travers la serre? Mais l'extérieur n'est pas la partie la plus inconséquente de ces édifices, car on trouve des chambres de gardes sans armes ni gardes, des portes de sortie par lesquelles personne ne passe si ce n'est les domestiques, et dont un homme de guerre ne s'élança jamais; des donjons qui ne sont autre chose que des salons, des boudoirs et des appartements élégants; des tourelles où couchent les servantes, des bastions où le sommelier nettoie son argenterie : la seule chose réelle dans tout l'édifice c'est la cuisine. Tout le reste n'est qu'un masque et le bâtiment entier n'est qu'un mensonge mal conçu.

Une autre erreur, et j'avoue que je n'en ai vu qu'un ou deux essais dans ce pays; une autre erreur où une connaissance imparfaite des anciens principes va probablement entraîner les gens, c'est celle de bâtir des maisons à l'imitation d'anciennes abbayes ou églises. A quoi sert d'obtenir à grands frais un extérieur ecclésiastique, qu'à une certaine distance on peut supposer appartenir à quelque communauté religieuse, lorsqu'en s'en approchant de plus près on voit l'illusion s'évanouir, et que le bâtiment, qui porte d'une manière très profane le costume de l'architecture solennelle de la religion et de l'antiquité, finit par n'être qu'un colifichet et qu'un caprice d'une mode extravagante?

Je ne puis terminer ce chapitre sans signaler deux grands défauts dans nos constructions ogivales modernes, *et qui naissent tous deux de ce qu'on ne comprend pas le grand principe fondamental de décorer l'utile*. En premier lieu, plusieurs architectes appliquent *les détails et les traits accessoires du style ogival à des masses et à des combinaisons classiques ;* ils observent scrupuleusement la régularité et la symétrie du classique, tandis qu'ils essaient de le déguiser sous les moulures et les accessoires du gothique. De toute chose ils doivent avoir deux, une de chaque côté; peu importe que tout ce qu'exige la combinaison soit contenu dans la moitié du dessin, la façade de l'autre moitié doit être construite pour maintenir l'uniformité. Que peut-il y avoir de plus absurde? Parce qu'un homme a une vraie porte pour entrer dans sa maison d'un côté, doit-il avoir de l'autre une fausse porte par laquelle il ne saurait passer? Comme il est inconséquent de faire et de garnir de verre une fenêtre qui dès le début doit être murée! Qu'il est pitoyable de couvrir une muraille d'enfoncements blancs figurant des fenêtres, surtout lorsqu'ils sont peints pour imiter le verre et les croisées! Pour voir toute l'absurdité de ce système, supposons seulement que les architectes des anciens colléges, après avoir achevé une église et un réfectoire à l'un des côtés d'un quadrangle, aient élevé quelque chose pour les répéter, afin de faire correspondre l'autre côté, de manière à montrer deux églises et deux réfectoires pour un seul collége. En second lieu, lorsque des architectes modernes évitent ce grand défaut de régularité, ils tombent fréquemment dans un autre tout aussi grand quant à l'irrégularité; je veux parler *de la prétention de rendre un bâtiment pittoresque*, ce qu'on fait en le chargeant d'autant d'entrées et de sorties, d'autant de bas et de hauts que possible. *L'effet pittoresque des anciens bâtiments résulte des méthodes ingénieuses à l'aide desquelles les architectes d'autrefois surmontaient les difficultés de localité et de construction.*

Un édifice qui est combiné dans le but principal de paraître pittoresque est certain de ressembler à une cascade artificielle ou à l'imitation d'une grotte, choses qui en général sont *si singulièrement naturelles qu'elles en paraissent ridicules.*

Un architecte doit montrer son habileté en tournant les difficultés qui se présentent lorsqu'il élève une façade d'après un plan convenablement arrangé en autant de beautés pittoresques; et ceci constitue la grande différence entre les principes de l'architecture classique et ceux de l'architecture ogivale domestique. Dans la première, *il serait forcé d'aviser à des expédients pour cacher ces irrégularités;* dans la seconde, *il n'a qu'à les embellir.* Mais je suis bien convaincu que toutes les irrégularités qui sont si belles dans l'ancienne architecture sont le résultat de certaines difficultés nécessaires, et ne furent jamais proposées de dessein prémédité; car rendre un bâtiment incommode dans le but d'obtenir de l'irrégularité serait à peine moins ridicule que de préparer des plans pour ériger une nouvelle ruine. Mais toutes ces inconséquences ont pris leur source dans cette grande erreur : *on trace les plans des bâtiments pour les adapter à la façade et à l'élévation, au lieu de faire servir l'élévation au plan.*

C'est un grand mérite de l'architecture ogivale qu'elle s'adapte à n'importe quelle localité. Il n'est pas indispensable, comme pour les constructions païennes ou classiques, d'ouvrir un terrain rectangulaire, ou une longue façade uniforme. — Quelques-uns des anciens bâtiments sont placés sur des terrains peu propices, et malgré cela l'architecte sans violer les principes de l'art a su tirer si ingénieusement parti du terrain que ces bâtiments présentent l'effet le plus pittoresque. Les irrégularités mêmes qu'ils offrent constituent souvent une partie de leur beauté. Nous ne croyons pas que les anciens architectes aient dévié de leur chemin pour introduire dans leurs constructions des irrégularités, mais ils n'ont non plus exigé un pouce de terrain dans l'unique but d'obtenir l'uniformité. Lorsque, comme cela était souvent le cas dans les villes, le terrain était irrégulier, le bâtiment n'en couvrait pas moins toute la surface. Quiconque connaît les églises paroissiales de Rouen, de Norwich ou d'York, doit non seulement

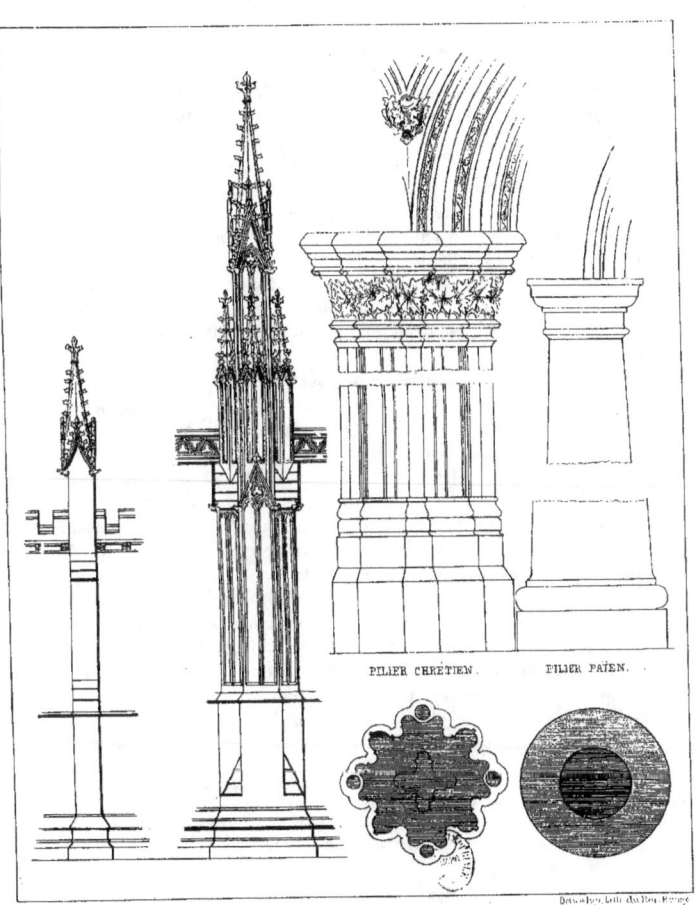

PILIER CHRÉTIEN. PILIER PAÏEN.

EXEMPLES DU PRINCIPE DE MULTIPLIER AU LIEU D'AGRANDIR LES DÉTAILS DANS L'ARCHITECTURE OGIVALE.

savoir que les emplacements sur lesquels la plupart d'entre elles ont été érigées sont fort resserrés, mais aussi que les anciens architectes appropriaient leurs bâtiments aux irrégularités du terrain de la manière la plus ingénieuse. Dans plusieurs de ces églises il y a à peine un mur à angles droits; et cependant elles sont si bien construites qu'on a fait tourner à l'avantage du bâtiment les défauts de l'emplacement et les sinuosités des rues environnantes; au moyen de chapelles latérales et d'absides saillantes on a tiré parti de chaque pouce de terrain.

Sous le chapitre de la convenance architecturale, nous avons à examiner aussi l'échelle et les proportions des bâtiments. Sans étendue de dimensions, il est impossible de produire un effet grand et imposant en architecture.

D'autre part, si ces dimensions ne sont pas déterminées d'après les vrais principes, elles peuvent détruire leur effet par leur grandeur même. Et ici je désire appeler l'attention sur un point qui établira la grande supériorité de l'architecture chrétienne sur celle de l'antiquité classique, ou du style païen ressuscité. Dans l'architecture ogivale les différents détails de l'édifice *se multiplient avec l'échelle croissante du bâtiment;* dans l'architecture classique *on ne fait que les agrandir.* Pour mieux faire comprendre ceci, si les architectes de l'école ogivale avaient à ériger un contrefort ou un pinacle contre quelque vaste construction, telle que la cathédrale de Cologne ou d'Amiens, ils ne se bornaient pas à en augmenter uniquement les dimensions par des redents en talus ou des moulures gigantesques, des crochets énormes et un lourd bouquet. — Non, ils le divisaient en un groupe de piliers et de pinacles; ils en sculptaient le front en panneaux, l'enrichissaient par des divisions convenables, et par ce moyen les pinacles de Cologne paraissent cinq fois aussi grands que ceux d'une église ordinaire (*), ce qui n'aurait jamais eu lieu s'ils avaient seulement

---

* Un pilier dans l'architecture classique n'est rien qu'un cylindre, d'un diamètre grand ou petit. Dans le style ogival un pilier est divisé en fûts, qui augmentent en nombre avec sa dimension et forment un beau groupe.

agrandi l'échelle au lieu de multiplier les parties. Mais ce qui se fait dans l'architecture classique est tout l'opposé de ceci : une colonne ou une corniche sont les mêmes, *grandes ou petites*, soit qu'on les emploie à la façade d'une maison ordinaire soit à celle d'un vaste temple; il ne se fait jamais d'autre distinction que celle de la dimension, elles ont le même nombre de diamètres, le même nombre de moulures, les mêmes projections relatives ; c'est uniquement un *pouvoir agrandissant* appliqué à l'architecture. Quel est le résultat? Jusqu'à ce que vous vous trouviez réellement sous ces bâtiments et que vous reconnaissiez que votre menton n'atteint pas à la plinthe de la base, vous ne découvrez pas la proportion. De ceci l'église de Saint Pierre à Rome offre un notable exemple. L'effet produit sur tous ceux qui y entrent pour la première fois est celui du désappointement; elle ne paraît nullement aussi grande qu'ils s'y attendaient. Quelques-uns de ses admirateurs ont essayé de faire passer ceci pour une grande beauté, et l'ont attribué à ses belles proportions. Ce raisonnement, cependant, ne supportera pas l'épreuve d'un examen attentif; il est essentiellement faux. Le grand art de l'architecture est de rendre un bâtiment plus vaste et plus élevé qu'il ne l'est en réalité. L'effet contraire produit par l'église de Saint-Pierre n'est pas le moindre de ses défauts, et il est uniquement dû à ce qu'on a suivi le *principe agrandissant* au lieu du *principe multipliant*. La grande dimension de ses diverses parties et de ses moulures nécessita l'introduction de figures colossales, qui ne peuvent manquer de diminuer l'apparence de la dimension dans tous les bâtiments où elles sont placées.

La stature humaine est une mesure générale pour l'échelle. Nous sommes habitués à associer l'idée d'environ 1 mètre 75 centimètres avec la taille d'un homme. De là, quelque petit que soit un dessin, si l'on y place une figure humaine en miniature, il donnera immédiatement une idée de la dimension qu'on a en vue; et au contraire, si les figures dans un dessin sont trop grandes l'espace représenté est immédiatement réduit en apparence. Il en est de même dans l'archi-

DIFFÉRENCE D'EFFET PRODUITE PAR L'EMPLOI DE FIGURES GRANDES ET PETITES.

tecture; une figure haute de 18 pieds réduira cent pieds à moins de quarante en apparence, et le mystère de l'effet de proportion manquée dans l'église de Saint-Pierre s'explique d'une manière satisfaisante. Les guides et les valets de place peuvent trouver leur bonheur à étonner les voyageurs en leur apprenant que cinq personnes peuvent s'asseoir sur le grand orteil d'une statue, ou que, si une figure était couchée sur le dos, cinq hommes pourraient se tenir à cheval sur le nez : *tant pis pour l'effet* du bâtiment où se trouve placée une telle figure.

Dans l'architecture ogivale on trouve rarement des images qui excèdent la grandeur naturelle, et généralement elles doivent être beaucoup plus petites. De là le surprenant effet de hauteur et de proportion produit par plusieurs bâtiments catholiques anciens, qui en réalité n'ont pas en dimension la moitié de leurs rivaux semi-païens plus modernes. Les gravures ci-jointes rendront sensible la vérité de cette remarque.

Les *mêmes principes* s'appliquent aux pavements. Les énormes modèles de pavements en marbre modernes annihilent, pour ainsi dire, l'espace et la distance. Que de fois ne voyons-nous pas les dimensions d'une vaste nef rétrécies en apparence par une seule figure en marbre noir et blanc, étendue sur tout le pavement? — Les anciennes tuiles à carreaux émaillés, dont il a déjà été fait mention, avaient rarement plus de huit pouces carrés. — Les dessins qu'elles portent subdivisent la surface en plusieurs parties et rendent les dimensions du bâtiment où elles sont employées, non pas plus petites, mais plus grandes qu'elles ne le sont en réalité.

Le marbre, qui sied bien aux pays chauds et éclairés par un beau soleil, est trop froid et en réalité et en apparence dans nos contrées septentrionales; il y est d'ailleurs presque toujours humide, tandis que les tuiles à carreaux sont toujours chaudes et sèches, appropriées à notre architecture, et, ce qui dans bien des cas est un argument fort décisif, elles sont aussi beaucoup meilleur marché; enfin, si elles sont bien faites, elles durent tout aussi longtemps.

Les églises d'Angleterre en général péchent par le manque de hauteur intérieure ; non pas que ce pays ne possède pas quelques beaux échantillons de cette qualité importante, comme dans l'admirable église de Saint-Pierre à Westminster ; mais l'ampleur intérieure des églises d'Amiens, de Chartres et de Beauvais et de quelques autres en France peut sous ce rapport servir d'utile modèle dans la restauration de l'architecture ogivale et chrétienne en ce pays. On ne peut rien concevoir de plus majestueux que ces successions d'arches divisées par des groupes légers et élégants de piliers montant à une hauteur étonnante, et puis se ramifiant en côtes à belles intersections, en suspendant un dais de pierre à une hauteur énorme, qui souvent est de 45 à 50 mètres au-dessus du pavement. — L'élévation intérieure est une beauté qui ajouterait considérablement à l'effet de beaucoup d'églises d'Angleterre, et c'est là un trait caractérisque de l'architecture ogivale continentale qui peut être adopté sans violer la forme particulière dans laquelle les principes de l'architecture chrétienne sont développés dans cette contrée. Les églises du continent excèdent de bien loin celles d'Angleterre en hardiesse de contour et en grandeur générale d'échelle et de proportions, mais en même temps on ne doit jamais perdre de vue que la beauté exquise, la variété, la pureté et le fini du travail de détail qu'offrent les églises d'Angleterre ne se rencontrent dans aucun autre pays. Car quoique les grands principes de l'architecture chrétienne fussent partout les mêmes, chaque pays a eu une manière particulière de les développer, et nous devons continuer à travailler dans ces mêmes lignes parallèles, qui toutes contribuent au grand tout de l'art catholique, mais qui par cette variété même en augmentent les beautés et l'intérêt.

CHAP. 6.

DES INVENTIONS MODERNES ET DES AMÉLIORATIONS MÉCANIQUES, DE LA SCULPTURE ET DES MONUMENTS SÉPULCRAUX. — NOTIONS ERRONÉES DES TEMPS MODERNES.

Dans des matières purement mécaniques, l'architecte chrétien doit s'empresser de mettre à profit les améliorations et les moyens de perfectionnement que l'on introduit de temps en temps. La machine à vapeur est une puissance très-efficace pour scier, élever, apprêter la pierre, le bois de charpente et d'autres matériaux. Dans l'érection de leurs bâtiments les anciens maçons se servaient de roues d'un grand diamètre, c'était naturellement un grand accroissement de puissance par rapport à la force purement manuelle; et s'ils en avaient connu un plus grand, sans nul doute ils en auraient fait usage. Pourquoi dépenserait-on dix minutes pour élever un corps qui pourrait être hissé tout aussi bien en deux minutes? Plus on peut accélérer et rendre bon marché la partie *mécanique* d'un bâtiment, plus on augmentera l'effet en ce qui concerne les dépenses; et si je m'étais chargé de l'érection d'une vaste église ou autre bâtiment, je monterais certainement une machine qui scierait les blocs, tournerait les piliers détachés et élèverait les divers matériaux aux hauteurs requises. Grâce à l'économie et à la promptitude dans ces objets, plus de fonds seraient disponibles, et on aurait à dépenser une plus grande somme de travail manuel pour l'embellissement et la variété des détails.

Toute l'histoire de l'architecture ogivale n'est qu'une série d'inventions : il y eut un temps où les plus belles productions de l'antiquité étaient des nouveautés. *Ce n'est que lorsque l'invention mécanique envahit les limites de l'art et tend à bouleverser les principes qu'elle doit favoriser, qu'elle devient blâmable.*

La pierre-carton, le plâtre et le fer coulé pour ornements, la manière de brûler les ornements en bois, ne doivent pas être rejetés parce que ces méthodes étaient inconnues à nos ancêtres, *mais parce qu'ils sont opposés par leur nature même aux vrais principes de l'art et du dessin* en substituant de monotones répétitions à une belle variété, une exécution plate à un relief hardi, en encourageant une magnificence fausse et à bas prix, et en réduisant à une fabrication uniforme et toute faite les principes de diversité dans le dessin d'ornementation, qui doivent être strictement en harmonie avec les différents bâtiments et les diverses distinations auxquels on les applique. Mais si d'une part nous devons inexorablement repousser l'usage des fontes substituées à la sculpture ornementée, de l'autre nous devons utiliser avec empressement dans nos constructions les grandes améliorations introduites dans le travail des métaux. Si les anciens architectes avaient possédé nos moyens d'obtenir et de travailler le fer, ils s'en seraient emparés et les auraient fait valoir largement. Le manque de liens convenables a causé les affaissements les plus sérieux, et même la destruction de quelques-uns des plus beaux édifices chrétiens, — l'ouvrage cédant et s'affaissant fréquemment sous son propre poids et sous sa grosseur massive. Et il y a à peine un clocher de grandes dimensions construit durant les siècles du moyen-âge qui n'ait pas eu besoin d'être renforcé et relié par des chaînes et des ancres en fer à une époque subséquente. Or, il est évident que si ces liens étaient bâtis dans le corps de l'ouvrage, ils seraient à l'abri de l'action de l'atmosphère, et préviendraient les fissures ainsi que le déploiement de travail que nécessiterait leur emploi ultérieur.

Dans une église cruciforme ces précautions sont des plus nécessaires.

L'appui latéral de la nef, du transept et des arches du chœur, ainsi que des ailes et du triforium, a lieu contre les quatre grands piliers centraux, qui ne sont capables de résister à la pression que par le poids de la grande tour qui repose sur eux. Mais ceci, dans bien des cas, a été insuffisant, et, lorsqu'ils commençaient à céder, a hâté leur déstruction. De là les arches renversées, à Wells, et les écrans en pierre, à Salisbury et à Cantorbery, lesquels ont été ajoutés postérieurement à l'érection des bâtiments primitifs, pour empêcher les piliers de céder du côté de l'intérieur. A Amiens ils sont liés par d'immenses chaînes qui s'étendent tout le long de la nef et du chœur.

Si ce point eut été pris en considération dans les constructions primitives, la pression aurait pu être efficacement contre-balancée en introduisant des fûts de fer dans les gros piliers, et par des chaînes partant de là, dans l'épaisseur du triforium et du clair étage et s'étendant aux quatre extrémités du bâtiment. Parmi un grand nombre d'autres qu'on pourait citer, je ne rapporte que ce seul fait, afin de montrer que nous possédons des facilités et des matériaux inconnus à nos ancêtres, et qui auraient grandement ajouté à la solidité des constructions qu'ils ont élevées. *Nous ne devons pas entraver le cours des inventions, mais nous devons les restreindre à leur application légitime et empêcher qu'elles ne supplantent des arts plus nobles.*

Nous approuvons hautement le fer coulé comme moyen de construction, tandis que nous le denonçons et repoussons comme un maigre substitut dans l'art du sculpteur. Nous nous servirons volontiers de ciment pour ériger un mur de briques, tandis que nous l'avons en horreur dans les parties plastiques et d'ornementation, telles que le sont la plupart des bâtiments si faibles et si prétentieux de nos jours. Nous considérons les fers à brûler comme très-utiles pour marquer les ustensiles de commerce, mais nous ne pourrons les admettre pour aider ou remplacer l'art du sculpteur. En un mot, nous ne devons ni rester attachés opiniâtrement aux anciennes méthodes de bâtir, uniquement par égard pour leur antiquité, ni rejeter les inventions à cause de leur nouveauté, mais apprécier les unes et les autres d'après des principes rationnels et agir en conséquence.

SCULPTURE.

Une autre grande erreur des temps modernes c'est la supposition que l'architecture chrétienne ne fournira pas un but suffisant à l'art de la sculpture. Il s'en faut qu'il en soit ainsi : tandis qu'un temple grec n'admet un pareil ornement que dans le fronton et autour de la frise, chaque partie d'une église chrétienne peut et doit être couverte de sculptures de l'espèce la plus variée, du feuillage, des animaux, la figure humaine, le tout offrant une merveilleuse diversité de position et d'aspect: tantôt seules dans une niche, tantôt reunies en groupes de haut relief et dans des sujets du caractère le plus majestueux. Aux entrées de l'église, les arches décroissantes qui forment les vastes enfoncements, sont couvertes d'anges, de patriarches, de prophètes, de rois, de martyrs, d'évêques et de confesseurs; au-dessus des portails, on voit la généalogie de notre divin rédempteur, sa naissance, sa passion, le jugement dernier, sujets où peuvent se déployer dans tout leur éclat et toute leur élévation, les talents de l'artiste le plus habile. Bien plus, tout l'extérieur de l'édifice sacré, jusqu'au sommet même des tours, peut-être chargé d'images et de sculptures. L'intérieur offre un champ également vaste où peut s'exercer l'art dans toutes les variétés possibles de dimension et de position, depuis les petits groupes des stalles jusqu'à la longue ligne de l'histoire sainte qui entoure le chœur; depuis les embellissements des murs des ailes, qui se présentent au niveau de l'œil, jusqu'aux reliefs sculptés au feuillage luxuriant et aux riches images qui ferment le toit voûté à une élévation immense. Il n'y a donc pas de fondement pour l'objection qu'on soulève, puisque non seulement chaque partie tant de l'extérieur que de l'intérieur d'une église gothique peut être embellie par la sculpture, mais qu'un nombre infini de sujets s'offrent à l'artiste dans l'histoire de

DE L'ARCHITECTURE CHRÉTIENNE. 107

l'écriture sainte, dans les vies et les légendes des saints, dans l'ordre entier des symboles ecclésiastiques, sans compter les ressources que présente une grande partie des règnes végétal et animal.

La grande erreur des sculpteurs modernes c'est *d'imiter servilement l'art classique, sans essayer d'incarner dans leurs ouvrages le principe existant.* Si l'art n'est pas l'expression du système qu'il doit mettre en lumière, il perd soudain son plus grand titre à l'admiration, et est impuissant à éveiller aucun sentiment de sympathie dans le cœur du spectateur. Un moderne qui cultive l'art ancien, grec ou romain, et qui pense avoir atteint la perfection s'il sait copier les attitudes et la draperie d'un chef-d'œuvre païen, n'aurait d'autre fruit de ses peines que d'être tourné en dérision par les sculpteurs de de ces anciennes statues. Il n'appartient pas à leur école, et ses principes ne sont pas plus à l'unisson avec les leurs, que ne le seraient ceux d'un Mahométan qui, à supposer qu'il fît usage d'images gravées, habillerait son prophète comme un évêque catholique moderne. Au fond, il n'y a pas de différence de principe entre les beaux ouvrages des sculpteurs classiques et ceux du moyen-âge. La différence est dans les objets représentés et dans les motifs des artistes. Les Grecs avaient à incarner et à présenter des dieux et des déesses, des gladiateurs, des attributs et des vertus terrestres. Leur principal objet était de les faire tels qu'ils existaient réellement, ou qu'ils étaient supposés exister, aussi bien que de mettre en évidence la figure humaine, que les artistes chrétiens, par un principe de modestie, prenaient plutôt à tâche de cacher. Nous, nous avons à représenter notre divin rédempteur et son auguste mère, des anges, des saints, des papes, des évêques, des prélats, des moines, des religieuses, et pour les figurer aux yeux il y a pour tous un costume convenable et connu — des robes majestueuses, des couronnes, des sceptres, des thiares, des vêtements particuliers. En outre, les païens *voulaient perpétuer des sentiments et des attributs humains* — la vengeance, la force, l'agilité, la valeur, la beauté terrestre, l'amour lascif; pour les chrétiens il s'agit de sentiments et d'attributs opposés : la majesté et la beauté de Dieu — la sainteté, — la pureté,—la piété,—l'innocence,—la justice,—la douceur,—la dignité.

Parler donc de la draperie gothique ou grecque en sculpture comme distincte en principe, est chose absurde; l'art de l'une et l'autre période *est une expression grandiose de la nature*, et le caractère distinctif est produit par le changement des coutumes de l'antiquité classique transformées par le moyen-âge. Nous avons la chape au lieu de la toge, et la chasuble a remplacé la tunique; et un artiste moderne qui représente un évêque revêtu de la toge commet une erreur aussi monstrueuse qu'en eût commis un sculpteur ancien qui aurait sculpté un empereur couvert de peaux de bêtes. Il y a aussi une grande différence entre le tissu des diverses étoffes; les plis carrés de la draperie sur les statues chrétiennes étaient produits par la matière alors en usage. Des circonstances et des systèmes différents amènent des expressions différentes de l'art. Phidias lui-même, s'il avait travaillé sous l'influence de la foi chrétienne, aurait déployé un égal talent dans l'art abstrait, mais avec un développement différent.

Depuis le XVme siècle, on a fait ressembler aussi fidèlement que possible les saints de l'église à des divinités païennes. *On a fait servir les mystères chrétiens uniquement de véhicule à la restauration des formes païennes et à la démonstration de l'habileté anatomique des artistes.* Il ne s'agissait plus de productions destinées à édifier les fidèles, mais à augmenter la réputation de l'auteur; goût, vérité et convenance, tout était sacrifié à un but aussi indigne. Les artistes étaient tellement imbus du dessin et des idées classiques, que, lorsqu'ils entreprenaient de travailler pour l'église, les mystères de la religion qu'ils représentaient pouvaient à peine être distingués des fables de la mythologie. * On ressuscita les idées et les emblêmes du paganisme

---

* La justice exige que nous constations que l'école allemande moderne, guidée par le grand Overbeck, est non seulement à l'abri de ce reproche, mais qu'elle mérite les plus chaleureux éloges et une respectueuse reconnaissance pour son zèle à ressusciter l'art et les traditions des chrétiens.

CONCEPTIONS D'ESPRITS ANGÉLIQUES PAR D'ANCIENS ARTISTES CHRÉTIENS ET PAR LES ARTISTES DU STYLE PAÏEN CONTRASTÉES.

COPIE DU PORTAIL SUD DE LA CATHÉDRALE DE ROUEN.

COPIE DU PORTAIL NORD OUEST DE LA CATHÉDRALE DE ROUEN C. 1250.   COPIE DU CIMETIÈRE DE NUREMBERG 15.e SIÈCLE.   EN IVOIRE 14.e SIÈCLE.

EXEMPLES DE L'ÉCOLE CHRÉTIENNE DE SCULPTURE.

avec une si incroyable célérité, qu'ils se répandirent bientôt dans l'Europe presque toute entière. Les fables païennes souriaient plus que les enseignements sévères de l'histoire chrétienne. — Les portraits des douze Césars remplacèrent, rien n'est plus vrai, les douze apôtres, et la mythologie des païens, les mystères de la rédemption de l'homme.

Cette rage pour la décoration païenne fut en effet poussée si loin que des délivrances et des victoires, pour l'obtention desquelles on avait fait et rempli aux anciens jours de foi les vœux les plus pieux, commencèrent à être communément représentées sur des places publiques et des palais comme ayant été assurées par l'assistance des dieux païens. Les anciens idolâtres étaient du moins conséquents : dans leur architecture, leurs symboles et leur sculpture, ils donnaient fidèlement un corps aux erreurs de leur mythologie; mais les catholiques modernes ont ressuscité ces représentations profanes en se mettant en opposition avec la raison, et ont formé les types de leurs églises, leurs tableaux, leurs statues d'après les détestables modèles de l'erreur païenne, qui avait été détruite par le triomphe de la foi chrétienne : en l'honneur du Rédempteur crucifié ils ont élevé des temples imités du Parthénon ou du Panthéon; ils ont représenté le père éternel sous les traits de Jupiter, la Sainte Vierge drapée comme Vénus ou Junon, les martyrs comme des gladiateurs, des saintes comme des nymphes amoureuses, et des anges sous la forme de Cupidons. Et tout cela se faisait sous prétexte de favoriser ce qu'on appelait la restauration de l'art, mais en réalité pour flatter les notions corrompues qui commençaient à gagner du terrain.

Qu'on ne suppose pas que nous désirions ressusciter un fac-simile des ouvrages ou du style d'un individu en particulier, ou même de quelque époque particulière; c'est pour la *dévotion, la majesté, la paisible sérénité* * *de l'art chrétien que nous plaidons; il ne s'agit pas pour nous d'un style, mais d'un principe.*

* Une autre erreur très sérieuse chez les sculpteurs modernes, c'est la tentative insensée de rendre les choses *naturelles. Tout art est conventionnel.* Il est mon-

DES MONUMENTS SÉPULCRAUX.

Les monuments sépulcraux se lient si intimement au sujet que nous

strueux d'essayer de transférer les accidents d'objets naturels à des masses de bois et de pierre. Que peut-il y avoir de plus absurde, par exemple, que des nuages modernes sur des autels sculptés ou peints pour imiter le marbre blanc? Quelqu'un saurait-il dire à quoi ils ressemblent? Ressemblent-ils à quoi que ce soit dans ce monde ou hors de ce monde? *Ils ne ressemblent pas à des nuages*, et la tentative de les rendre naturels a produit un résultat horriblement *contre nature*. Que peut-il y avoir encore de plus absurde que les représentations modernes de gens *assis* sur des nuages? Ils tomberaient infailliblement à travers un siège aussi peu substantiel. Combien aussi est contraire à la nature la manière prétenduement naturelle dont les anges et les saints sont suspendus en l'air ou plantés sur les autels, ou arrangés pour former un lutrin ou une banc de communion, ou la balustrade d'une chaire à prêcher! Si un ange *devait* apparaître du ciel, pouvons nous supposer un seul instant que nous le trouverions dans la nudité dégoutante ou dans l'une des mille positions impossibles des figures dont sont surmontés les autels modernes, ou qui s'étendent de toute leur longueur au sommet d'un fronton, soufflant dans une trompette ou suspendus à moitié chemin tenant un énorme médaillon, ou agenouillés dans une posture théâtrale à l'angle de l'autel avec une insuffisance d'habillements des plus indécentes?

Ensuite, l'innocent *emportement* dans lequel on représente les figures modernes, loin d'être *naturel*, comme semblent se l'imaginer les artistes, est entièrement opposé à la nature. Il n'est pas à supposer que lorsque des anges sont engagés dans l'exécution des commandements de Dieu, leurs membres et leur draperie sont agités comme s'ils étaient exposés aux effets d'un vent violent. Les éléments n'ont point de pouvoir sur des êtres célestes, et c'est un déshonneur pour eux que de les représenter comme soumis à leur action. Nous ne pouvons pas supposer que les anges et les saints ont besoin de faire les mêmes efforts que les hommes emploient pour produire les résultats qu'ils désirent. Lorsqu'un homme donne de la trompette, naturellement ses joues sont bouffies et ses traits se détendent; mais il est déplacé de représenter un ange dans le même état, et quoique des mortels fussent incapables de marcher à l'aise s'ils avaient les jambes embarrassées d'une masse de draperies, il ne s'en suit pas que les jambes d'un ange doivent être représentées comme si elles étaient sujettes au même inconvénient. Tous ces efforts pour être naturel aboutissent à des effets qui non seulement sont contraires à la nature, mais encore positivement ridicules et choquants.

MONUMENTS SEPULCRAUX MODERNES EN CUIVRE D'APRÈS LES ANCIENS PRINCIPES.

venons de traiter, qu'il paraît désirable de présenter ici quelques observations qui s'y rapportent.

La principale raison alléguée par les sculpteurs pour recourir au costume classique dans leurs productions monumentales, c'est la forme disgracieuse des habits modernes, qui donnerait à la statue du défunt une apparence ridicule, si on la représentait couverte de ces vêtements.

Cela serait peut-être vrai s'il était nécessaire ou seulement convenable d'adopter en pareils cas le costume ordinaire de la vie domestique; mais il est à peine possible de trouver une personne ayant une position assez distinguée pour justifier l'érection d'une statue, qui n'occupe un rang officiel, soit ecclésiastique, soit civil, soit militaire, ou qui ne soit membre de quelque corps savant, dont le costume et les insignes, si on les représentait convenablement et avec un goût sévère, produiraient des statues qui ne le cèderaient guère en effet solennel aux statues anciennes.[1] Représenter des personnages du siècle actuel avec le costume du XIVme, n'est guère moins inconséquent que de les envelopper dans une toge romaine. Ainsi que je l'ai dit plus haut, *l'architecture et l'art doivent être l'expression rationnelle de l'époque*, et il ne sera pas difficile de prouver qu'en adhérant strictement à ces principes, nous pouvons au temps où nous sommes ressusciter les monuments des morts les plus solennels et au caractère le plus chrétien.[2]

---

[1] Les anciennes statues monumentales représentent invariablement les défunts dans leurs robes d'apparat. Les rois, les évêques, les prêtres, les nobles, les chevaliers et leurs femmes, sont habillés de manière à exprimer très-fidèlement leurs dignités et leurs emplois, avec une profusion de devises héraldiques expliquant leur naissance et leur généalogie.

[2] Le costume de femme actuel ne messied en aucune façon aux monuments sépulcraux. Le manteau et le chaperon noirs, qu'on porte communément, s'y adaptent particulièrement bien. Dans la planche ci-jointe on a gravé trois de ces costumes copiés fidèlement sur des toilettes aujourd'hui de mode. La position dévote des mains contribue grandement à l'effet solennel.

LES VRAIS PRINCIPES

PERSONNES ECCLÉSIASTIQUES.

Pour les ecclésiastiques, il n'y a pas la plus légère difficulté, puisqu'en nombre et en caractère, leurs habits sont les mêmes qu'aux temps anciens.

Évêques: — L'amict, l'aube, l'étole, la tunique et la dalmatique, le manipule, avec la chasuble ou chape, la mître et la crosse, les bottines et les sandales.

Prêtres. — L'amict, l'aube simple ou ornée de parures, l'étole, le manipule, la chasuble; — dans leurs mains un calice avec le très-saint sacrement.

Diacres. — L'amict, l'aube et la dalmatique, l'étole et le manipule — le livre des saints évangiles dans leurs mains.

Sous-diacres. — L'amict, l'aube, la tunique, le manipule, avec un calice vide.

Ordres mineurs. — Portier, Lecteur, Exorciste, Acolyte, } des surplis avec } des clefs; un livre; les mains jointes pour la prière; des burettes ou des chandeliers.

Les différentes dignités peuvent être exprimées sans statue, par une croix fleurie, avec la crosse pastorale, le calice, un livre ou d'autres instruments représentés à côté.

PERSONNAGES CIVILS.

Le roi et la reine doivent être représentés dans leurs robes royales, avec des couronnes et les insignes de leur haute dignité. Des statues couchées ainsi vêtues ne seraient pas inférieures en majesté et en effet aux anciens monuments royaux qui existent encore. Les tombeaux de Charles-le-Téméraire et de Marie de Bourgogne, dans l'église de Notre Dame, à Bruges, sont de parfaits modèles de sépulcres royaux, et forment un admirable contraste avec les monuments misérables et mondains que l'on érige aujourd'hui à des personnages couronnés.

Les divers rangs de la noblesse doivent être représentés avec les robes d'apparat particulières à leurs degrés différents, avec les armoiries de leur famille et leurs distinctions héraldiques. Ceux qui sont chevaliers de divers ordres, avec leurs manteaux, leurs colliers et d'autres insignes — le lion et le chien, emblêmes du courage et de la fidélité, couchés à leurs pieds. Sur des tombeaux élevés, les niches autour des faces peuvent très convenablement être remplies par de petites figures de parents, vêtus de deuil comme pour pleurer le défunt, avec les divers écus armoriés. Ces figures sont fréquemment disposées autour des anciens monuments, et on pourrait les adopter avec beaucoup de bonheur.

Les juges doivent naturellement être représentés dans leurs robes — les officiers dans leurs uniformes et leurs manteaux — les docteurs en médecine, en droit et en sciences dans le costume de leur faculté — les bourgmestres, les échevins et les fonctionnaires civils en général dans celui de leurs fonctions — et même pour des gentilshommes privés un manteau long arrangé en plis sévères produirait un effet solennel.

Pour les classes plus humbles, une croix ainsi que les instruments de leur métier ou de leur profession, avec des symboles et des devises, seraient suffisants et convenables; et dans un district rural, une simple croix de bois ou de pierre, avec le nom du défunt et une prière pour le soulagement de son âme.

Les tombes étaient quelquefois couvertes de dalles à dos d'âne diminuant graduellement vers la base, sculptées de croix fleuries et ayant une inscription gravée de chaque côté des tiges.

En réalité, il n'y a pas la moindre difficulté pratique à faire revivre dans le temps présent des monuments chrétiens et bien appropriés pour toutes les classes de personnes, et cela avec les mêmes dépenses que l'on fait maintenant pour des abominations païennes, qui défigurent les lieux de sépulture consacrés et jusqu'à l'intérieur de l'église elle-même. Assurément la croix doit être l'emblême le plus convenable sur les tombeaux de ceux qui font profession de croire en un Dieu crucifié pour la rédemption de l'homme ; et alors que l'on continue à ensevelir les morts dans une terre consacrée et dans la position ancienne, que l'on récite à leur enterrement et pour le repos de leur âme des prières que l'on croit remonter au temps des apôtres et l'office de l'ancien rituel, il est incroyable que les types de tous les monuments sépulcraux modernes soient essentiellement païens, et que des urnes, des colonnes brisées, des lampes éteintes, des torches renversées et des sarcophages aient été substitués aux figures couchées, aux anges et aux emblèmes de miséricorde et de rédemption. *

---

* Comme il est fort probable que beaucoup de personnes érigent des tombeaux et des emblèmes païens à la mémoire de leurs amis décédés par suite de leur ignorance de l'ancien dessin et de l'impossibilité où elles sont de se procurer de bons modèles, il peut être utile de donner ici la liste des diverses espèces de monuments anciennement employés, et le prix approximatif de leur exécution au temps présent :

Un tombeau élevé, sous une arche à dais, avec des crochets et des pinacles et la figure du défunt habillée et de grandeur naturelle, avec des anges ou des pleureurs dans des niches autour de la haute tombe, avec des inscriptions, des emblèmes, des monogrammes, etc., d'un travail très soigné, de . , . . . fr. 3,000 à 10,000

Un tombeau élevé, avec la figure du défunt de grandeur naturelle, avec des pleureurs, ou des réseaux et des écus armoriés autour des côtés . . . . : . » 1,000 à 2,000

Une dalle simple, avec une croix sculptée en relief et une inscription. . . . . « 300 à 700

Un tombeau élevé uni, avec une inscription autour du bord et une croix sculptée en relief sur un sommet à dos d'âne. . « 450 à 750

Un monument en cuivre, plat, de longueur entière, avec la figure du défunt sous un dais, avec les symboles des évangélistes aux angles et une inscription, le tout très richement travaillé et relevé en couleurs en guise d'émaux . . . . » 2,000 à 4,000

Une figure de longueur entière, en airain, avec une inscription, sans le dais ni les symboles des évangélistes . . . . » 500 à 1,000

Un petit monument en airain, avec une inscription et les évangélistes . . . . » 300 à 750

Les membres laïcs de confréries religieuses ayant un costume particulier, ou du troisième ordre de Saint-Dominique ou de Saint-François et du scapulaire des Carmélites, doivent être enterrés et peuvent naturellement être représentés dans la sculpture funéraire avec les habits de leur ordre ou de leur confrérie. — C'est là un point qui, ces dernières années, a été fort négligé dans les pays du Nord, quoiqu'il se soit observé jusqu'à ce jour en Italie et en Espagne.

Nos remarques au sujet des monuments sépulcraux auraient pu se terminer ici ; mais nous ne pouvons conclure sans signaler le caractère païen des inscriptions sépulcrales modernes. Au lieu de la simple prière implorant la miséricorde et le pardon, nous rencontrons constamment les louanges du défunt; au lieu de l'espérance chrétienne, nous trouvons une assurance presque impertinente, et tout cela conçu dans des phrases latines dont le style est emprunté à l'antiquité païenne. Nous avons à peine besoin d'ajouter qu'il est inutile, pour ne pas dire dérisoire, de restaurer le caractère religieux extérieur des monuments sépulcraux, si l'on n'est guidé par les mêmes sentiments pieux, qui produisirent ce grand nombre d'œuvres d'art merveilleuses que laissèrent, pour nous les transmettre, la foi et la dévotion de nos ancêtres catholiques.

Une dalle avec une croix fleurie gravée en lignes et avec une inscription. . . . . » 150 à 300

De simples croix de chêne avec des inscriptions peintes et destinées au même but. . . . . » 28 à 75

Naturellement la dépense exacte de tous ces différents monuments variera à proportion des détails et des embellissements qu'on voudra y ajouter, et de la manière dans laquelle on les exécutera; de l'albâtre coûtera plus que de la pierre, le marbre plus que la brique commune, et ainsi de suite ; mais la liste qu'on vient de lire et qui n'indique que des constructions s'accordant rigoureusement avec les traditions catholiques, a été dressée pour montrer que les monuments pieux employés par nos ancêtres peuvent être réintroduits aux temps actuels pour toutes les classes de la société.

CHAPITRE VII.

DES DIVERSES PARTIES ESSENTIELLES D'UNE ÉGLISE ET DE LEUR USAGE SPÉCIAL.

Il a été clairement démontré, je pense, que les principes de l'art architectural chrétien sont tels que, lorsqu'on les applique convenablement, ils produisent les résultats les plus satisfaisants et que les beautés des anciennes églises catholiques naissent uniquement des développements rationnels de ces principes. Je vais m'occuper maintenant à montrer comment ils doivent nous guider dans l'arrangement et l'ameublement des bâtiments ecclésiastiques. En traitant ce sujet j'examinerai ce qu'on doit regarder comme formant une église paroissiale complète pour la célébration décente de l'office divin et l'administration des sacrements, tant sous le rapport de la disposition architecturale que sous celui de l'ameublement.

Je ne veux pas fixer l'attention sur les grandes églises cathédrales et abbatiales, car quelque glorieuses, magnifiques et édifiantes qu'elles soient, il n'est pas vraisemblable que nous ayons jamais l'occasion de bâtir rien de semblable. Portons plutôt nos regards vers les anciennes églises paroissiales. Elles répondent admirablement aux besoins, aux nécessités actuelles de la religion, et il n'est pas possible d'adopter convenablement d'autres modèles pour le plus grand nombre de nos bâtiments ecclésiastiques.

Il y a deux parties, et seulement deux parties essentielles dans une église, la nef et le chœur. Dans tous leurs autres éléments les milliers d'anciennes églises diffèrent, elles s'accordent en ceux-ci — chacune a son chœur bien distinct et séparément tracé, expressément approprié pour le clergé et ses acolytes et destiné à la célébration des saints mystères de la religion.

Mais bien qu'un bâtiment érigé sans avoir égard à cet arrangement ne soit pas digne du nom d'église, cependant beaucoup d'autres traits sont nécessaires pour constituer une église paroissiale parfaite.

DE LA TOUR.

Le trait extérieur le plus frappant et le plus caractérisque d'une église est peut-être sa tour ou flèche. Celle-ci s'associe tellement à la notion populaire d'un tel bâtiment, que tout édifice religieux dépourvu de ce signe essentiel ne recevrait jamais un autre nom que celui de chapelle. C'est un trait d'architecture ecclésiastique qui n'a jamais été abandonné même à l'époque la plus dégénérée.

Une tour d'église est un fanal pour diriger les fidèles vers la maison de Dieu; c'est un symbole de l'autorité ecclésiastique, c'est la place d'où les hérauts des solennités de l'église, les cloches, envoient leurs appels. Que personne ne s'imagine qu'une tour soit une dépense superflue, elle forme une partie essentielle du bâtiment et on doit toujours la comprendre dans le plan d'une église paroissiale.

Si les fonds ne sont pas suffisants, la tour peut être la dernière partie du bâtiment que l'on complète; mais on doit faire les préparatifs nécessaires en ce qui concerne les murailles et les fondements dès le *commencement*, de manière qu'elle puisse toujours être continuée et terminée lorsque les moyens en permettront l'achèvement. C'est là le principe d'après lequel toutes les anciennes églises ont été bâties. *Le plan d'après lequel on les commençait était originairement bon, et on les achevait ensuite graduellement, à mesure que le permettaient les fonds.*

Pour être complète, une tour doit se terminer en flèche.* On terminait ou l'on avait l'intention de terminer ainsi tout clocher pendant les plus belles époques de l'architecture ogivale. Au fond, une flèche n'est en réalité qu'une couverture ornementale de tour; un toit plat est contraire à tous les principes du style, et ce ne fut qu'au déclin de l'art qu'en prévalut l'adoption. Le principe vertical, emblème de la résurrection, est un trait caractéristique culminant de l'architecture chrétienne, et nulle part il n'éclate d'une manière aussi frappante que dans les flèches majestueuses du moyen-âge.

Les positions des tours dans les églises paroissiales sont différentes et dépendent principalement de la localité. La tour est quelquefois placée à l'extrémité d'une aile, et on recourt ordinairement à cet expédient pour des églises bâties dans des villes et sur des emplacements resserrés, où une tour n'aurait pas d'espace suffisant pour s'étendre à l'extrémité occidentale. A ceux dont les idées sur la beauté architecturale se sont formées d'après le système de deux à deux de la construction moderne, un pareil arrangement paraîtra fort singulier; mais de bâtir pour l'amour de l'uniformité, voilà ce qui n'entra jamais dans la pensée des anciens architectes; ils réglaient leurs plans et leurs dessins sur les

---

* Une tour demande naturellement une flèche pour son couronnement, et où trouver un type de clochers plus convenable si ce n'est dans ces glorieuses églises dont toute l'architecture et toutes les combinaisons furent engendrées par les besoins particuliers des rites chrétiens ? Ceci doit devenir évident pour tous à la vue de ces misérables essais de tours classiques, où les frontons et les portiques, les colonnes et les corniches sont entassés les uns sur les autres comme les maisons de cartes des enfants, pour arriver à une élévation dépourvue de toutes grandes lignes verticales, de tout rapport conséquent — combinaisons forcées et contre nature, et des plus choquantes pour l'œil, puisqu'elles trahissent palpablement l'effort de produire un *effet vertical* avec les traits d'une *architecture horizontale*. La rage pour les clochers à fronton et à télescopes commence à passer, et on doit en revenir universellement aux anciennes tours couronnées de flèches et adoptées à toute échelle ou degré d'ornementation.

localités et les circonstances; ils les faisaient *essentiellement pour répondre aux convenances et au but requis, et ornaient ce qui était construit dans un but nécessaire.*

C'est à cette cause que nous devons tous les effets pittoresques des anciens bâtiments; dans ceux-ci il n'y a rien d'artificiel — point de déception — rien n'est construit pour l'ostentation — point de fausses-portes ni de fausses-fenêtres pour conserver l'égalité du nombre — leur beauté n'est si frappante que parce qu'elle est naturelle. Les anciens architectes ne croyaient pas nécessaire d'élever une haute muraille pour cacher un toit ou déguiser la partie essentielle d'un bâtiment, mais ils ornaient et embellissaient tous ces traits. *C'est là le véritable esprit du style ogival, et jusqu'à ce qu'on renonce au système régulier actuel de bâtir égaux les deux côtés d'une église, on ne peut rien espérer de réellement bon.*

C'est cette variété qui est l'une des plus grandes beautés des anciennes églises. Il est impossible d'apercevoir les deux côtés d'un bâtiment à la fois, combien donc n'est-il pas plus agréable d'avoir à examiner deux façades variées et belles que de voir les mêmes choses se répéter. Un porche au sud n'en demande pas nécessairement un au nord; une sacristie d'un côté n'en exige pas une qui lui soit opposée pour conserver l'uniformité; une chapelle de chantrerie peut être érigée à l'extrémité d'une aile, sans qu'il soit indispensable d'élever une construction qui y ressemble au bout de l'autre. Une tour, si l'emplacement l'exige, peut être bâtie à l'un des côtés ou des angles d'une église, sans qu'on soit dans l'obligation de lui bâtir un pendant.

Parmi les anciennes églises combien ne trouvons-nous pas d'exemples magnifiques de tours placées dans une de ces positions, et formant des entrées qui servent de porches méridionaux. Dans de très petites églises, d'un dessin excessivement simple, on trouve des campaniles ou clochers-arcades en forme de pignons perforés ou de tourelles, élevés sur les murailles de derrière et surmontés de croix en pierre. Et il était d'usage de placer un petit beffroi de cette espèce sur le pignon oriental de la nef de la plupart des églises paroissiales; là on sonnait la cloche du *sanctus* pour avertir les fidèles, qui pouvaient se trouver dans le voisinage de l'église, que l'on célébrait les saints mystères.

DU PORCHE.

La partie de l'édifice sacré que nous avons à considérer ensuite c'est le porche. On le bâtissait généralement du côté du sud, et dans la seconde baie de la nef, à partir de l'extrémité occidentale; il y a pourtant quelques exemples de porches au nord, et de quelques-uns à l'ouest, principalement dans des situations très exposées au vent de la côte. Quelquefois les porches se composent de deux étages, l'appartement supérieur ayant reçu la destination de bibliothèque ou de chambre d'archives; ces appartements paraissent avoir été parfois occupés par le sacristain, et on en trouve qui sont pourvus d'ouvertures en réseau, à travers lesquelles on pouvait surveiller l'église pendant la nuit.

Des porches sont réellement indispensables à une église, et on les employait, comme on devrait les employer encore aujourd'hui, aux usages suivants :

1º Les insufflations du baptême se faisaient dans le porche, et l'enfant y était exorcisé avant d'être admis dans l'édifice sacré.

2º Les relevailles des femmes après les couches avaient lieu dans les porches.

3º Dans le porche se célébrait également la première partie des cérémonies du mariage.

4º Les pénitents assistaient à la messe pendant le carême dans le porche.

5º Une partie des cérémonies de la consécration d'une église se célébrait dans le porche, et les saintes reliques y reposaient la veille de la solennité.

6º Le samedi saint, le rite commence dans le porche par la béné-

FONTS BAPTISMAUX AVEC COUVERTURES EN BOIS DE CHÊNE.

diction du feu pascal, et une partie de l'office y est chantée le dimanche des rameaux.

7° Des bénitiers étaient généralement creusés dans le mur du porche et fréquemment construits dans des niches de chaque côté de l'arche extérieure. Tous les bénitiers doivent être placés *à l'extérieur* du bâtiment. La coutume des chrétiens de s'asperger d'eau bénite n'est qu'une modification de l'ancienne pratique de se laver les mains et la bouche, comme un emblème de purification avant la prière, coutume qui était généralement en usage dans les premiers temps de l'église. C'était dans ce but que des fontaines et des bassins spacieux étaient placés à l'entrée des grandes églises, tels qu'il en reste encore à Saint-Pierre de Rome, et dans plusieurs églises cathédrales de France, à Lyon, à Chartres, etc.

Les porches étaient fréquemment employés comme lieux de sépulture, même par des personnages de distinction.

On verra d'après ces remarques que les porches n'étaient pas considérés par nos ancêtres comme de simples places pour s'essuyer les pieds et frotter les souliers, mais comme une partie de l'édifice sacré spécialement destinée à la célébration de rites solennels, et où l'on devait entrer avec le respect et la vénération convenables, et il est évident qu'on doit les bâtir en ayant soigneusement égard aux cérémonies et aux traditions de l'église.

DES FONTS BAPTISMAUX.

En passant par le porche et en entrant dans l'église, le premier objet qui attire notre attention doivent être les fonts. Et ce n'est point sans motif suffisant qu'ils ont une position si rapprochée de l'entrée. J'ai déjà remarqué que les exorcismes du baptême se faisaient dans le porche; le prêtre conduit ensuite le catéchumène, qui n'est pas encore régénéré par les eaux du baptême, dans l'intérieur de l'église, mais loin du siège des saints mystères, le chœur; et on ne lui permet d'approcher du sanctuaire que lorsque le sacrement indispensable du baptême lui a été administré.

Les fonts peuvent être faits de diverses matières, de pierre, d'albâtre, de cuivre jaune, etc., avec un couvercle de bois ou de cuivre, assujetti par une serrure pour protéger l'eau baptismale contre toute profanation.

Les couvercles étaient quelquefois élevés à une grande hauteur avec des dais et des pinacles; ils étaient suspendus ou au plafond, s'élevant au moyen d'un contre-poids, ou, comme à Louvain, à une branche de fer qui se mouvait à volonté.

DE LA NEF ET DES AILES.

Elles forment la partie de l'édifice où se réunissent les fidèles pendant la célébration des saints mystères. Nef dérive du mot *navis*, vaisseau, figure souvent employée pour désigner l'église. Aile, du latin *ala*, est synonyme de *côté*, et ne s'applique proprement qu'aux parties latérales du bâtiment. La chaire doit être placée dans quelque endroit convenable de la nef, soit contre un pilier, soit près de l'arche du chœur. A l'extrémité orientale de la nef, au-dessus de la grande arche du chœur, on voyait ordinairement peinte la scène du jugement dernier. La raison pour laquelle on mettait ainsi en évidence devant le peuple cet événement redoutable et certain est trop palpable pour avoir besoin de commentaire. A l'extrémité orientale des ailes doivent se trouver des autels; celui qu'on plaçait du côté du midi était ordinairement dédié à la Sainte Vierge. Ces autels doivent être protégés par des écrans ouverts, entourant des chapelles.

DE L'ÉCRAN DU CHOEUR.

Dès les premiers temps, il y a eu dans chaque église une séparation entre le prêtre et le peuple, entre le sacrifice et les adorateurs. Elle a

ECRAN DE JUBÉ EN BOIS

STALLES POUR LES CÉLÉBRANTS EN BOIS DE CHÊNE.

différé dans la matière, la disposition et la construction, mais elle a toujours existé sous une forme ou une autre. Dans les églises paroissiales, ces écrans étaient généralement faits de bois et consistaient en réseaux soutenus par des piliers, les espaces intermédiaires remplis ordinairement jusqu'à la hauteur de trois pieds par des panneaux avec une entrée susceptible d'être fermée par des portes à panneaux travaillés en réseaux; leur hauteur varie d'après l'échelle de l'église, et leur largeur embrasse toute l'étendue de l'arche du chœur. Les sculptures sur la plupart de ces écrans étaient des plus variées et d'un grand fini, et, indépendamment de la raison mystique de leur érection, elles formaient un des plus beaux traits des anciennes églises et ajoutaient grandement à l'effet du chœur vu à travers cette clôture. Comme d'autres parties de l'intérieur, ces écrans étaient enrichis de peintures et de dorures, et sur les panneaux inférieurs on avait coutume de figurer des saints et des martyrs sur un fond diapré en couleurs.

DU JUBÉ.

Sur l'écran reposait d'ordinaire une galerie, dite jubé, courant en travers de toute sa largeur, et, ayant le plus souvent son dessous orné d'un lambris en guise de voûtage avec nervures s'élevant de ce même écran, jusqu'au bord de la galerie.

Dans les grandes églises, on montait ordinairement par deux escaliers; mais, dans les petites églises paroissiales, un seul était regardé comme suffisant. Il était exécuté, soit dans le pilier de l'arche du chœur, soit dans une petite tourelle hors du mur. Je ne veux pas m'étendre ici sur l'usage de ces jubés dans les églises cathédrales ou monastiques; je bornerai mes remarques à leur destination dans les églises paroissiales.

1° On ne doit pas les regarder *comme des embellissements purement architecturaux, élevés pour produire de l'effet*, ou comme des clôtures uniquement destinées à protéger le chœur contre toute intrusion inconvenante, mais comme une marque de séparation entre les fidèles et le sacrifice, entre la nef et le chœur; comme un signe emblématique de l'église militante et de l'église triomphante, nul ne pouvant entrer dans cette dernière que par les mérites de la passion du Christ sur la croix; aussi l'image de celui qui a été crucifié pour nos péchés s'élève-t-elle là au-dessus du centre de l'écran.

2° Leur usage le plus important était de servir comme un lieu élevé d'où l'on pût chanter le saint évangile au peuple, conformément à une pratique très ancienne et universelle de l'église de chanter l'évangile d'une place plus haute que les autres. Cette coutume est attestée par la plupart des écrivains ecclésiastiques de l'antiquité, et elle se conserva dans plusieurs cathédrales de France jusqu'à l'époque de la grande révolution de 1790.

3° Toute la passion de Notre Seigneur était chantée du haut du jubé; on y chantait aussi le graduel et d'autres parties de la messe, et de petites orgues y étaient placées.

4° Dans plusieurs églises, on lisait du haut du jubé le martyrologe et des leçons, et l'on annonçait au peuple les jours fériés.

5° Aux grandes fêtes, on plaçait des lumières sur le jubé, et à la Noël et à la Pentecôte on l'ornait de fleurs, de rameaux et de feuillage vert. Immédiatement au centre s'élevait une grande croix portant la figure du Christ avec la Sainte Vierge et Saint-Jean à chaque côté. La croix était ordinairement fleurie, * et terminée aux extrémités par des

---

* Il est digne de remarque, que toutes les anciennes croix étaient richement décorées, afin de faire voir que l'instrument sur lequel notre Rédempteur avait souffert une mort ignominieuse était devenu l'emblème de sa glorieuse victoire sur le péché et sur son châtiment, et qu'il devait par conséquent être orné comme la figure de ce grand triomphe et de notre rédemption. L'ancienne école mystique des peintres chrétiens représente invariablement Notre Seigneur les bras étendus sur la croix, — non par ignorance du dessin, mais pour montrer le fils de Dieu embrassant les péchés du monde entier. Assez souvent aussi on trouve les figures de la Sainte-Vierge et de Saint-Jean beaucoup plus petites de proportions que celle de Notre Seigneur. Cela se faisait uniquement dans le but d'exprimer la majesté

quatrefeuilles et des emblêmes des quatre évangelistes ; au revers desquelles on sculptait assez communément les quatre docteurs de l'église.

L'ancien jubé de la magnifique abbaye de Saint-Ouen, à Rouen, gravé dans l'histoire de cette grande maison par Dom Pomeraye, doit avoir été vraiment splendide. Il était pourvu de chaque côté d'un escalier à vis; vers la nef il était subdivisé en trois grandes arches, comme un cloître ; dans la baie du centre se trouvait l'entrée du chœur avec des portes de cuivre d'un dessin compliqué ; dans les autres baies il y avait deux autels avec des retables, enrichis de niches, de dais et de figures; au-dessus de la baie centrale s'élevait le crucifix à une hauteur d'environ soixante-dix pieds à partir du plancher, avec les images de Notre Dame et de Saint-Jean, et immédiatement au-dessous de la base de la croix, sur une console, une image de la Sainte Vierge, dite de *miséricorde*, avec le corps de Notre Seigneur. Ce

de Dieu. Si l'on examine attentivement les productions des siècles de foi, on reconnaîtra qu'elles renferment un sens mystique profond, et que beaucoup de manières conventionnelles de représenter les choses sacrées, que les modernes ont données comme des preuves d'une ignorance barbare, sont en réalité les signes les plus convaincants de la piété et de la sagesse de ceux qui les ont produites. Leurs productions s'adressent à l'esprit, et non uniquement à l'œil, et il y a plus d'édification à recueillir d'une ancienne croix, quelque grossière qu'elle soit, avec ses emblèmes émaillés, que de tous ces crucifiements anatomiques des temps modernes, dans lesquels tous les efforts des artistes paraissent n'avoir visé qu'à produire la représentation défigurée d'un malfaiteur mourant, au lieu du sacrifice sublime du fils de Dieu. *Il est beaucoup plus sûr de traiter les saints mystères d'une manière conventionnelle et emblématique, que de viser à des réalités impossibles à atteindre.* Les tableaux du crucifiement les plus admirés aujourd'hui sont pénibles à voir, pour ne pas dire dégoûtants ; ils ne sont certainement pas édifiants. Les artistes chrétiens ont enveloppé chaque incident de la vie et de la passion de Notre Seigneur d'une forme spirituelle et mystique, calculée pour remplir l'esprit d'une vénération profonde pour les verités qu'ils représentent. — Tôt ou tard l'art chrétien sera apprécié comme il le mérite, et on éprouvera pour les représentations païennes des trois dernières siècles l'horreur qu'elles doivent inspirer.

splendide monument de la piété et de l'art catholiques, somptueusement orné de peintures, de dorures et d'une riche garniture, fut grandement maltraité et défiguré par les calvinistes français en 1562, et enfin détruit pendant la révolution, en 1791.

La cathédrale d'Alby possède encore un superbe jubé du même style que celui qui se trouvait autrefois à Saint-Ouen.

A Louvain, il existe un beau jubé, avec une croix du travail le plus curieux, peint et doré dans les couleurs originales. Cependant il y a peu d'années, les autels qui se trouvaient à chaque côté de la porte du chœur furent démolis, et la partie inférieure de ce splendide ouvrage paraît nue et inachevée.

Quoiqu'il soit excessivement rare aujourd'hui de trouver des jubés dans les églises de village sur le continent, ils sont fréquemment mentionnés dans les anciens documents, et il ne saurait y avoir de doute que leur existence n'ait été générale. C'est une grande erreur de supposer que l'usage des jubés se bornait à tel ou tel pays; cet usage était universel au moyen-âge, et l'on reconnaît leur importance dans ce fait qu'il en a été restauré un si grand nombre dans le style païen.

DU CHOEUR.

Nous arrivons maintenant au lieu du sacrifice, la partie la plus sacrée de l'édifice, et nous pouvons nous écrier à bon droit, lorsque nous passons sous l'image de notre rédempteur et que nous traversons l'écran au sens mystique pour entrer dans ce sanctuaire :

« *O quam terribilis est locus iste!* »

Les anciens chœurs étaient vraiment solennels et impressionnants, et ceux qui ont une âme capable d'apprécier les intentions des anciens architectes catholiques, doivent être édifiés par leur sagesse et par ce sentiment des convenances qui les engageait à placer à une distance respectueuse du peuple le siège des saint mystères, à relever la dignité et les privilèges des fonctions sacerdotales, et à séparer d'avec

MAÎTRE AUTEL AVEC RETABLE EN BOIS

les adorateurs les ministres qui offent le saint sacrifice et ceux qui les assistent. « *Cancellos qui circumstant altaria presbyteri tantum et clerici ingrediantur, neque ullo modo sœculares, maximè dum divina mysteria celebrantur, admitti debent,* » dit Merati dans ses commentaires sur Gavanti, et si l'on veut que le peuple continue à vénérer les mystères de la religion, on doit rendre force et vigueur aux traditions et aux pratiques anciennes. Je répète, ce que j'ai déjà observé plus haut, que dans les temps anciens il n'existait aucun bâtiment, réputé église, qui n'eût un chœur séparé du peuple. Et c'était spécialement pour cette partie de l'église que l'on prodiguait toutes les ressources de l'art; — c'était un lieu à la fois solennel et magnifique — bâti et orné uniquement pour plaire aux regards de Celui qui y faisait sa demeure. C'est ainsi que l'on entretenait dans l'âme des fidèles le respect et la vénération pour les divins mystères de la religion.

DE L'AUTEL.

Durant les sept premiers siècles de l'église, les autels étaient faits indifféremment de bois, de pierre et de métal. *

Sans doute, pendant les premières persécutions contre les chrétiens, les autels étaient généralement de bois, comme étant plus portatifs et mieux adaptés aux nécessités du temps.

A dater du VIIme siècle, l'usage des autels de pierre a été non seulement universel, mais obligatoire, dans ce sens qu'aucun prêtre n'était admis à célébrer sans avoir, au moins, un autel de pierre portatif.

---

* L'empereur Constantin fit faire sept autels d'argent dans l'église qui porte son nom, et celui de Saint-Jean de Latran pesait 260 livres. Sixte III donna un autel d'argent pur, qui en pesait 300, à l'église de Sainte Marie majeure. Saint Athanase parle d'un autel de bois qui fût brûlé par les Ariens. On dit que Sylvestre Ier défendit tous les autels de bois, à l'exception de celui de Saint-Jean de Latran (il existe encore), parce que Saint-Pierre s'en était servi.

L'usage des autels de pierre portatifs est très ancien. Jonas, moine de Saint-Waudrille, est le premier écrivain qui les mentionne, dans la vie de Saint-Wolfran. Il rapporte que ce saint homme emportait une pierre consacrée avec lui pour célébrer pendant ses voyages, et qu'il la donna ensuite à l'abbé de Saint-Waudrille.

Altare consecratum in quatuor angulorum locis et in medio reliquias continens sanctorum in modum clypei, etc. Des autels portatifs sont également mentionnés par le vénérable Bède, lorsqu'il parle des deux Ewald : *Quotidiè sacrificium Deo victimæ salutaris offerebant, habentes secum vascula ad tabulam altaris vice dedicatam.*

L'usage des autels portatifs se bornait néanmoins aux voyages et à des cas de *grande nécessité;* ils n'étaient pas *destinés, cela n'était pas permis, à remplacer ou à exclure les autels de pierre, qui sont prescrits par les canons de l'église et qui doivent être érigés dans tout édifice religieux permanent.* Ceci devient évident par les rubriques du missel, qui déclare comme règle générale que l'autel *debet esse lapideum.* Une autre preuve évidente c'est qu'il y a deux formes pour la consécration d'autels dans le pontifical, et que dans la consécration des autels, qui fait partie de la cérémonie de la consécration d'une église, le devant de l'autel est oint de l'huile sainte, aussi bien que le dessus.

Tout autel doit être *suffisamment détaché du mur pour permettre de passer derrière.* Les cérémonies de la consécration d'un autel dans le pontifical romain exigent que l'évêque fasse plusieurs fois le tour de l'autel, *pontifex circuit septies tabulam altaris, aspergens eam et stipitem de aquà ultimo per eum benedictà, etc.* Que les anciens autels aient tous été détachés du mur, c'est ce que rend évident le langage des premiers écrivains ecclésiastiques.

La rubrique du pontifical romain * dans le service de la consécration

---

* Tum ministri ponunt super altare chrismale, sive pannum lineum ceratum ad mensuram altaris factum, deinde vestiunt altare tobaleis, et ornamentis benedictis, etc. *Pontificale Romanum. De altaris consecratione.*

d'un autel, exige que la pierre consacrée de l'autel soit couverte d'une toile cirée, et une rubrique du Missel * prescrit qu'elle soit garnie de trois nappes de lin pendant la célébration de la messe.

Le devant de l'autel doit être garni de frontels ou antipendiums des cinq couleurs, à employer suivant les fêtes. Ceux-ci peuvent être ornés de plusieurs manières. On peut les faire d'étoffes riches, de drap d'or ou d'argent avec des broderies, de plaques de métal, dorées en partie, émaillées et montées de pierres précieuses; on peut aussi les couvrir de mosaïque, ou de bois sculpté, richement doré, avec des images de Notre Seigneur et des saints.

Anciennement l'autel était couvert d'un ciboire ou dais, soit suspendu, soit supporté sur quatre piliers, et le *Ceremoniale Episcoporum*, en réglant les préparatifs pour une grande messe pontificale, exige l'érection d'un baldaquain de la même couleur que les habits du jour, d'une forme carrée et assez grand pour couvrir l'autel, à moins qu'il n'y ait un ciboire d'une autre matière.

Devant chaque autel doit pendre une lampe; celle devant le maître-autel portant au moins trois lumières, et celle devant l'autel où se garde le Saint-Sacrement au moins cinq, dont trois doivent toujours brûler; on allume les autres pendant les vêpres et les messes solennelles.

De chaque côté de l'autel doivent pendre des rideaux sur des tringles saillantes, placés assez haut pour protéger les lumières contre le vent et descendant jusqu'au pavement. La couleur de ces rideaux doit

---

* Altare, in quo sacrosanctum Missæ sacrificium celebrandum est, debet esse lapideum, et ab episcopo consecratum; vel saltem ara lapidea, similiter ab episcopo consecrata, in eo inserta, quæ tam ampla sit ut Hostiam, et majorem partem Calicis capiat. Hoc altare operiatur tribus mappis, seu tobaleis mundis, ab episcopo vel, alio habente potestatem benedictis, superiori saltem oblongâ, quæ usque ad terram pertingat, duabus aliis brevioribus, vel unâ duplicatâ. Pallio quoque ornetur coloris, quoad fieri potest, diei festo vel officio convenientis.

Rubricæ Generales Missalis. Cap. XX.

suivre celle du frontel. Naturellement, la hauteur extravagante des chandeliers et des chandelles doit être réduite à des proportions raisonnables. Le retable est la place convenable pour les images des saints. L'autel doit être libre et exempt de tout encombrement pour le saint sacrifice. Toute l'ancienne discipline tendait à ce but. Le maître-autel ne doit pas être choisi pour la place du tabernacle (à moins que ce ne soit un tabernacle portatif), puisque l'église ne considère pas le Saint Sacrement comme devant ordinairement être gardé sur le maître-autel, pour les raisons données dans l'extrait ci-dessous du *Ceremoniale*. Enfin, on ne doit pas faire servir le tabernacle de support à la croix, à des images, à des reliques ou à des vases à fleurs. *

L'église a déterminé avec tant d'exactitude et une sollicitude si scrupuleuse tout ce qui est prescrit pour la célébration des divins mystères et tout ce qui s'y rattache, qu'il est absolument indispensable qu'un architecte, qui désire dessiner des bâtiments et des ornements pour le culte catholique, acquière la connaissance de ses offices, des rubriques de ses livres de service, du *Ceremoniale Episcoporum*, des décrets de la congrégation des rites, et des commentaires sur les cérémonies qui ont été publiées par les autorités ecclésiastiques, tels que sont Cavalière, Gavanti, Merati, Baldeschi, Romsee.

Naturellement nous ne pouvons pas dans un ouvrage de ce genre entrer tout au long dans ces détails; mais les passages suivants se rapportent si directement aux sujets que nous venons de traiter, que nous les transcrirons avant d'aller plus loin :

8. — « Nam licet sacrosancto Domini Nostri Jesu Christi Corpori, omnium Sacramentorum fonti, præcellentissimus ac nobilissimus omnium locus in Ecclesia conveniat, neque humanis viribus tantum illud venerari, et colere umquam valeamus, quantum decet, tenemurque ; tamen valde opportunum est, ut illud non collocetur in majori, vel in alio altari, in quo Episcopus, vel alius solemniter

---

* Reliquiæ pictæque imagines superponendæ non sunt tabernaculo in quo SS. Eucharistiæ sacramentum asservatur, ita ut idem tabernaculum pro basi inserviat.
S. R. C. Decret 3 April 1821.

DE L'ARCHITECTURE CHRÉTIENNE.

est Missam, seu Vesperas celebraturus ; sed in alio sacello, vel loco ornatissimo, cum omni decentia, et reverentia ponatur. Quod si in altari majori, vel alio, in quod celebrandum erit, collocatum reperiatur, ab eo altari in aliud omnino transferendum est, ne propterea ritus, et ordo cæremoniarum, qui in hujusmodi Missis, et officiis servandus est, turbetur.

11. — « Ipsum vero altare majus in festivitatibus solemnioribus, aut Episcopo celebraturo, quo splendidius poterit, pro temporum tamen varietate, et exigentia, ornabitur : quod si a pariete disjunctum, et separatum sit, apponentur, tam a parte anteriori, quam posteriori illius, pallia aurea, vel argentea, aut serica, auro perpulchre contexta coloris festivitati congruentis, eaque sectis quadratisque lignis munita, quæ telaria vocant, ne rugosa, aut sinuosa, sed extensa, et explicata decentius conspiciantur. Tum in superna linea mappæ mundæ tres saltem explicentur, quæ totam altaris planitiem, et latera contegant. Nullæ tamen coronides ligneæ circa altaris angulos ducantur, sed eorum loco apponi poterunt fasciæ, ex auro, vel serico elaboratæ, ac variegatæ, quibus ipsa altaris facies apte redimita ornatiorque appareat. Supra vero in planitie altaris adsint candelabra sex argentea, si haberi possunt; sin minus ex auricalco, aut cupro aurato nobilius fabricato, et aliquanto altiora, spectabilioraque his, quæ cæteris diebus non festivis apponi solent, et super illis cerei albi, in quorum medio locabitur crux ex eodem metallo, et opere præalta, ita ut pes crucis æquet altitudinem vicinorum candelabrorum, et crux ipsa tota candelabris supereminent cum imagine SS. Crucifixi, versa ad interiorem altaris faciem. Ipsa candelabra non sint omnino inter se æqualia, sed paulatim, quasi per gradus ab utroque altaris latere surgentia, ita ut ex eis altiora sint immediate hinc, inde a lateribus crucis posita.

13. — « Quod si altare parieti adhæreat, applicari poterit ipsi parieti supra altare pannus aliquis cæteris nobilior, et speciosior, ubi intextæ sint Domini nostri Jesu Christi, aut gloriosæ Virginis, vel Sanctorum imagines, nisi jam in ipso pariete essent depictæ, et decenter ornatæ : desuper vero in alto appendatur umbraculum, quod baldachinum vocant, formæ quadratæ, cooperiens altare, et ipsius altaris scabellum, coloris cæterorum paramentorum. Quod baldachinum etiam supra statuendum erit, si altare sit a pariete sejunctum ; nec supra habeat aliquod ciborium ex lapide, aut ex marmore confectum.

14. — « Si autem adsit tale ciborium, non est opus umbraculo, sed ipsum ciborium floribus, frondibusque exornari poterit.

17. — « Lampades quoque ardentes numero impari in Ecclesiis adsint, tum ad cultum, et ornatum, tum ad mysticum sensum, ut, et multa ex superius narratis pertinent. Hæ vero in primis adhibendæ sunt ante altare, vel locum, ubi asservatur

SS. Sacramentum, et ante altare majus, quibus in locis lampadarios pensiles esse decet, plures sustinentes lampades, ex quibus, qui ante altare majus erit, tres ad minus, qui ante Sacramentum, saltem quinque lucernas habeat. Ante vero reliqua singula altaria singulæ possunt lampades appendi ; quæ quidem præcipuis festis, saltem dum Vesperæ, et Missa solemnis decantantur, continue ardeant. Ante SS. Sacramentum, si non omnes, ad minus tres accensæ tota die adsint. »

Ceremoniale Episcoporum, Cap. XII.

On voit par ceci que la forme et les ornements de l'autel ne sont pas des objets de fantaisie et de pur caprice, ils sont réglés par l'antiquité et l'autorité : leur destination est beaucoup trop sainte pour qu'on puisse en faire les moyens d'une vaine ostentation et d'une parure adultère. *

Cependant tout esprit réfléchi doit être péniblement affecté par les décorations inconvenantes de la plupart des autels modernes, où toutes les raisons mystiques, toute l'ancienne discipline, toute dignité et toute solennité sont entièrement perdues de vue.

L'art de décorer n'offre nulle part d'aussi grandes difficultés que dans les bâtiments ecclésiastiques. Unir la *richesse* à la *sévérité*, produire de la *splendeur* sans *faste*, et ériger un temple suffisamment digne du saint sacrifice, voilà pour l'esprit humain un merveilleux problème ; mais lorsqu'on essaie de décorer en l'honneur de la victime qu'on y offre — du Saint-Sacrement lui-même — l'art recule impuissant et le génie vient à faillir. Quel est celui qui peut relever la gloire de Dieu ou ajouter du lustre à sa majesté ? La tentative en équivaut

---

* On doit toujours se rappeler que les cérémonies de l'église sont des *réalités*, et non pas des *représentations* ; qu'elles ont été instituées, *non pas pour éblouir l'œil*, mais pour *honorer Dieu*. Les autels ne sont pas destinés à être vus uniquement par l'homme, mais ils sont érigés pour rencontrer l'œil scrutateur de Dieu. Le saint des saints, dans l'ancienne loi, où nul n'entrait, excepté le grand-prêtre, était couvert de lames d'or ; — et notre sanctuaire, le sanctuaire de la réalité, doit-il être moins splendide que celui de la figure ? Assurément non. C'est pourquoi la dorure et les ornements ne doivent pas toujours être exposés du côté du peuple, et un frontel prétentieux ne doit pas cacher la malpropreté et la négligence.

presqu'à une profanation. C'est pourquoi les anciens ecclésiastiques voilaient la sainte hostie dans sa majesté, et, comme Moïse devant le buisson ardent, se courbaient vers le sol. S'il est enjoint aux fidèles d'adorer en silence pendant l'élévation de l'hostie, comme si la cérémonie était trop solennelle, même pour la psalmodie de la louange : « *sileat omnis caro a facie Domini, quia consurrexit de tabernaculo sancto suo*, » quelle forme peut-on matériellement produire pour célébrer un aussi grand mystère?

DES STALLES POUR LES CÉLÉBRANTS, DE LA PISCINE ET DE LA CRÉDENCE.

Près de l'autel, du côté de l'épître, soit au premier des degrés conduisant à l'autel, soit au niveau du pavement, on doit construire trois sièges surmontés de dais pour le prêtre officiant, le diacre et le sous-diacre, pour qu'ils puissent s'y asseoir pendant qu'on chante le *Gloria in excelsis* et le *Credo*. Ces sièges consistent quelquefois en trois arches simples, supportées soit par des culs-de-lampe, soit par des piliers, et parfois aussi on les trouve richement ornés de dais et de voûtages. Dans les églises paroissiales, ils étaient généralement faits de pierre. Autrefois, dans de grandes églises, il n'était pas rare de rencontrer une quatrième stalle pour le prêtre assistant. Entre ces stalles et le mur oriental du chœur on doit construire une petite niche, dite la piscine, au fond de laquelle on doit creuser une cuvette ou bassin avec un tuyau allant à terre. Anciennement, dans ce bassin, le prêtre, avant de célébrer la messe, se lavait les mains, et on doit aujourd'hui se servir du même bassin pour y verser l'eau dont le prêtre s'est servi pour se laver les mains avant l'offertoire pendant la messe. Dans cette niche se trouvait aussi quelquefois une tablette où l'on plaçait les burettes de l'autel.

La crédence était une petite table à côté de l'autel, sur laquelle on posait les objets nécessaires à la célébration du sacrifice de la messe. La construction de pareilles tables est d'une origine très ancienne dans l'église, mais bien souvent la table de crédence était remplacée par la tablette qui se trouve dans la niche où est la piscine et dont nous venons de parler.

Outre ces traits nécessaires et importants d'une église paroissiale, il y en a plusieurs autres, dont quelques-unes ne sont guère moins nécessaires, et dont les autres sont introduits de temps en temps, selon que l'exigent les circonstances. Aux premiers appartiennent les chapelles aux extrémités des ailes et la sacristie ; les chapelles de chantrerie, les cryptes et les transepts font partie des seconds.

Faute d'espace, nous ne pouvons faire de tous ceux-ci qu'une mention fugitive. Ce qui vient d'être dit suffit pour montrer que chaque partie d'une ancienne église était réellement nécessaire et dessinée pour satisfaire aux prescriptions du rituel catholique et aux besoins de la communauté, et que nous pouvons à peine espérer une restauration de l'ancienne solennité jusqu'à ce que nous rebâtissions des églises solennelles et convenables, construites d'après les modèles qui nous restent.

CHAP. VIII.

QUELQUES REMARQUES SUR LES SENTIMENTS QUI ONT PRODUIT LES GRANDS ÉDIFICES DU MOYEN-AGE.

Quand on compare les ouvrages d'architecture des trois derniers siècles avec ceux du moyen-âge, l'étonnante supériorité de ceux-ci doit frapper tout observateur attentif; et l'esprit est naturellement amené à réfléchir sur les causes de ce grand changement et à tâcher d'expliquer la décadence du goût architectural, depuis l'époque de son premier déclin jusqu'à nos jours. C'est cet examen qui fera l'objet des pages qui vont suivre.

Après ce qui a été dit, il n'est probablement personne qui ne soit disposé à admettre que *la vraie pierre de touche de la beauté architecturale, c'est la convenance du dessin avec le but auquel il est destiné, et que le style du bâtiment doit correspondre avec son usage, de manière que le spectateur puisse apercevoir tout d'un coup pour quel but il a été érigé.*

Agissant d'après ce principe, diverses nations ont donné naissance à des styles d'architecture différents, dont chacun était approprié à leur climat, leurs usages et leur religion; et comme c'est parmi les édifices de cette dernière classe qua nous cherchons les monuments les plus splendides et les plus durables, on ne peut guère douter que les idées et les cérémonies religieuses de ces différents peuples n'aient eu de bien loin la plus grande influence dans la création de leurs divers styles d'architecture.

Plus on compare attentivement les temples des nations païennes avec leurs rites religieux et leurs mythologies, plus on se convaincra de la vérité de cette assertion.

Dans ces édifices, chaque détail a une valeur mystique. La pyramide et l'obélisque de l'architecture égyptienne, ses chapiteaux de lotus, ses sphynx gigantesques et ses nombreux hiéroglyphes n'étaient pas uniquement des combinaisons architecturales et des ornements fantastiques, mais des emblêmes de la philosophie et de la mythologie de cette nation.

De même dans l'architecture classique, les formes des temples consacrés à des divinités différentes n'étaient pas seulement variées, mais il y avait pour chacun de ces bâtiments des chapiteaux et des ordres d'architecture distincts et particuliers; les ornements à feuillage des frises eux-mêmes étaient symboliques.

Ce même principe, que l'architecture résulte des croyances religieuses, peut se découvrir déjà et dans les cavernes d'Elora et dans les restes druidiques de Stonehenge et d'Avebury; et dans tous ces ouvrages de l'antiquité païenne on reconnaîtra invariablement que le plan du bâtiment, aussi bien que sa décoration, est mystique et emblématique.

Et est-il à supposer que le christianisme seul, avec ses vérités sublimes, avec ses redoutables mystères, doit faire exception sous ce rapport et ne possède pas pour ses temples une architecture appropriée, qui figure matériellement sa doctrine et instruise ses enfants? Non, assurément, il n'en est pas ainsi : c'est du christianisme qu'est née une architecture si glorieuse, si sublime, si parfaite, que, lorsqu'on les y compare, toutes les productions de l'ancien paganisme tombent au niveau des systêmes faux et corrompus dont elles tirèrent leur origine. L'architecture ogivale a des droits beaucoup plus élevés que sa seule beauté ou sa seule antiquité; la première peut être regardée comme une affaire d'opinion; la dernière, considérée d'une manière abstraite, n'est pas une preuve d'excellence, mais c'est en elle seule que nous trouvons *la foi chrétienne rendue sensible et ses pratiques mises en relief.*

La rédemption de l'homme par le sacrifice de Notre Seigneur sur la croix, les trois personnes égales unies en une seule divinité, et la résurrection des morts, voilà les trois grandes doctrines qui sont le fondement de l'architecture chrétienne.

La croix, l'emblême de la première de ces doctrines, ne constitue pas seulement le plan et la forme qui dominent dans une église catholique, mais elle termine chaque flèche et chaque pignon, et est imprimée comme un sceau de foi sur l'ameublement de l'autel lui-même.

La seconde doctrine est pleinement développée dans la forme et l'arrangement triangulaires des arches, des réseaux et même des subdivisions des bâtiments.

La troisième est dignement exprimée par la grande élévation et les lignes verticales, qui dès les premiers temps ont été considérées par les chrétiens comme l'emblême de la résurrection. D'après une ancienne tradition, les fidèles priaient en se tenant debout, les dimanches et durant les temps pascal; c'était une allusion à ce grand mystère. C'est ce que mentionnent Tertullien et Saint-Augustin : *Stantes oramus, quod est signum resurrectionis*; et le dernier concile de Nice défendit de prier à genoux depuis Pâques jusqu'à la Pentecôte. Le principe vertical étant un emblême reconnu de la résurrection, on peut facilement s'expliquer l'adoption de l'arche ogivale par les chrétiens : ils y voyaient le moyen d'obtenir une plus grande hauteur sur une largeur donnée. Je dis *adoption*, parce que la forme de l'arche ogivale est d'une grande antiquité. Mais il n'y avait rien pour en propager l'application, jusqu'à ce qu'on introduisît le principe vertical. On avait de bonne heure bâti des églises chrétiennes en visant à la hauteur intérieure; des triforia et des clair-étages existaient dans les églises du style romain. Mais tout élevés qu'étaient ces bâtiments en comparaison des temples plats et *déprimés* de l'antiquité classique, cependant l'introduction de l'arche ogivale mit les architectes à même d'obtenir une élévation presque double sur une même largeur, comme on le voit clairement dans la planche ci-annexée. Mais tous les traits et tous les détails des églises érigées durant le moyen-âge ne révèlent-ils pas leur origine, et ne proclament-ils pas en même temps les triomphes de la vérité chrétienne? Comme la religion elle-même, les fondements de ces églises étaient dans la croix, et elles s'en élançaient avec gloire et majesté. La nef et le chœur élevés, avec des tours plus élevées encore, couronnées par des groupes de pinacles et de flèches tous dirigés vers le ciel, offraient de beaux emblèmes de ce qui fait l'espérance la plus brillante des chrétiens et la honte du païen; puis, la croix se dressait glorieusement dans les airs, comme un signe de miséricorde et de pardon, couronnant l'édifice sacré et placé entre la colère de Dieu et les péchés de la cité.

Les images des saints martyrs, portant chacun l'instrument de la mort cruelle par laquelle la folie païenne espérait exterminer avec leur vie les vérités dont ils rendaient témoignage, remplissent toutes les niches qui bordent les arches décroissantes des portails. Au-dessus d'elles on voit des figures de chérubins et l'armée céleste mêlée à des patriarches et à des prophètes. Au haut de la grande entrée sont représentés le jour du jugement dernier, la majesté divine, la joie des esprits bienheureux, le désespoir des damnés. Quels sujets de contemplation ces majestueux portiques n'offrait-ils pas aux chrétiens, lorsqu'ils s'approchent de la maison de prière? Comme ils sont bien propres à éveiller ces sentiments de vénération et de dévotion qui conviennent au saint lieu! Mais si l'extérieur du temple émeut déjà si profondément l'âme, quel rayonnement de gloire ne rencontre pas l'œil, lorsqu'on pénètre dans cette longue rangée de piliers montant en voûte élevée et enrichis de sculptures. Le regard se perd dans les complications des ailes et des chapelles latérales; chaque fenêtre rayonne de saints instruments et étincelle de tentes ardentes et sacrées; le pavement est un riche émail, entremêlé de monuments en cuivre de fidèles décédés. Chaque chapiteau et chaque base sont façonnés pour représenter

DIFFÉRENCE DANS LA HAUTEUR OBTENUE EN EMPLOYANT L'ARCHE OGIVALE AU LIEU DE LA RONDE.

quelque saint mystère; puis, on aperçoit le grand jubé, avec ses lumières et ses images, et à travers son arche centrale on découvre dans une lointaine perspective l'autel élevé, éclatant d'or et de joyaux, et surmonté d'une tourelle de métal précieux, tabernacle terrestre du Très-Haut, devant lequel brûlent trois lampes qui ne s'éteignent jamais. Ce lieu est vraiment un lieu saint : la lumière harmonieuse, les flambeaux étincelants, les tombes des fidèles, les nombreux autels, les vénérables images des justes, tout conspire pour remplir l'esprit de vénération et lui imprimer un vif sentiment de la sublimité du culte chrétien. Et lorsque les cloches, qui appellent le peuple à la maison de prière, ont cessé de jeter du haut des campaniles élevés leurs graves intonations, et que le chant solennel du chœur traverse le vaste édifice, il doit être bien froid sans doute le cœur de l'homme qui ne s'écrie pas avec le psalmiste : *Domine, dilexi decorem domûs tuæ, et locum habitationis gloriæ tuæ.*

Pour que des bâtiments produisent sur l'esprit des effets pareils à ceux-ci, ils ne peuvent avoir été construits que par des hommes à qui la religion pour laquelle ces édifices étaient élevés inspirait les sentiments les plus profonds de dévotion et de foi.

Tous leurs efforts étaient dirigés vers un but, celui d'atteindre la perfection. Ils étaient stimulés par des motifs beaucoup plus nobles que l'espoir d'une rémunération pécuniaire, ou même que les applaudissements et l'admiration de leurs semblables. Ils comprenaient qu'ils étaient engagés dans l'une des œuvres les plus glorieuses qui puissent devenir le lot d'un homme, celle d'élever un temple pour le culte du vrai Dieu, du Dieu vivant.

C'est ce sentiment qui agissait à la fois et sur l'esprit supérieur qui traçait les plans de l'édifice, et sur le patient sculpteur dont le ciseau façonnait chaque détail avec tant de variété et de beauté. C'est ce sentiment qui, en dépit de toutes les fatigues, de tous les dangers, de toutes les difficultés, rendait les anciens maçons capables de persévérer jusqu'à ce qu'ils eussent élevé leurs flèches gigantesques dans les régions même des nuages. C'est ce sentiment qui poussait les ecclésiastiques d'autrefois à consacrer leurs revenus à ce but pieux, et à travailler de leurs propres mains à l'accomplissement de l'œuvre; et c'est un sentiment que l'on peut découvrir dans tout l'ensemble des nombreux édifices du moyen-âge, et qui, au milieu de cette variété de génie que montrent leurs décorations diverses, annonce encore l'unité de but qui en inspirait les architectes et les artistes.

Ce n'est pas aux rites païens qu'ils empruntaient leurs idées, et ce n'est pas dans les emblèmes d'un peuple étranger qu'ils cherchaient leurs ornements. Le fondement et les progrès de la foi chrétienne, les sacrements et les cérémonies de l'église formaient un champ noble et vaste pour l'application de leurs talents, et c'est un fait incontestable que chaque classe d'artistes qui florissait pendant cette glorieuse époque tirait ses sujets de cette source inépuisable, et consacrait ses plus grands efforts à l'embellissement des édifices religieux.

Oui, c'est certainement la foi de nos ancêtres, c'est leur zèle, c'est surtout leur principe d'unité qui les mit à même de concevoir et d'élever ces merveilleuses constructions qui restent encore pour exciter l'étonnement et l'admiration. Elles furent érigées pour les rites les plus solennels du culte chrétien, au temps où le mot *chrétien* n'avait qu'une seule signification dans le monde entier, où la gloire de la maison de Dieu était pour le genre humain une considération importante, où les hommes étaient zélés pour la religion, dévoués à sa cause et prodigues de leurs dons. Je sais bien que les hérétiques modernes ont attribué les nombreuses églises érigées durant le moyen-âge aux effets de la superstition; mais si nous croyons au grand principe de la vérité chrétienne que cette vie n'est autre chose qu'une préparation à un état futur, et que l'occupation la plus importante de l'homme dans ce monde est de se rendre digne d'un monde meilleur, la multiplicité des établissements religieux pendant les siècles de foi peut s'expliquer par des motifs beaucoup plus nobles que ceux qu'on y a généralement attribués. On peut objecter, et cela avec quelqu'apparence de raison, que si l'architecture ogivale avait été le résultat de la foi chrétienne, elle eût été introduite plus tôt. Mais si nous consultons l'histoire de l'église, nous trouverons que la longue période qui s'écoula entre l'établissement du christianisme et l'entier développement de l'art chrétien, est une explication très satisfaisante de ce retard. Lorsque la foi catholique fut prêchée pour la première fois, *tout art était consacré au service de l'erreur et de l'impureté*. Puis, les grandes et terribles persécutions des premiers siècles vinrent rendre absolument impossible l'application des arts parmi les nouveaux chrétiens. Les convulsions qui accompagnèrent la destruction de l'empire romain paralysèrent, pour un temps, toutes les ressources pratiques de l'art et furent une cause suffisante pour l'état barbare de l'architecture à cette époque. Mais lorsque le christianisme se fut étendu par toute l'Europe occidentale et qu'il eut répandu sa salutaire et vivifiante influence dans le cœur des nations converties, l'art se releva, purifié et glorieux; et, si auparavant il avait été voué à flatter les sens, il se consacra alors aux aspirations de l'âme; et, au lieu de se borner à ce qui était sensuel et humain, il prit un caractère tout spirituel et tout divin. L'art chrétien fut le résultat naturel des progrès du sentiment et de la foi catholiques, et sa décadence suivit celle de la foi elle-même; et tous les bâtiments renouvelés du classique, dans des pays catholiques ou protestants, sont une déplorable déviation des vrais principes et des vrais sentiments catholiques. C'est ce qui formera le sujet du chapitre qui va suivre.

CHAP. IX.

DU RÉSULTAT DE L'ADOPTION DU PRINCIPE PAIEN.

Si le fait n'était attesté par presque tous les édifices érigés pendant les deux ou trois derniers siècles, on croirait difficilement qu'après que le christianisme eut complètement détruit les productions du paganisme en même temps que ses fausses doctrines, et que sous sa sainte et vivifiante influence se fut formé un style d'art nouveau et sublime (en tout conforme à sa foi et à sa discipline), les chrétiens des âges suivants eussent abandonné cette conquête glorieuse de leur religion pour retourner aux idées corrompues de la sensualité païenne, que leurs pieux ancêtres avaient si triomphalement étouffées, et, profanation horrible! pour faire servir à les ressusciter les mystères les plus sacrés de ce même christianisme. * Mais toutes les églises qui ont été érigées, à

---

* Presque tous les artistes des trois derniers siècles, au lieu de produire leurs œuvres sous l'inspiration d'un sentiment de dévotion et du désir d'édifier les fidèles, ont uniquement cherché à faire montre de leur habileté et à accroître leur réputation. De là vient qu'ils choisissaient fréquemment les sujets les moins édifiants de l'écriture sainte, tels que Loth et ses filles, la chasteté de Joseph, Susanne et les vieillards, et cela uniquement parce qu'ils se prêtaient mieux à l'introduction des nudités païennes. Et Saint-Sébastien lui-même fut plus souvent peint par ce motif que par un sentiment de vénération pour la constance de ce saint martyr. Et peut-on concevoir une plus grande profanation que celle de faire servir les images des personnages les plus saints uniquement comme moyen d'étaler des portraits de personnes vivantes, souvent du caractère le plus méprisable, qui avaient l'audace de se faire peindre en saints, en apôtres, et, qui plus est, sous les traits de la Sainte Vierge et du divin Rédempteur lui-même? Détestable pratique, *dont nous n'avons que trop d'exemples*, et qui forme un contraste frappant avec l'humble piété des siècles de foi, où ceux qui faisaient don de tableaux sacrés étaient représentés dans un coin du sujet, dans l'attitude de la prière, avec leurs saints patrons derrière eux et assez souvent avec de pieuses inscriptions tracées sur des écriteaux sortant de leur bouche.

compter de celle de Saint-Pierre, à Rome, * sont autant d'exemples frappants de l'abandon des pures idées de l'architecture chrétienne et les ecclésiastiques modernes n'ont pas seulement adopté le style dégradé dans toutes leurs nouvelles constructions, mais à peine un seul des édifices glorieux de l'antiquité est-il resté à l'abri de leurs additions disgracieuses et inconvenantes. Avant de procéder à tracer ces effets sur les constructions architecturales, nous osons ajouter ici

* Il est surprenant de voir l'opinion populaire saluer dans cet édifice le *nec plus ultra* d'une église catholique, bien que, comme construction chrétienne, il ne soit en aucune façon comparable aux églises d'Amiens, de Cologne ou de Westminster, où chaque détail, chaque emblème primitif est du dessin chrétien le plus pur et où l'on ne trouve *pas un seul ornement*, *un seul trait emprunté à l'antiquité païenne* : et quoique ces glorieux monuments aient été déplorablement profanés et dépouillés de plus de la moitié de leurs beautés originelles, cependant ils produisent des sentiments de vénération plus puissants que leur homonyme de Rome, qui est encore à l'apogée de sa gloire, avec tous ses marbres, ses mosaïques et ses dorures. Comme l'observe avec justesse un savant auteur, plus de 750 millions de francs d'argent catholique, recueillis pour la plus grande partie *dans les cathédrales ogivales de la chrétienté*, ont été prodigués à la tentative d'adapter des ornements classiques à une église chrétienne, tentative dont la seule idée impliquait un esprit profondément dégénéré. L'église de Saint-Pierre, comme d'autres bâtiments de la même date et du même style, doit suggérer à tout observateur catholique les pensées les plus mélancoliques, elle marque la fatale époque du grand schisme et l'éruption d'une formidable hérésie. L'Angleterre, l'un des plus brillants joyaux de la couronne de l'Église, séparée de l'unité catholique, ses églises les plus glorieuses dépouillées, ses religieux dispersés, son clergé arraché à son troupeau ou réduit en servitude. La France, le royaume de Saint-Louis, inondé de calvinistes, ses cathédrales mises au pillage, ses abbayes livrées aux mains de la rapacité laïque, et les premières semences de la terrible révolution déposées dans le sol. Même spectacle dans l'Allemagne, la Suède, la Hollande et une grande partie des Pays-Bas. Pour une maison religieuse fondée depuis cette époque fatale, des centaines ont été supprimées ou démolies : pour un saint canonisé, nous trouvons des milliers d'infidèles de profession ; pour un pays converti, un grand nombre de perdus. Ce sont là quelques-uns des effets qui ont accompagné la grande *renaissance* ou restauration de l'art classique, que les modernes exaltent si haut de préférence aux œuvres glorieuses produites par la foi, le zèle et la dévotion du moyen-âge ; et tels ont été les résultats du système païen ressuscité, qui commença avec le classicisme du XVIme siècle, fut accueilli et choyé dans les palais mythologiques du grand roi, et ne porta tous ses fruits que pendant la grande révolution française, alors que ses principes se développèrent pleinement dans le massacre du clergé, la profession publique de l'infidélité et le spectacle d'une prostituée élevée sur l'autel de Dieu.

quelques mots sur l'origine du goût pour les antiquités païennes, qui prévalut dans chaque branche des arts et des lettres, à la fin du XVme siècle et au commencement du XVIme. — La déscription suivante, que nous empruntons à un ouvrage publié par M. Eugène De La Gournerie, et intitulé : « *Rome Chrétienne ou Tableau Historique des souvenirs et des Monuments Chrétiens de Rome.* » * (*Tome* 2 *page* 161.) — Nous ne doutons pas que nos lecteurs ne le parcourent avec le même intérêt qu'il nous a inspiré :

« La recherche des antiquités était devenue une habitude, une passion. Un siècle et demi avant l'époque à laquelle nous sommes arrivés, Pétrarque et Rienzi compulsaient déjà les bibliothèques et remuaient les décombres des temples avec une pieuse ardeur. Il semblait que le présent devait s'effacer complètement, s'annihiler devant les souvenirs des temps anciens, et que l'avenir n'avait d'espérance de gloire que par l'imitation du passé. Cette impulsion agit au loin, et l'on ne peut s'en étonner, car tout ce qui a vécu de longues années, tout ce qui a subi l'épreuve des âges, grandit dans l'admiration des hommes dont la vie est si brève et dont les actions durent si peu. L'étude de la mythologie et des écrivains latins et grecs devint dès lors l'occupation favorite de tous les beaux esprits; la Rome des papes disparut devant la Rome des consuls et des empereurs, et les universités prirent à tâche de familiariser leurs élèves avec le monde de Jupiter, de César et de Brutus, plus qu'avec la société chrétienne au milieu de laquelle ils étaient appelés à vivre. « Le « soing des morts nous est en recommandation, dit Montaigne en parlant de « l'ancienne capitale du monde ; or, j'ay été nourry dès mon enfance avec ceulx-icy, « j'ay eu cognoissance des affaires de Rome long-temps avant que je l'aie eue de « ceulx de ma maison : je sçavais le Capitole et son plan avant que je sçeusse le « Louvre, et le Tibre avant la Seine. J'ai eu plus en teste les conditions et fortunes « des Lucullus, Metellus et Scipion, que je n'ay d'aulcuns hommes des nôtres » (*Essais, liv. III, ch. IX.*)

Ce culte de l'antiquité fit perdre au génie chrétien beaucoup de son originalité et de sa grandeur native. On rétrécit l'art au point de ne plus admettre qu'un seul genre de beauté dont il fallut étudier les éléments parmi les débris des temples du paganisme. Ces débris furent mesurés, furent restitués avec une science infatigable; on en calcula les proportions, on en modela les chapiteaux et les volutes, et toute

---

* Publié à Paris, 1843, par Débécourt.

œuvre qui s'éloignait de l'imitation des anciens fut flétrie des épithètes de *gothique* et de *tudesque*, encore bien qu'elle se nommât peut-être Notre-Dame de Milan ou *San Petronio* de Bologne. Rome devint donc un lieu de pèlerinage obligé pour les artistes. Brunelleschi y vint avec Donatello, avant de jeter dans les airs son admirable coupole de Sainte-Marie des Fleurs. Tantôt on le trouvait errant, le compas à la main, sur la corniche du temple de la Concorde, tantôt dessinant le Colysée, l'arc de Septime-Sévère, ou, la bêche à la main, cherchant dans les entrailles de la terre quelque fragment de colonne, quelque buste, quelque médaille : le peuple les prenait, lui et son compagnon, pour des nécromanciens, et les appelait des *chercheurs de trésors*. Il est heureux que ce travail de copiste n'ait pas altéré le talent de ces grands hommes, et, en voyant leurs œuvres, où la reproduction des formes antiques est souvent agrandie par la pensée chrétienne, on demeure en admiration devant ce tour de force du génie.

En même temps, la peinture, vouée d'abord uniquement aux mystères chrétiens, se fit l'écho des impressions païennes ; à côté des madones, des vierges, des martyrs, à côté de ces *crucifiements* où l'angélique beauté de la vertu et la hideuse laideur du crime avaient trouvé leur expression dernière, on vit apparaître des Vénus, des Léda, des Danaé, images séduisantes qui, au lieu d'élever l'âme, l'enivrèrent de pensées sensuelles. Le culte de la forme, de la beauté extérieure, devint la religion de l'artiste, et il s'abandonna à la volupté, qui seule pouvait lui en révéler tous les secrets.

La littérature se laissa influencer comme les beaux-arts, ou plutôt elle hâta même, elle activa cette transformation de la pensée sociale. La grande poésie du Dante fut abandonnée pour les pastorales mythologiques de Politien. Il ne fut plus possible de suivre d'autre modèle qu'Homère et Virgile, à moins toutefois qu'on ne sût chanter l'amour comme Pétrarque, ou déshabiller le vice pour en rire, sans s'en corriger, comme les conteurs du Décaméron. Jusqu'à la fin du XVme siècle cependant, le théâtre sût émouvoir, passionner les âmes des spectateurs par la représentation des scènes de la Bible ou des martyres des saints. Des artistes célèbres, Cecca, Bartolommeo della Gatta, San Gallo, consacraient leurs talents à peindre des anges, à figurer les cieux ou les enfers, pour rendre ces solennités plus brillantes ; mais le moment approchait où tous ces drames chrétiens devaient paraître froids, insipides, auprès de l'inceste de Myrrha et de l'adultère de Clytemnestre. On n'osera plus bientôt parler du martyre de Saint-Agnès en présence de celui d'Iphigénie, ni s'intéresser au souvenir patriarchal de Jacob ou de Ruth la Moabite, en entendant les fines plaisanteries des *Lenones* de Plaute et des courtisanes de l'Arioste.

A une époque où la société s'identifiait virtuellement avec le christianisme, un mal aussi dangereux et aussi profondément enraciné ne pouvait prendre possession de la première sans affecter l'église elle-même. — La dépravation du goût, pas plus que la corruption des mœurs, ne pouvait, à la vérité, porter atteinte à la sainteté intrinsèque de sa vie surnaturelle, ni altérer la pureté et l'intégrité de sa foi; mais elle pouvait, comme elle le fit dans certaines contrées, affaiblir l'autorité de son enseignement populaire et obscurcir en partie son caractère divin; et nous voyons s'offrir à nos regards le spectacle extraordinaire d'une époque conservant sans alliage tous les mystères de la religion, et ressuscitant les formes mythologiques du Panthéon et parlant le langage du paganisme classique. L'influence de la restauration païenne envahit jusqu'à l'enceinte de l'église et pénétra dans le sanctuaire même. Cette étrange infatuation s'étendit même à la phraséologie des prédicateurs, comme nous le verrons dans un autre passage que nous donnons plus bas et tiré du même ouvrage que nous venons de citer. (*p*. 212.)

Singulière dépravation d'une société qui se croyait encore chrétienne, tout en s'imprégnant chaque jour davantage des mœurs, des habitudes et de la phraséologie du paganisme. La langue latine fut, au XVIme siècle, l'objet d'un culte spécial et d'une minutieuse étude. On s'attacha surtout à Cicéron, on le commenta, on s'efforça de reproduire le nombre et la cadence de sa période, et nul mot ne fut toléré qui n'eût préalablement acquis droit de cité en passant par les *Verrines* ou les *Catilinaires*.* La *chrétienté* devint alors la *république chrétienne;* le sacré collége, le *sénat;* l'hérésie, la *sédition;* on dit la *persuasion* pour la *foi*, la *magnificence de*

---

* Érasme s'est très finement moqué de cette manie dans son *Ciceroniana*. Il nous représente le *Cicéronien* dînant *de dix grains de raisin et de trois grains de coriandre confits dans du sucre*, au fond d'un sanctuaire dont toutes les issues *sont bouchées avec du plâtre ou de la poix*. Là il passe son temps à disséquer Cicéron et à réduire tous les modes de son langage en formules usuelles pour les diverses circonstances de la vie. Il compose d'énormes lexiques des mots cicéroniens, des locutions cicéroniennes, des tropes, des épiphonèmes, et mêmes des pensées, des sentences et des plaisanteries de Cicéron ; tous ces lexiques sont quatre fois plus gros que les œuvres entières de Cicéron.

la divinité pour la *grâce divine*, *l'interdiction du feu et de l'eau;* pour *l'excommunication;* on ne dit plus *Dieu* mais *les dieux!* Ainsi du ridicule on allait au blasphème.

« Croit-on vraiment, s'écriait Érasme, que, si Tullius revenait un jour, sous l'empire de notre religion, il trouverait moins éloquente l'appellation de Dieu le Père que celle de *Jupiter optimus, maximus?* moins splendide le titre d'église catholique que ceux de pères conscripts, de *Quirites*, de sénat et de peuple romains? Non ; mais il dirait simplement avec nous, *la foi en Jésus-Christ*, il dirait *les infidèles*, il dirait *le Paraclet*, *l'esprit divin*, *la Sainte Trinité*. » (*Tome premier de l'édition de Froben*, 1540, *p.* 836.)

Or, ce n'étaient pas seulement les poëtes et les érudits qui parlaient ce langage affecté : tandis que Sannazar faisait intervenir toutes les déités de la fable, Apollon, Protée, nymphes, dryades, hamadryades, dans la scène sublime de l'étable de Bethléem, les prêtres faisaient tomber de la chaire de vérité les mêmes accens mythologiques, et leurs moyens d'émotion étaient presque toujours empruntés à l'histoire ancienne. Écoutons Érasme nous raconter un sermon qu'il entendit à Rome sous le pontificat de Jules II :

« J'avais été invité, quelques jours auparavant, par les hommes doctes, à assister à ce sermon. — Gardez-vous d'y manquer, disait-on, vous connaîtrez enfin toute l'harmonie qu'a la langue romaine dans une bouche romaine. — Je me rendis avec une extrême curiosité à l'église et me plaçai très près de l'orateur, afin de ne perdre aucune de ses paroles. Jules II lui-même était présent, chose rare à cause de sa santé sans doute. On y voyait aussi un grand nombre de cardinaux et d'évêques, et parmi la foule, la plupart des savants qui se trouvaient alors à Rome. L'exorde et la péroraison furent presque aussi longs que le reste du discours, et ils reproduisirent, sous toutes les formes, les louanges de Jules II. C'était le tout-puissant Jupiter, brandissant de la main droite le trident et la foudre, et d'un seul mouvement de ses sourcils, accomplissant ses profonds desseins. Tout ce qui, depuis quelques années, s'était passé dans les Gaules, en Allemagne, en Espagne, en Portugal, en Afrique, en Grèce, n'était que l'effet de ce signe de sa volonté; puis après vinrent, cent fois répétés, les mots : *Rome, romain, bouche romaine, éloquence romaine...* Le plan de l'orateur était de nous représenter Jésus-Christ, d'abord dans toute l'agonie de sa passion, puis dans toute la gloire de son triomphe. Il rappela les Curtius et les Décius qui s'étaient voués aux dieux mânes pour le salut de la république; il rappela Cécrops, Ménécée, Iphigénie et quelques autres grandes victimes qui avaient prisé leur vie moins haut que le bonheur de la patrie et sa dignité. La reconnaissance publique avait du moins toujours, ajouta-t-il avec larmes et d'une voix profondément lugubre, *valdè lugubriter*, environné de ses hommages ces caractères nobles et généreux; tantôt elle leur avait élevé des statues dorées sur le Forum; tantôt elle leur avait décerné les honneurs divins, tandis que Jésus-Christ, pour tous ses bienfaits, ne reçut d'autre récompense que la mort! L'orateur compara alors le Sauveur, *si bien méritant de la patrie*, à Phocion, à Socrate, qui furent contraints à boire la ciguë, sans qu'on pût les accuser d'aucun crime; à Epaminondas obligé de défendre sa tête contre l'envie que lui avaient suscitée ses hauts faits; à Scipion, à Aristide, que le peuple d'Athènes était las d'entendre appeler juste. Je vous demande, pouvait-on rien imaginer de plus froid, de plus inepte! et cependant je vous assure qu'il avait sué sang et eau pour rivaliser avec Cicéron. Bref, mon prédicateur romain parla si bien romain, que je n'entendis rien de la mort de Jésus-Christ. » (*Dialogus Ciceronianus, tome premier de l'édition de Froben*, 1540, *p.* 832 *et* 833.)

Cette misérable manie pour la restauration du paganisme continue à se développer dans toutes les classes de bâtiments érigés depuis le XVme siècle — dans les palais, les châteaux, les maisons privées, les édifices publics, les monuments pour les morts; elle s'est même étendue à l'ameublement et aux ornements domestiques pour la table; et si cela ne dépassait pas les bornes de mon sujet, je pourrais prouver qu'elle a envahi les formes ordinaires du langage et qu'on la découvre dans les manières et les gouvernements des temps modernes.

Les palais les plus célèbres de l'Europe sont précisément les bâtiments les plus païens qu'on puisse imaginer : à Versailles, aux Tuileries, au Louvre, à Saint-Cloud, à Fontainebleau, à Bruxelles, à Londres, dans le palais de Buckingham, c'est en vain que l'on cherche un emblème ou un ornement chrétien. La décoration du jardin, de la terrasse, de l'entrée de la Halle, du vestibule, de la galerie, de la chambre, du plafond, du panneau, du mur, de la fenêtre, du fronton, est invariablement dessinée d'après la mythologie païenne. Des dieux et des déesses, des démons et des nymphes, des tritons et des cupidons, répétés à satiété, et tous représentés dans des attitudes adulatrices, pour complaire au moderne païen pour qui les artistes flatteurs traçaient les plans de la résidence luxurieuse. Dans le nouveau palais de Buckingham, à Londres, dont le portail coûta une somme qui eût suffi pour ériger une splendide église, la simplicité protestante ne songea pas même à construire une chapelle spéciale pour la famille royale; de sorte que par son aspect et par sa disposition il ne convient nullement à une résidence chrétienne, et offre un caractère de dégénération qui contraste lamentablement avec l'ancien palais de Westminster, dont la halle incomparable était le réfectoire hospitalier, et l'église de Saint-Étienne, d'une beauté si exquise, la chapelle privée. Qu'on prenne ensuite le palais du roi, à Bruxelles : la tentative de placer un portique grec au-dessus d'une entrée en bossage, quelle misérable bévue! quelle preuve parlante que tous les efforts pour adapter l'architecture grecque à des maisons modernes sont complètement vains et stériles! Ces édifices ne sont pas grecs, ils ne sont pas nationaux; ils ont, à la vérité, des colonnes et des pilastres, mais ils sont aussi dissemblables d'un bâtiment grec qu'ils peuvent l'être. Ce sont tout bonnement de vieilles répétitions de ce qui a été fait mieux cinq cents fois auparavant. — Ils ne visent pas même à l'adaptation de l'architecture classique aux besoins modernes, mais ils affectent plutôt une ressemblance qu'on ne saurait atteindre avec des bâtiments dont la destination et l'usage ont cessé depuis longtemps.

Il est très curieux d'observer le changement extraordinaire dans la décoration des maisons de bois que virent s'opérer les villes de France dans le court intervalle qui sépare le règne de Charles VIII de celui de François Ier. Avant et pendant le règne du premier, et même sous Louis XII, tous les ornements sur les maisons particulières avaient un caractère pieux et chrétien.

L'annonciation de la Sainte Vierge était fréquemment sculptée au-dessus des portes d'entrée : des saints dans des niches à dais formaient l'embellissement invariable des encorbellements et des étançons; des inscriptions pieuses étaient souvent gravées sur des rouleaux courant autour des poutres et des linteaux ou portés et étendus par des anges; chaque détail avait une signification religieuse et catholique. Mais les principes du paganisme moderne n'eurent pas été plutôt introduits que l'on abandonna ces saints sujets : les fables d'Ovide, les héros classiques, les douze Césars et d'autres représentations semblables vinrent les remplacer. Aussi longtemps que la foi et les sentiments catholiques demeurèrent inaltérés, l'effet de ces croyances fut exactement le même dans des pays différents. Il y a à peine une différence tant soit peu sensible entre les monuments ecclésiastiques du Nord et ceux des anciens ecclésiastiques de Rome; * nous trouvons précisément les mêmes *chasubles amples*, les mêmes vêtements majestueux, la même position couchée et les mains pieusement jointes comme pendant la prière; les mêmes inscriptions concises et catholiques, les mêmes figures angéliques supportant la tête. Mais on ne trouve pas de trace d'un seul de ces beaux traits dans les monuments des temps subséquents.

* C'est une erreur complète que de supposer que l'architecture chrétienne ou ogivale ne se développa point en Italie, comme dans d'autres pays, pendant les siècles de foi. Anciennement on en trouvait de nombreux exemples; mais comme l'Italie avait été la source principale de la restauration païenne, peu de ces monuments de l'ancienne piété échappèrent sains et saufs, tandis que beaucoup furent entièrement détruits. A Assise il y a plusieurs belles églises ogivales, une, entre autres, à triple division, d'un dessin et d'une exécution qui éclipsent tout et dont les voûtes et les murailles sont couvertes de fresques dans le style le plus gracieux de l'art chrétien. Les ciboires ou dais surmontant les maîtres-autels des basiliques étaient tous dans le style ogival. Les ornements d'église dans l'ancienne basilique de Saint-Pierre, dont un petit nombre se trouvent dans la collection du Vatican, sont d'une beauté exquise et précisément de la *même forme et du même dessin* que ceux qui appartiennent aux anciennes cathédrales ogivales de cette époque.

Si les chefs de l'Église catholique n'avaient pas résidé si longtemps à Avignon, Rome aurait possédé un nombre très-considérable de bâtiments du style chrétien le plus pur. Dans la première de ces villes il y a des tombeaux de papes d'une beauté parfaite. L'Italie fut le véritable foyer de la peinture chrétienne pendant les siècles du moyen-âge, et produisit une race illustre d'artistes catholiques, parmi lesquels on doit compter un Giotto, un André Orgagna, un Fra Angelico, un Perrugino et un Raphaël. Si les élèves qui voyagent en Italie pour étudier l'art voulaient suivre les traces du grand Overbeck, et, évitant également la contagion du *paganisme ancien et moderne*, borner leurs recherches aux *antiquités chrétiennes* qu'elle ren-

La torche renversée, la massue d'Hercule, le hibou de Minerve et l'urne cinéraire, voilà ce que l'on sculpte, en remplacement des saints et des anges, sur des tombeaux de papes, d'évêques, de rois, de législateurs et de guerriers, en y ajoutant fréquemment des divinités païennes dans leur nudité païenne; à la pieuse invitation sollicitant une prière pour l'âme du défunt, on substitue une longue et pompeuse inscription détaillant ses vertus et ses exploits. Quoique l'inconséquence honteuse de ces monuments ne paraisse pas aussi frappante dans les églises modernes de style italien, où ils sont en harmonie avec le paganisme du reste du bâtiment, cependant lorsqu'on les introduit sous les grandes voûtes des basiliques de Cologne ou de Westminster et qu'on les place à côté des anciens monuments des fidèles décédés, dont chaque niche, chaque ornement respire l'esprit de la piété catholique, ils choquent et outragent cruellement les sentiments chrétiens.

L'ameublement exécuté durant et depuis les règnes de François Ier de France et de Henri VIII d'Angleterre offre dans l'ornement le même caractère dégradé et païen que j'ai remarqué précédemment en ce qui concerne les maisons elles-mêmes, et ce déplorable changement de style s'étendit à toutes les branches d'arts et de métiers; et lorsqu'on essayait d'introduire quelque chose de chrétien ou de sacré, on le déguisait tellement sous des formes classiques qu'à peine pouvait-on le distinguer des sujets païens qui l'environnaient. En effet, toute idée du respect dû à des représentations sacrées était entièrement perdue, et les emblêmes les plus saints étaient traités comme de simples ornements et mis au même niveau que les sujets profanes les plus grossiers.

---

ferme, ils retireraient de leurs investigations un profit inestimable, L'art italien des XIIIme, XIVme et XVme siècles est le beau idéal de la pureté chrétienne, et l'on n'en saurait recommander trop fortement l'imitation; mais quand il renonça à ses anciens types si purs et si mystiques, pour suivre ceux du paganisme sensuel, il tomba dans un état de dégradation effrayant, et depuis les trois derniers siècles ses productions de toute espèce ne doivent être regardées par un chrétien que pour savoir prendre la résolution de les éviter.

L'auteur vit un jour un poignard du XVIme siècle, qui avait certainement servi à des assassinats, car la lame avait été marquée par des entailles successives, la récompense augmentant à proportion de la profondeur à laquelle l'acier avait plongé dans le corps de la victime. Or le manche de cet instrument meurtrier, dont la vue seule doit remplir d'horreur tout esprit chrétien, était surmonté d'une image en ivoire de la *Sainte Vierge avec l'Enfant Jésus*, tandis qu'on avait sculpté au-dessous *Diane et Actéon!!!* Et je pourrais facilement citer plusieurs autres exemples pour prouver la perte totale de l'art et des sentiments catholiques à cette époque mémorable. La forme des sceaux ecclésiastiques elle-même, qui pendant des siècles avait ressemblé à la *vesica piscis* ou au poisson, emblême du saint nom de Notre Seigneur, fut changée en un cercle, à l'imitation des médailles classiques, que l'on copiait servilement, y compris leurs ornements.

Le triomphe de ces idées nouvelles et dégénérées sur les sentiments anciens et catholiques est une preuve affligeante de l'affaiblissement de la foi et de la morale à l'époque de leur introduction, et c'est à cette décadence qu'elles doivent leur origine. Le protestantisme et la restauration païenne sont de la même époque, tous deux sont le produit des mêmes causes, et ni l'un ni l'autre n'auraient vu le jour, si les sentiments catholiques n'étaient tombés si bas. Les ravages de la réforme furent secondés par le pillage et la violence; les invasions du style païen furent favorisées par les tentatives d'une prétendue amélioration et d'une restauration classique. Après tout, cependant, on doit reconnaître que la hache et le marteau des factions hérétiques furent beaucoup moins dangereux et moins féconds en maux durables que le ciseau et le pinceau des artistes païens modernes; ceux-ci, en introduisant leurs idées et leurs emblêmes pernicieux dans les objets extérieurs de la vraie religion, séduisirent les faibles d'esprit, et des milliers de personnes qui se seraient révoltées contre une *mutilation ouverte* de l'architecture religieuse, ils les entraînèrent pour aider à sa destruction, dans l'espoir fallacieux de la remplacer par des constructions mieux ornées.

En réalité, le dégât dans la plupart des anciennes églises a été si complet, l'abandon des traditions de nos pères a été si universel, qu'il reste très peu de lieux où l'on puisse se former quelque idée de l'auguste solennité de jours meilleurs. Ce n'est qu'en se mettant en communication avec l'esprit des temps passés, tel qu'il est développé dans la vie des saints hommes d'autrefois et dans leurs œuvres et leurs monuments merveilleux, que l'on peut arriver à une juste appréciation des gloires que nous avons perdues ou adopter les moyens nécessaires pour les reconquérir.

Voici le moment venu de briser les chaines du paganisme qui ont chargé les chrétiens des trois derniers siècles, et ont détourné les plus nobles facultés de leur esprit de la poursuite de la vérité pour les appliquer à la reproduction de l'erreur. Presque toutes les recherches des modernes partisans de l'antiquité, des écoles de peinture, des galeries et des musées nationaux, n'ont tendu qu'à corrompre le goût et à empoisonner l'intelligence, en préconisant l'art classique comme le type de l'excellence, et en substituant des productions toutes matérielles et toutes sensuelles à des œuvres mystiques et divines.

Avant que le bon goût et les vrais sentiments chrétiens puissent renaître, il faut que les idées populaires aujourd'hui en vogue dans cette matière changent radicalement. On doit apprendre que l'époque flétrie jusqu'ici des noms de ténébreuse et d'ignorante surpassait de bien loin notre siècle en sagesse, que l'art cessa d'être alors que l'on dit qu'il ressuscita, que ce que l'on appelle superstition était de la piété, et que ce qui passe pour bigoterie était de la foi. Les noms et les personnages les plus célèbres doivent faire place à d'autres à peine connus de nos jours, et les *édifices fameux* de l'Europe moderne doivent tomber au rang de masses difformes à côté des monuments négligés et délabrés de l'antiquité catholique. Si l'on considère comme un grand sacrifice l'abandon des idées préconçues en cette matière et la perte des jouissances imaginaires qui doit en être la conséquence, le nouveau et glorieux champ qui s'ouvre n'offre-t-il pas plus qu'un équivalent?

Quel plaisir d'évoquer toute une race d'artistes nationaux jusqu'ici presqu'inconnus, dont les productions méprisées ou oubliées révèlent le sentiment le plus mystique et l'exécution la plus chaste, et dans les belles compositions de qui on peut retrouver les modèles de tant de peintres modernes les plus célèbres; quels précieux restes de l'habileté des sculpteurs sont ensevelis sous les verts monticules qui marquent l'emplacement où s'élevaient autrefois de nobles églises; quelle originalité de conception et quelle supériorité d'exécution ne montrent pas les détails de tant d'églises rurales et paroissiales! Il n'est pas besoin de visiter les côtes éloignées de la Grèce et de l'Égypte pour faire des découvertes dans l'art; chaque pays catholique abonde en antiquités cachées ou ignorées d'un intérêt plus élevé. Quelle folie n'est-ce donc pas de négliger nos propres types religieux d'art et d'architecture, pour sacrifier sur les autels restaurés de la corruption ancienne, et profaner par l'architecture et les emblèmes des dieux païens le temple d'un Rédempteur crucifié? Le monstre idolâtre qui a régné si longtemps, et avec une domination si absolue, sur l'intelligence du genre humain, chancelle aujourd'hui, menacé d'une chute prochaine; et bien qu'il ait acquis des proportions trop vastes et que son étreinte soit trop puissante pour qu'on le renverse facilement, cependant sa forme hideuse a été démasquée, et la force de ceux qui l'assaillent s'accroît de jour en jour. Déjà le système a reçu quelques blessures mortelles. Le grand Overbeck, ce prince des peintres chrétiens, a formé une école d'artistes mystiques et religieux, tels que Steinle, Fuhrich, Settegast, Keller, Dœger, qui travaillent sans cesse à couvrir de honte cette école d'art matérielle et sensuelle, dans laquelle les modernes partisans du paganisme ont dégradé si longtemps les représentations de personnages et d'événements sacrés. En France, M. le comte de Montalembert, un homme dont on peut dire, comme on disait du dominicain Savanarola, qu'il est *sans reproche et sans peur*, a fait ressortir pleinement les funestes effets du paganisme moderne sur les sentiments et les monuments chrétiens; et déjà son zèle à dénoncer ces erreurs et son habileté à défendre l'art et la vérité catholiques ont opéré une grande amélioration dans le goût et les idées en ce qui a rapport à ces matières; déjà aussi il a paru de nombreuses publications, et il s'en prépare un plus grand nombre encore, qui toutes traitent de l'excellence de l'art pendant les siècles tant dédaignés du moyen-âge.

L'ouvrage de M. Rio sur la peinture chrétienne est une production admirable, et il a fait de nombreux convertis à l'art ancien. En Angleterre, beaucoup a été fait pour restaurer l'antiquité catholique, et l'on s'y est épris d'une belle ardeur pour l'étude et la conservation de l'architecture chrétienne. Les antiquités ecclésiastiques du pays y sont regardées comme dignes de patientes recherches et d'illustrations faites avec le plus grand soin. On dénonce fréquemment et avec acharnement les noms des novateurs, on restaure des arches et des fenêtres murées, on enlève le badigeon, on replace des vitraux peints. Ce sont là d'heureux symptômes et qui promettent beaucoup pour l'avenir.

La France fait également de rapides progrès dans cette bonne œuvre, et il est à espérer que la Belgique, la catholique Belgique, n'hésitera pas longtemps à suivre une marche qui partout où elle a été reprise a été féconde en résultats favorables au progrès des sentiments religieux. Il est vrai que dans chaque pays ceux qui travaillent le plus activement à la grande restauration de l'art catholique sont pour le moment encore comparativement en petit nombre, et que la foule les considère encore comme des fanatiques, ou tout au moins comme des enthousiastes visionnaires; mais ils sont de force à triompher de la critique ou du ridicule dont ils peuvent être l'objet dans la poursuite de leur tâche sainte et glorieuse. Où, je le demande, peut-on dire que se trouvent le fanatisme et l'extravagance, alors qu'il s'agit d'un examen calme et dépassionné des opinions?

Les découvre-t-on par hasard dans cette assertion que l'art fut porté à un plus haut degré de perfection par la pure et noble influence de la foi chrétienne, que sous le règne de la corruption païenne?

Est-ce dans l'opinion qu'ils ont que le symbole de notre rédemption et les images de saints personnages conviennent mieux à la décoration d'une habitation de chrétiens, que les statues d'une Vénus lascive ou que les représentations des fables païennes?

Est-ce dans la croyance qu'ils énoncent que des chants solennels, composés par Saint-Grégoire lui-même et sanctionnés par des conciles successifs et la pratique universelle de l'antiquité, sont mieux appropriés à la psalmodie divine et aux offices de l'Église, que les élucubrations extravagantes de compositeurs infidèles?

Est-ce dans la préférence qu'ils accordent à des édifices cloîtrés, quadrangulaires et surmontés de tourelles sur des masses oblongues et à fronton italien, lorsqu'il s'agit de bâtiments collégiaux?

Est-ce donc dans leur fidélité à suivre pour la construction des églises l'architecture émanée de la *foi elle-même*, de préférence à l'adoption de cette imitation bâtarde d'édifices païens, indignes et inconvenants pour un but aussi saint?

Est-ce enfin dans leur ardeur à propager les habitudes de dévotion, de charité et d'abnégation des siècles de foi, qu'ils considèrent comme préférables au système luxurieux, corrompu et infidèle des temps présents?

Si ce sont là des idées fanatiques, à coup sûr la vérité catholique elle-même doit être du fanatisme, car toutes leurs opinions sont solidement fondées sur elle. Celles-ci peuvent être pour un temps l'objet de vives attaques, mais elles ne peuvent manquer de triompher un jour. Une température chaude n'est pas plus nécessaire à l'existence des plantes exotiques de l'Orient, qu'une atmosphère chrétienne aux fidèles. ***Dis-moi qui tu hantes, je te dirai qui tu es***, est un proverbe bien vulgaire, mais il est vrai. Aussi lorsqu'on voit un homme qui fait profession d'être chrétien, négliger les mystères de la foi, les saints de l'Église et les gloires de la religion, et s'environner des fables obscènes et impies de la mythologie et des fausses divinités des païens, on peut présumer, sans blesser la charité, que, quoiqu'il soit nominalement un fils de Rome chrétienne, son cœur et ses affections sont acquis à cette cité telle qu'elle était aux jours du paganisme.

CHAP. X.

CONTRASTE ENTRE LES OUVRAGES PRODUITS SOUS L'INFLUENCE DU PRINCIPE PAIEN ET CEUX QU'ON DOIT A L'INFLUENCE DU CHRISTIANISME AU MOYEN-AGE.

L'architecture est le baromètre de l'église. Tant que la foi est florissante, nous voyons les hommes consacrer au service du Dieu tout-puissant tout ce qu'ils possèdent de plus précieux, tout ce qu'ils ont d'âme et d'énergie. De grandes abbayes s'élèvent au milieu de forêts presque impénétrables, et elles se remplissent promptement de dévoués serviteurs de Dieu. De vastes cathédrales, environnées de flèches et de tourelles moins élevées, dominent de leur faîte gigantesque d'industrieuses cités. Chaque maison est couverte d'images sculptées, et de pieuses inscriptions témoignent de la foi et de la dévotion de ceux qui l'habitent. Des croix sont érigées sur les marchés encombrés par la foule. Du haut des ponts, des chapelles surplombent des courants d'eau rapide, la piété rustique sanctifiant chaque rocher et chaque vallon. De toutes parts nous voyons des témoignages de foi. On arrache des pierres aux cavernes profondes, on abat des arbres, on fond des métaux, et tout cela est employé et façonné en l'honneur du Très-Haut. Les rois et les princes consacrent leurs trésors, les prélats leurs revenus, les négociants leurs bénéfices, à la grande œuvre, et le pays se couvre de belles constructions, glorieuses à contempler.

Mais voyez le changement : un roi luxurieux succède au monarque pieux; les églises abbatiales sont dépouillées de leurs revenus, les religieux sont dispersés, ou, profanation plus grande, un petit nombre de moines dégénérés y sont laissés, afin de retenir les revenus pour un abbé commandataire ou un enfant tonsuré. — Les vastes bâtiments, désormais presque déserts, prennent un air de vétusté et menacent ruine. Des évêques courtisans laissent les échafaudages pourrir devant les tours inachevées des cathédrales, tandis qu'ils prodiguent leurs revenus pour des maisons de plaisance et remplissent leurs terrasses de tritons lançant de l'eau et de divinités des bois. L'emplacement de l'ancienne croix du marché est occupé par une nymphe ou un obélisque, l'Annonciation ne se voit plus au-dessus de la porte de la maison, mais un lourd fronton et des cariatides remplacent le saint mystère. Des ecclésiastiques d'un goût classique *améliorent*, en les transformant en sarcophages, les autels et les châsses, donnent un air *corinthien* à des fûts gothiques, déplacent les écrans et couvrent les fresques de peinture à l'imitation du marbre.

Mais quelques années se sont à peine écoulées, les nouveaux autels s'écroulent et l'on voit s'élever sur leurs débris une prostituée, environnée d'une bande frénétique d'assassins. Les ecclésiastiques classiques périssent aux pieds d'une classique déesse de la liberté ; les quelques moines qui restent encore s'enfuient des abbayes en ruines, et les pierres sculptées sont mises en lots pour être vendues. Une guillotine est dressée sur la place publique, un nouveau corps de garde est construit sur l'emplacement d'une ancienne église; le cimetière solitaire est devenu une promenade; les clochers sont abattus, ou servent de fabriques de plombs pour les fusils, et un bonnet couleur de sang surmonte la cité à motié démolie et tombée dans l'infidélité. Je le répète, l'architecture est le baromètre de la foi : ce ne sont pas l'arche, le pinacle, le pilier qui profitent, mais l'esprit qui les produisit, et la renaissance ou le déclin de la vraie architecture ecclésiastique se mesurent à la renaissance ou au déclin de la vraie foi.

Passons cependant à un examen de bâtiments ecclésiastiques modernes et mettons-les en contraste avec les nobles édifices du moyen-âge, après qu'ont passé à la fois sur eux trois siècles de dévastation, de négligence et de réparations dégradantes.

CATHÉDRALES.

Commençons par les cathédrales : ce sont les monuments les plus splendides qui nous restent des jours passés, ils méritent donc d'attirer en premier lieu notre attention.

Il n'est personne parmi tous ceux qui sont bien initiés dans la connaissance des antiquités ecclésiastiques et qui ont parcouru le continent dans le but d'examiner attentivement ces merveilleux édifices qui, depouillés de presque toutes leurs beautés, éclipsent encore glorieusement toutes les autres constructions que la faible main des modernes a élevées autour d'eux; il n'est personne, disons-nous, qui n'ait senti les émotions de l'étonnement et de l'admiration qui naissaient en lui à leur premier aspect, faire place au regret et au dégoût à la vue de l'ample portion de ces bâtiments défigurée de gaîté de cœur et en reconnaissant combien leur misère présente est impropre à la noble destination pour laquelle ils furent érigés.

N'est-ce pas un spectacle qui déchire le cœur que de voir quelques-unes des plus glorieuses cathédrales de l'Europe déguisées et défigurées par les misérables maisons qui, comme des champignons, poussent à côté d'elles? Les murs couverts de crevasses et de fissures qui admettent l'eau et portent la ruine jusqu'au cœur du monument — le sol qu'on laisse s'accumuler autour d'eux à la hauteur de plusieurs pieds et qui souvent est pavé de pierres d'anciens tombeaux — les changements les plus inconvenants et les plus misérables effectués dans plusieurs de leurs parties, ici une sacristie de pire apparence qu'une vulgaire buanderie, là une entrée semblable à quelque partie d'une maison bourgeoise — la flèche peut-être à moitié démolie ou les tours laissées inachevées, telles qu'elles étaient il y a trois cents ans — toutes les croix et les images disparues — les fenêtres sans réseaux ni meneaux

— les contre-forts souillés, et des maisons communes bâties entre eux dérobant l'église à la vue — la clôture de la cathédrale ravagée ou détruite. — Est-il un spectacle plus déplorable, plus navrant qui puisse s'offrir à l'âme affligée d'un bon catholique? Oui, il y a quelque chose de pire encore — l'intérieur de cet édifice jadis si noble. Hélas! on ne peut parler de ce sujet sans la douleur la mieux sentie, sans la tristesse la plus profonde.

Avoir à signaler la pauvreté, la malpropreté, la négligence, le mauvais goût, l'inconséquence des combinaisons, voilà ce qui est déjà bien pénible, et cependant nous avons à mentionner pire que tout cela : l'abomination de la désolation dans le saint lieu lui-même — la présence de symboles si ouvertement païens et si impurs qu'ils troublent et attristent toute âme pieuse. — Les beaux ornements de temps meilleurs, remplacés d'une manière si vulgaire et si ignoble — les nombreuses infractions aux canons, aux décrets, aux conciles. Comment parler de toutes ces misères dans des termes qui n'offensent personne? Nous regrettons d'avoir à tenir un langage sévère, et pourtant il n'en est point de trop énergique pour exprimer les sentiments qu'un pareil spectacle fait naître dans l'âme de quiconque a quelque zèle ou éprouve quelque enthousiasme pour l'honneur de Dieu et la dignité de la religion. Voyez la plupart des anciennes cathédrales, — comme dans leurs constructions grandioses et leurs ajustements méprisables et inconséquents, elles présentent un lamentable contraste entre l'esprit ancien du catholicisme et ses pratiques modernes! Elles révèlent à la fois le comble de l'excellence et la bassesse la plus profonde de la dégradation. Une belle église catholique ancienne, consacrée au service de l'hérésie, est sans doute un spectacle désolant; mais il n'est guère moins désolant de voir des catholiques polluer et défigurer de leurs propres mains, par des emblêmes païens et des ornements périssables et frivoles, les glorieuses constructions élevées par leurs ancêtres religieux. *

* En effet, qu'y a-t-il de plus navrant pour un catholique sincère que de voir le clergé lui-même, le gardien légitime de ces anciennes constructions, le successeur

DE L'ARCHITECTURE CHRÉTIENNE.

Il est désolant en effet de voir comme tout vestige de l'antique de ces saints et savants ecclésiastiques qui furent à la fois les architectes et les ministres du temple, imbu des idées d'art les plus antichrétiennes et concourant à la destruction de ces vénérables restes de la dignité catholique, pour introduire le style païen bâtard, dont la date s'associe à la décadence de la foi et au déclin de l'influence de la religion? Beaucoup d'églises en France ont échappé aux ravages des huguenots et des calvinistes, plusieurs même aux épouvantables bouleversements de la révolution de 1790; mais aucune n'a été préservée de l'esprit d'innovation et du goût bas et faux du clergé moderne. Si ces ecclésiastiques bornaient leurs malheureuses idées à de simples ajustements qu'il est facile d'enlever, l'inconvénient serait moins grave; mais les constructions elles-mêmes sont souvent mutilées, sous prétexte de restauration, par ces destructeurs impitoyables. Le comte de Montalembert fait de ces actes de barbarie une saisissante peinture, de la vérité de la plupart desquels l'auteur de ce livre a pu se convaincre par ses propres observations. Des centaines de fenêtres à vitraux peints ont été vendues ou démolies pour être remplacées par des carreaux de vitre blancs; les fresques les plus curieuses et des plafonds richement peints ont été couverts sans pitié de couches de badigeonnage blanc et jaune, décoration moderne ordinaire des bâtiments ecclésiastiques. Tout vestige de sculpture intérieure ou d'art ancien a été détruit pour faire place aux odieuses productions des fabricateurs modernes *d'objets d'église*, tandis que les autels offrent toutes les combinaisons possibles d'une architecture choquante et d'une ornementation triviale, et tout cela est le plus souvent placé de manière à cacher les parties les plus intéressantes des bâtiments primitifs. Il est presque impossible d'entrer dans une église française sans ressentir un dégoût profond pour cet extrême mépris de l'antiquité et ce goût dépravé qu'attestent leur arrangement et leur ornementation. Le résultat de ceci est vraiment déplorable; car il est peu d'hommes suffisamment instruits pour faire la distinction entre des produits réellement catholiques et le misérable étalage du paganisme restauré, qui travestit les solennités de l'église, ou pour établir l'immense différence qu'il y a entre l'ancienne et solennelle célébration du sacrifice de l'eucharistie et l'imposture théâtrale d'une fête moderne. Beaucoup de personnes pieuses et bien intentionnées sont convaincues de l'insuffisance du système hérétique; elles se rendent dans les pays étrangers pleines d'espérances et s'en retournent complètement découragées par ce qu'elles ont vu, prenant pour un effet du catholicisme ce qui n'est que le résultat du principe contraire. Si elles eussent pu voir seulement une de ces églises, aujourd'hui si défigurées, telle qu'elle apparaissait dans toute sa vénérable grandeur pendant les siècles de foi, combien l'effet produit sur leur esprit eût été différent; mais tant que le clinquant actuel d'ornements puérils sera mêlé aux rites les plus sacrés et qu'on étalera comme des images de la Sainte-Vierge des poupées bizarrement parées, il est impossible pour un simple observateur de ne pas recevoir des impressions défavorables de la pompe extérieure de la religion, et c'est à cette cause que l'on peut principalement attribuer le nombre si exigu de conversions parmi les nombreux voyageurs qui visitent chaque année les pays catholiques.

solennité a disparu : tous les riches ouvrages sculptés hachés de toute part et couverts de badigeon — les nobles colonnes défigurées par des statues gigantesques, qui ressemblent vraiment bien plus aux douze Césars qu'aux douze apôtres — toute juste proportion détruite par la dimension écrasante des ajustements païens.* Les autels solennels remplacés par quelque masse monstrueuse de marbre noir et blanc, ou, ce qui est pire encore, par une énorme construction de bois marbré — le Saint-Sacrement réservé dans un hideux modèle de temple païen — le glorieux jubé démoli avec toutes les vénérables figures de notre divin Rédempteur, de Marie et de Jean, et faisant place à une insignifiante collection de colonnes et de balustrades de marbre, surmontées d'un orgue couvert de Cupidons. — Les anciennes stalles désertes ou remplies de laïcs — pas une seule image de la Sainte Mère de Dieu ou des autres saints, sauf un petit nombre de figures mal habillées, dérisoires et indignes des personnages qu'elles représentent — toute belle grille détruite et les chapelles encombrées de tableaux et de symboles païens — et, qui plus est, pas un seul ornement qui puisse donner la moindre idée de l'auguste magnificence de l'ancienne église — des vêtements complètement ridicules, d'une forme et d'une étoffe anticanoniques — de misérables collections de fleurs artificielles —

---

* Chacun peut vérifier par lui-même la justesse de cette remarque en observant n'importe quelle cathédrale ou église que l'on a remplie de décorations païennes. La dimension et les proportions primitives du bâtiment sont entièrement détruites. Autant que partout ailleurs peut-être, ceci peut se remarquer dans l'église de Saint-Bavon, à Gand. Cette église ne paraît pas la moitié aussi large qu'elle l'est réellement, et le chœur en particulier souffre des constructions de marbre dont il est environné. Celles-ci sont faites sur une échelle tellement plus grande que l'église, qu'elles détruisent complètement le magnifique effet qui se produirait si l'on restaurait les anciennes stalles. Le maître-autel, comparé à la dimension de l'abside, est si gigantesque que, toute vaste qu'est réellement cette abside, elle est réduite à un simple enfoncement par cette construction écrasante. Combien il est regrettable que l'admirable tableau de Van Eyck, l'adoration de l'agneau, ne soit pas replacé dans sa position primitive au-dessus du maître-autel, au lieu d'être caché dans une chapelle obscure et entouré de piliers et d'un cadre en bois marbré !

même des miroirs, cause de distractions — des anges à l'attitude théâtrale et indécente — les oreilles flattées par une musique légère et lascive — en un mot, tous les sens affligés par tout ce qui est hideux, inconvenant et scandalisant, par tout ce qui est propre à détruire le respect, à étouffer la dévotion, à éteindre la générosité — spectacle insultant pour Dieu, contristant pour les anges, et honteux aux yeux des hommes. Doit-on s'étonner que la foi décline, que la charité se refroidisse, que l'incrédulité augmente, que l'hérésie persiste à ne pas se rallier à l'Eglise, que l'immoralité éhontée règne partout? Oh! si nous pouvions seulement voir une de ces cathédrales si maltraitées dans toute son ancienne gloire, comme nos cœurs brûleraient au-dedans de nous du désir de repousser toutes ces abominations, de quelle indignation ne serions-nous pas animés contre les horribles outrages dont nous sommes témoins !

Autrefois il n'en était pas ainsi; autrefois les hommes avaient plus de foi et d'amour, et la maison de Dieu était le vivant témoignage de ces grâces. Décrivons succinctement une antique cathédrale, telle qu'elle était aux jours de sa gloire. — Vues à une certaine distance, les anciennes églises offrent un aspect extérieur d'une magnificence inexprimable. Les villes qui s'élèvent autour d'elles n'ont plus qu'une physionomie insignifiante; le puissant monument domine tout autre édifice, proclamant par sa grandeur la sainteté du but auquel il est destiné; masse grande et imposante, ce monument étonne le spectateur avant qu'un seul trait ou détail soit distinctement visible. Mais dès qu'on approche de près, que d'innombrables beautés s'offrent à la vue! Quelles masses grandioses et quels ornements compliqués! Quel travail prodigieux et quel art consommé se combinent ici! Voyez ces statues de saints personnages qui remplissent chaque niche à dais et ornent chaque pinacle : des prophètes, des apôtres, des évangelistes, des martyrs, des papes, des évêques, de saints rois et de saints confesseurs, hommes glorieux qui enseignèrent la vraie foi, qui moururent pour elle et la transmirent d'âge en âge! Quels bas-reliefs curieusement travaillés et quelles merveilleuses images couvrent les côtés coupés à angles des trois énormes portails de la façade occidentale! tous les sujets en racontent quelques traits de l'Écriture Sainte, de sorte que dans un seul vaste tableau le catholique peut voir représentée l'histoire de l'Église et des saints hommes sur les traces desquels il s'efforce humblement de marcher. Au-dessus de la porte centrale on voit le divin Rédempteur dans toute sa majesté céleste; les saints et les esprits des bien-heureux occupent le second plan; des anges et des chérubins, courbés devant le trône dans l'attitude de l'adoration, s'avancent des niches des arches environnantes; tandis que dans le compartiment inférieur les morts sont représentés sortant de leurs tombeaux et le monde rassemblé attendant le jugement dernier. Ce sujet formidable était toujours placé dans cette situation apparente pour rappeler au genre humain la récompense sans fin ou le châtiment éternel qui lui était réservé. Immédiatement au-dessous, sur un pilier central qui divisait la porte d'entrée, sous un dais superbe se trouve placée une image de la Sainte-Vierge, portant dans ses bras l'enfant divin, tandis que l'ennemi des hommes sous la forme d'un dragon hideux est foulé à ses pieds et se tord dans l'agonie sous la puissance qui l'a vaincu. Il n'est point d'espace qui ne soit occupé par un sujet donnant quelque leçon de morale bien édifiante. C'est ainsi que, lorsque le peuple s'approchait du seuil sacré, on préparait son esprit aux saints mystères qui se célébraient à l'intérieur.

Plaçons-nous maintenant nous-mêmes dans une telle disposition d'esprit, et entrons dans l'édifice sacré. Quelle perspective se déroule tout-à-coup devant nos yeux! Une avenue de majestueux piliers et de fûts groupés, de quelques centaines de pieds de longueur, et terminée par une abside dont les arches et les ailes rayonnantes produisent une combinaison d'effet dont rien n'égale la variété et la richesse. Sur les côtés l'œil se perd dans des ailes étendues et des chapelles se succédant les unes aux autres, tandis qu'au-dessus, à une hauteur énorme, se courbe une voûte de pierre, soutenue en l'air et coupée par des ramifications moulées courant se concentrer en bosses de pierre d'une finesse exquise. Entre les meneaux alongés des fenêtres on voit des masses étincelantes aux teintes les plus riches ; des champs entiers d'images brillantes resplendissent devant nous, jetant sur tout l'édifice les reflets les plus variés et l'effet le plus enchanteur.

A mesure que vous avancez, les immenses transepts, semblables à de nouvelles églises, s'ouvrent à votre regard, terminés, chacun, par une fenêtre circulaire gigantesque, remplie de reseaux rayonnants et de vitraux éblouissants. Devant vous se trouve un écran perforé ou un jubé du travail le plus précieux, qui sépare le chœur du corps de l'église. Là, le sculpteur a prodigué son art le plus merveilleux, et les plus petits détails de l'ouvrage rivalisent avec la ciselure si bien finie des portes de bronze qui pendent à l'intérieur. Au-dessus du jubé est placé un crucifix colossal ; des anges planent autour du Rédempteur, recevant le précieux sang, et au pied de la croix se dressent les statues de la Sainte Vierge et de l'apôtre bien-aimé, abîmés dans la douleur que leur cause le triste spectacle ; le tout est environné de flambeaux de cire portés sur des branches nombreuses.

A travers les arches du jubé on découvre le chœur ; une longue succession de stalles, enrichies de sculptures et surmontées de dais légers et élevés, borde les côtés ; sur des lutrins et des aigles d'airain sont posés de massifs volumes garnis d'argent, des psautiers et des antiphonaires ; chaque page en étincelle de riches enluminures, ouvrage de quelque artiste du couvent ; au plafond sont suspendues des couronnes pour des bougies, tandis que des lampes d'argent et de grands étendards de cuivre entourent l'autel. Juste au centre de l'abside s'élève le maître-autel, où conduit un perron long et haut ; le frontel en est composé de métaux précieux enchâssés et garnis de joyaux ; à l'intérieur reposent, enfermées dans de riches cassettes, les vénérables reliques des saints et des martyrs, tandis qu'au-dessus se dresse un ciboire ou un dais de la ciselure la plus merveilleuse et de la matière la plus riche.

Des tentures et des étoffes précieuses, des reliquaires et des bustes d'or et d'argent, des figures aux draperies somptueuses, de grandes bougies de la cire la plus pure, des tapis de Perse ajoutent à la beauté du lieu sacré. Il n'est point de déscription qui puisse donner une juste idée d'un tel autel. Des chandeliers d'or et d'argent, des groupes de sculpture en ivoire, des panneaux émaillés des teintes les plus riches, du drap d'or et des broderies en argent massives, tout concourt à produire un splendide effet, tandis que le pavement environnant est enrichi de mosaïques ou de carreaux aux couleurs brillantes. Au-delà et pour ainsi dire dans la perspective lointaine, se trouve la chapelle de Notre-Dame, où, depuis l'Annonciation de l'ange Gabriel jusqu'à l'Assomption dans le ciel, est retracée l'histoire de la sainte mère de Dieu. Au-dessus du sol et travaillée avec une habileté étonnante, s'élève une niche à dais, où apparaît la vierge sainte avec son divin enfant, richement peinte ou couverte de plaques d'argent et chargée de joyaux, ou drapée dans des soies de damas et d'or de Chypre. Autour d'elle s'exhale la senteur des fleurs les plus douces, des lumières étincellent et des bannières flottent dans l'air. Puis s'étendent en divergeant les chapelles qui entourent l'extrêmité occidentale, pourvues, chacune, d'un riche autel, sur lequel on offre chaque jour le saint sacrifice pour les âmes des fidèles trépassés, dont on voit les images sculptées dans une position couchée sur les tombes à dais placées à l'entour — des prélats, des prêtres, des rois, des nobles, des chevaliers. Le temps viendrait à me manquer si je voulais entreprendre la description de la moitié des beautés renfermées dans un seul de ces merveilleux monuments. Les orgues qui s'avancent, hautes et splendides, au-dessus des entrées; les lampes d'argent qui brûlent perpétuellement devant les châsses et les autels; les tryptiques représentant les souffrances de Notre Rédempteur et la vie et les actions des saints; les armoires massives des sacristies avec leur contenu précieux : tout cela est digne de la plus haute admiration. Chaque coin est rempli d'objets qui méritent l'investigation la plus minutieuse. Chaque tombeau est une histoire édifiante — chaque fenêtre est un chapitre instructif — chaque relief, chaque chapiteau contient quelqu'emblême moral ou religieux profitable à l'étude. Depuis la moindre broderie d'un vêtement, depuis l'enluminure d'un missel jusqu'à la pesante croix qui surmonte la flèche aérienne, nous pouvons découvrir que la dévotion envers Dieu fut le sentiment qui fournit les fonds et inspira les idées et les travaux des artistes. Et comme le plan et l'arrangement de ces églises sont heureusement combinés, comme ils sont admirablement appropriés à leur sainte destination! Dans les tranquilles profondeurs de ces chapelles, voyez comme les fidèles s'empressent de s'assembler pour le sacrifice, agenouillés devant les divers autels, où aux heures fixées arrivent les célébrants vêtus d'aubes flottantes et de chasubles d'ample forme et couvertes d'images sacrées. — Voyez comme ceux qui implorent la mère de Dieu se réunissent en foule autour de son autel et de son image et présentent leurs offrandes votives, pénétrés de reconnaissance pour l'assistance déjà reçue. Mais c'est au jour d'une fête solennelle que ces glorieuses églises se montrent dans toute leur splendeur. Aussitôt que la voix grave des cloches aux pesantes volées descend des hautes tours, conviant le peuple à la solennité, toute la cité accourt à flots pressés dans l'enceinte du vaste édifice. Les milliers y succèdent aux milliers, mais l'aire est si étendue qu'à peine elle paraît remplie. Le maître-autel n'est qu'une masse étincelante de lumière, d'innombrables flambeaux brûlent tout autour, de longues lignes de tapisseries brodées de sujets historiques pendent de pilier en pilier et bordent chaque muraille. Des guirlandes de fleurs s'entrelacent dans les réseaux des écrans. Les orgues lancent des masses sonores de mélodie; on entend le plain-chant du chœur, et d'un pas lent et solennel la procession s'avance. Une longue file de vénérables ecclésiastiques passe, formant une suite splendide, avec des jeunes gens et des assistants en surplis flottants; de saintes reliques, renfermées dans des châsses d'or et d'argent et étincelantes de pierreries, sont promenées, objet de la vénération du peuple, tandis que de nombreux flambeaux de cire brûlent autour d'elles et que l'encens odoriférant s'échappant des encensoirs d'argent parfume la route traversée. Et alors on offre le sacrifice ou l'on donne la bénédiction avec une solennité qui confond la pensée humaine. La splendeur de la messe est d'un éclat inconcevable, et pendant que s'accomplit le saint sacrifice au milieu de la vapeur de l'encens et du rayonnement des flambeaux, et qu'au même instant et réunis dans une même enceinte, des milliers de fidèles adorent l'hostie sacrée, l'ensemble de cette scène est si imposant et si éblouissant que c'est comme quelque brillante vision des gloires célestes.

Voilà une faible esquisse de la solennelle majesté des grandes églises érigées par nos ancêtres catholiques aux âges de foi, aux jours de leur gloire. Voilà le noble contraste qu'offrirait leur restauration avec leur aspect dégradé et misérable des temps presents. Je vais passer maintenant à quelques détails d'une église qui montreront comment le principe païen a eu pour effet de corrompre et d'avilir tous les objets auxquels il a été appliqué.

AUTELS.

Les esquisses ci-annexées prouvent la vérité de ma proposition beaucoup mieux que des paroles ne pourraient le faire. Sur l'une des planches on voit représentés des autels catholiques, tels qu'ils étaient dans leur état primitif. Celui en pierre est l'ancien maître-autel de l'abbaye de Durham, en Angleterre, lequel existe encore, mais naturellement fort mutilé par les hérétiques anglicans, qui le possèdent en ce moment. L'autre est un petit autel, tel qu'il a pu s'en trouver dans plusieurs chapelles ou églises de village. Dans tous deux, chaque partie respire l'esprit de pureté et de vénération; les saints mystères sont représentés d'une manière mystique et dévote ; les vêtements amples et modestement drapés des figures, l'attitude pieuse et placide des anges, les rideaux, le fronton brodé, les chandeliers et la croix

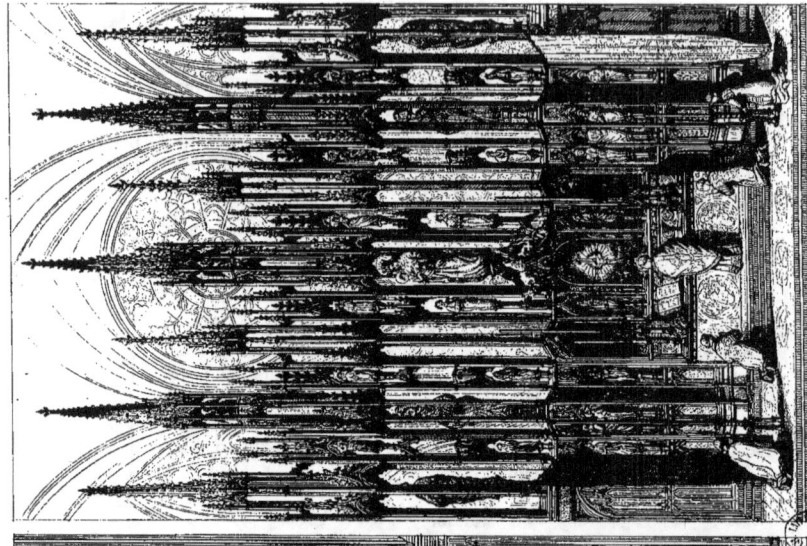

UN MAÎTRE-AUTEL AVEC RETABLE EN PIERRE.
UN PETIT AUTEL AVEC RETABLE EN BOIS.
EXEMPLES D'ANCIENS AUTELS.

AUTELS MODERNES EN STYLE PAIEN.

sont tous en harmonie avec l'antiquité et les sentiments catholiques. Les autels figurés sur l'autre planche sont d'après le style de ceux qu'on emploie de nos jours à des usages catholiques, mais d'un style dégénéré et profane. Dans l'un et l'autre on découvre l'effet du paganisme restauré. Le costume libre et indécent et l'attitude des figures, prétendus portraits de saints, mais qui sont toutes des copies déguisées des impurs modèles de l'antiquité païenne ; les détails classiques dépourvus de toute signification propre, le goût bas et frivole des ornements qui conviennent mieux à un boudoir à la mode qu'à un autel pour le sacrifice, tout prouve l'absence totale d'idées d'art vraiment catholiques. *

TABERNACLES.

Aucune partie de l'ameublement d'une église moderne n'est aussi affligeante à voir que le tabernacle. C'est à peine si l'on en trouve un qui réponde à beaucoup près à son but, qui est d'être le trône royal de Dieu sur la terre. Il est étrange qu'on ne puisse pas trouver de modèle plus convenable qu'un temple païen, qui souvent encore n'est pas fait de matériaux bienséants. Des dômes supportés par des colonnes — d'énormes cylindres avec un appareil artificiel pour exposer le Saint-Sacrement — d'immenses boîtes carrées hérissées de pilastres tout autour — le temple des vents en miniature — quelquefois un je ne sais quoi ayant deux étages, l'un pour le ciboire, l'autre pour l'ostensoir — de petits buffets avec un crucifix gigantesque au sommet, de sorte qu'il est difficile de dire s'il y a un tabernacle ou non — objets qui pour la plupart supportent des images monstrueuses ou des pots de fleurs artificielles (indignité à peine croyable infligée au St-Sacrement)

---

* Il peut être bon de rappeler ici que les cadres en bois si généralement employés en France et en Belgique devant le front d'un autel sont expressément défendus. Voyez un passage du *Ceremoniale* que nous avons cité page 131, ligne 13 : *Nullœ tamen coronidœ ligneœ etc.*

et dont un bon nombre sont faits de planches de sapin commun, barbouillées de peinture ou marbrées. — Toutes ces misérables nouveautés remplacent les majestueux tabernacles du moyen-âge.* Aussi longtemps qu'il reste des modèles tels que le tabernacle de Louvain, ceux de Saint-Laurent et de Saint-Sebald, à Nuremberg, ou celui de l'hôpital Saint-Jean, à Bruges, les hommes sont inexcusables de recourir aux temples des divinités impures du paganisme pour y chercher à imiter un tabernacle pour le vrai Dieu. Et pour ce qui est de ces boîtes à l'aspect trompeur et révoltant que l'on emploie trop souvent, il faudrait épuiser tout le vocabulaire de l'indignation pour les condamner comme elles le méritent.

IMAGES.

Les saintes images sont destinées à honorer les personnages qu'elles

---

* Qu'est-ce qui peut donner un chagrin plus réel à tout catholique réfléchi que la négligence et le manque d'honneur avec lesquels on traite la réservation du Très-Saint-Sacrement ? Tandis que l'Église déclare (*Ceremoniale Episcoporum lib.* 1 *cap.* XII.)qu'il est digne de la place la plus noble dans l'église et qu'il doit être gardé « in alio sacello, vel loco ornatissimo, cum omni decentia et reverentia, » nous le trouvons souvent caché derrière le maître-autel ou dans quelque partie écartée de l'église ou bien gardé dans deux places ; et cela le plus souvent dans un tabernacle fort indigne, privé de tout ornement, sans voiles ni tapisseries, — quelques vieux chandeliers malpropres, — le ciboire même sans voile, contrairement à la règle prescrite par le Rituel romain, qui ordonne de le couvrir « albo velo » ; ensuite il est prescrit que *trois lumières* doivent brûler perpétuellement devant le Saint-Sacrement, et que plusieurs lampes doivent pendre autour du maître-autel, qui toutes doivent brûler pendant les vêpres et la messe solennelle. Que voyons-nous en général ? Pas une lampe devant le maître-autel et une seule lampe devant le Saint-Sacrement ; et encore cette lampe se trouve dans un état négligé et désagréable, et la lumière placée de manière à ce qu'on ne la voit pas. Chaque autel où le Saint-Sacrement est exposé ou renfermé, doit aussi être garni d'un dais ou baldaquin, et à Rome il est d'usage de ne jamais transporter le Saint-Sacrement sans une « umbella. »

ANCIEN TABERNACLE A LOUVAIN.

ANCIENNES IMAGES DES SAINTS.

IMAGES DES SAINTS MODERNES.
IMAGES DES SAINTS MISES EN CONTRASTE.

représentent, à nous donner d'eux une idée élevée et à exciter notre dévotion envers eux. Comment un seul de ces buts est atteint par les images modernes, voilà ce qui est malaisé à dire. Déjà dans le cours de cet ouvrage il a été fait mention des modèles païens impurs d'après lesquels les artistes de la renaissance exécutaient les figures, non seulement de saints et d'hommes pieux, mais même de la Sainte-Vierge et des personnes de la Sainte-Trinité : et l'on doit reconnaître en effet que telle est la rage moderne pour habiller des figures de bois sous prétexte de représenter les saints, que c'est pour combattre ce mal plutôt que tout autre qu'il semble important d'appeler de nouveau l'attention sur les solennelles images anciennes. On ne saurait rien objecter contre la coutume de draper les images; mais on doit le faire avec goût et discernement et en se guidant d'après les autorités compétentes. Le mal a été effroyablement exagéré par les sociétés de dames dont les intentions valent mieux que le jugement, et qui paraissent poussées par une véritable folie dans leurs efforts à se surpasser les unes les autres pour procurer à la Sainte-Vierge des robes et des voiles d'une coupe à la mode. Et on ne peut rien imaginer qui déroge davantage à l'honneur de l'auguste reine du ciel que d'orner un simple bâton ou tronc ayant des mains, des pieds et une tête, du costume ordinaire du jour, pour ne rien dire de l'apparence théâtrale et de poupée produite dans la plupart des cas par des vêtements unis, par le calicot, le clinquant, les fleurs artificielles et le carton. De pareils étalages exhalent au contraire le ridicule, dégradent la religion, provoquent les railleries des hérétiques et ne font qu'encourager l'incrédulité : il paraît presque impossible d'en parler avec trop de sévérité. Les anciennes images étaient d'une bonne matière, élégamment sculptées et richement peintes et dorées, quelquefois même couvertes de plaques d'argent et ornées d'orfrois brodés et parsemés de joyaux. Ensuite, aux jours de fête on les drapait souvent de manteaux brodés d'or ou faits de quelque autre riche étoffe, qui, tout en découvrant la figure, donnaient une splendeur nouvelle à l'image elle-même. Des diadèmes de métal d'un beau travail, enchassés de pierres précieuses et embellis d'émaux, étaient placés sur les têtes de la Sainte-Vierge et de son divin enfant; des rideaux descendaient du plafond, suspendus à des couronnes de métal; les fleurs les plus agréables se mêlaient à d'innombrables flambeaux, dont la lumière répandait des teintes d'or sur des bannières et des tentures du plus fin travail à l'aiguille. Quelque simple qu'il fût, chaque objet était bon du moins, et Dieu et les saints étaient honorés par la gloire et la beauté de leurs symboles terrestres. Mais tout cela s'est évanoui, et l'on paraît complètement satisfait si l'on parvient à élever quelque déplorable figure, qui certainement déshonore Notre-Dame tout autant qu'elle choque et offense tout catholique sensé. Ceci devient plus particulièrement évident au mois de mai, alors que l'appareil le plus dénué de goût se déploie dans les églises et que l'on fait en calicot et en autres friperies une dépense annuelle qui serait plus que suffisante pour payer une belle image et une niche à dais, richement peinte et dorée.

Autrefois les saints étaient toujours représentés d'une manière conventionnelle et avec leurs emblêmes dans leurs mains ou à leurs pieds. Pour qu'on ne puisse dire que nous critiquons et blâmons la manière de représenter les saints personnages sans en indiquer une autre et une meilleure pour la remplacer, nous avons ajouté, dans un appendice à la fin de notre volume, une liste d'emblèmes sacrés qui figurent les mystères de la passion de Notre-Seigneur, ainsi que ceux qui appartiennent à la Sainte-Vierge et à différents saints. — On les trouvera, nous en sommes certains, fort utiles et fort intéressants.

CHAIRES.

Les chaires forment une partie si remarquable de l'ameublement moderne d'une église que l'on s'attend sans doute à nous voir consacrer quelques lignes à ce sujet.

Comme les anciens artistes se conformaient dans leurs plans au principe vrai de ne décorer que ce qui est essentiellement utile, on ne perdait pas de vue la destination primitive des chaires autant qu'on le fait de nos jours, et les énormes masses qu'on trouve si généralement aujourd'hui dans nos églises n'avaient pas été introduites. A vrai dire, elles n'avaient pas encore été inventées. Les anciennes chaires étaient beaucoup plus simples dans leur construction, et elles étaient pour la plupart attachées à un pilier avec un escalier tournant à l'entour. Quelquefois elles étaient construites contre le pilier de l'arche qui divisait la nef du cœur, les degrés qui y conduisaient étant taillés dans le pilier ou dans la muraille. Elles ne formaient donc pas l'objet le plus apparent de l'église, comme le font les chaires modernes avec leur déplaisante parure d'arbres, d'oiseaux et d'anges-cupidons. Leur échelle et leurs proportions, aussi bien que leurs ornements et leurs détails, étaient en harmonie avec le bâtiment où elles étaient placées, et avec les usages auxquels elles devaient servir. Aussi la construction entière avait-elle un aspect essentiellement religieux et chrétien. Ceci néanmoins ne les empêchait pas d'être très-richement sculptées. Les quatre évangélistes et les quatre docteurs de l'Église faisaient très fréquemment partie du dessin des chaires de la classe la plus riche. Des sujets convenablement choisis dans l'Écriture sainte, tels que Saint-Jean-Baptiste prêchant dans le désert, le Sauveur prêchant au mont des Oliviers, ou bien tirés de l'histoire ecclésiastique, tels que Saint-François et Saint-Dominique, tous deux prêchant, étaient sculptés dans des panneaux profondément creusés. Des chaires plus simples étaient faites de panneaux enrichis de réseaux et de monogrammes.

Au temps passé, les chaires furent quelquefois érigées à l'extérieur. Celles-ci appartenaient généralement à quelque monastère ou à quelque maison collégiale. Un beau spécimen de chaire à l'extérieur existe à Saint-Lo, en Normandie, et un autre au collège de Sainte-Marie Madeleine, à Oxford. Il est probable que l'origine de cette espèce de chaires se rattachait à quelque indulgence ou à quelque fête où le peuple accourait en foule.

En un mot, les anciennes chaires étaient, comme toutes les autres choses se rapportant à la religion dans ces jours de foi, parfaitement appropriées à la destination qu'elles devaient recevoir, et bien qu'elles fussent, ainsi que nous l'avons dit, fréquemment sculptées avec beaucoup de munificence, et même parfois ornées de joyaux et surmontées de dais qui s'élevaient jusqu'à la voûte, cependant les sages architectes de ces temps-là, se rappelant que la prière était le principal objet pour lequel ils s'assemblaient à l'église, réservaient leur travail le plus glorieux, le plus précieux et le plus magnifique pour l'autel où l'on offrait chaque jour le saint sacrifice, pendant lequel ils se réunissaient pour adorer le Sauveur qui daigne descendre parmi les hommes. Ils ne dépensaient donc pas des milliers d'écus pour une chaire, tandis que leurs autels étaient en briques ou en planches badigeonnées — ou que leurs tabernacles étaient de bois de sapin dans la forme d'un temple païen en miniature et peint à l'imitation du marbre.

Un très grand nombre d'anciennes églises, particulièrement les petites, n'avaient point de chaires : le prêtre prêchait debout devant l'autel ou devant l'écran du chœur, sous la grande croix. Dans quelques églises la galerie du jubé servait de chaire.

Mais de cette absence de chaires on ne doit pas conclure que les hommes d'alors étaient *moins parfaitement instruits* qu'ils ne le sont aujourd'hui. Les hommes parlaient moins et agissaient davantage. Ils peuvent, il est vrai, avoir eu moins de *connaissances,* mais ils croyaient que les connaissances ne sanctifient pas nécessairement l'âme, et ils pratiquaient infiniment mieux ce qu'ils connaissaient, comme le prouve le nombre immense de leurs ouvrages qui restent même après que les révolutions et le temps et l'infidélité et le mauvais goût ont fait ce qu'ils ont pu pour les détruire et les empêcher d'être vus.

Les chaires modernes en général sont faites sur une échelle si énorme qu'elles détruisent entièrement les proportions du bâtiment où elles sont placées. Et là où l'on a essayé de produire autre chose qu'une sorte de grand jardin zoologique ou botanique avec des chênes et des feuilles d'if et de vigne, le tout entremêlé de cupidons et d'oiseaux de toute espèce, placés sur les branches, * ce qu'on a enfanté est malheureusement toujours plus propre à exciter le mépris qu'à honorer l'art chrétien. Les dessins et les sujets sont toujours si mal choisis et si complètement hors de leur place qu'ils confirment ce que nous avons dit précédemment, qu'en traçant les plans d'une église et de tout ce qui s'y rapporte, les artistes n'ont plus produit que des œuvres fausses et avortées dès le moment qu'ils se sont départis des anciennes traditions ecclésiastiques et qu'ils se sont laissés aller à la révolte de leur jugement particulier et de leur goût dépravé.

En faisant ces observations nous voulons nous mettre à l'abri du danger d'être mal compris et de laisser croire que nos paroles impliquent la moindre dépréciation de *l'exécution très-soignée* des ouvrages modernes de ce genre. Il y a une grande distinction à faire entre l'excellence de *l'exécution* d'un ouvrage et *sa convenance* au but et à

* Chacun peut se convaincre de la vérité de cette observation en une promenade d'une seule matinée dans les églises de l'une ou l'autre des grandes villes de la Belgique. Dans telle église, on peut trouver une espèce de musée zoologique avec toutes sortes d'oiseaux sur la balustrade de la chaire; dans telle autre, des têtes d'anges en forme de cupidons s'entrelacent avec des nuages pour former les barres; dans une troisième, nous avons un globe terrestre étalant extérieurement plus d'une erreur géographique, creux en dedans et suspendu au mur pour porter le prédicateur. Pour plus de variété encore, dans une quatrième église, nous trouvons la chaire supportée par une jeune dame la tête couverte d'un casque et debout sur le globe dans une position fort dangereuse. L'artiste semble avoir eu recours aux idées orientales pour la chaire de l'église de la chapelle, l'une des plus belles des anciennes églises ogivales de Bruxelles; là, le dais surmontant la tête du prédicateur est supporté ou par des cannes de bambou d'une grandeur démesurée ou par des cocotiers en miniature, avec un ange tout nu suspendu par devant et s'efforçant de soulever une draperie de bois fort rétive, le tout ayant une ressemblance assez désagréable avec une de ces petites baraques qu'on promène dans les rues avec polichinelle. La chaire de l'église de Notre-Dame de Finestère est bien pire encore que celles que nous venons de décrire.

la place pour lesquels il est destiné. Et comme les églises ne sont pas de simples musées d'art, nous sommes excusables de condamner des chaires qui ne conviennent ni aux édifices sacrés où elles sont placées, ni à aucun lieu de culte chrétien.

CLOCHES.

On peut se borner à dire quelques mots de ces beaux accessoires d'une église catholique. — On a fait de grands efforts pour ressusciter le ton exquis des anciens fondeurs. Et comme la prédilection du peuple pour les carillons a contribué à attirer l'attention générale sur cette matière, on peut espérer qu'un progrès considérable a déjà été accompli.

Les inscriptions coulées sur les anciennes cloches étaient presque toujours fort belles. Il n'en reste qu'un petit nombre, attendu que les cloches ont été généralement enlevées pour en faire des canons pendant les troubles révolutionnaires sur le continent. On peut cependant citer comme échantillons celles qui suivent :

Trinitate sacra fiat hæc campana beata.
Vox Augustini sonet in aure Dei.
Sit nomen Domini benedictum in nomine Petri.
In Thomæ laude resono bim-bom sine fraude.
Nomen Magdalena campana genus melodia.
Defunctos ploro, vivos voco, fulgura frango.
Nosjungat thronis vere thronus Salomonis.
Agnus Sancte Dei, duc ad loca me requiei.
Nomen Sancte Jesu, me serva mortis ab esu.
Sanguis Xti, salva me! Passio Xti, conforta me!
Te laudamus et rogamus.   Première cloche.
Nomen Jesu-Christi.   Deuxième cloche.
Ut attendas et defendas.   Troisième cloche.
Nos a morte tristi.   Quatrième cloche.

Sancta Maria sanam serva campanam.
Protege, Virgo pia, quos convoco, Sancta Maria.
Est michi collatum IHS hoc nomen amatum.
Virgo coronata, duc nos ad regna beata.
Sancta Katerina, ora pro nobis.

Sainte-Catherine est la patronne ordinaire des cloches : la raison en est peut-être que la roue sur laquelle la sainte souffrit le martyre ayant été brisée par la foudre, on considéra Sainte-Catherine comme la protectrice naturelle contre le feu du ciel. Peut-être aussi est-ce parce que les cloches sont suspendues à une roue.

Sancta Maria, ora pro nobis.
Michaele te pulsante Winchelcombe a petente dæmone tu libera.
O Kenelme nos defende ne maligni sentiamus focula.
Missi de cœlis habeo nomen Gabrielis.
Hac in conclave Katerinam pango suave.
Sonitus Ægidii conscendat culmina cœli.
Dulcis sistra melis campana vocor Michaelis.
In multis annis resonet campana Joannis.
Dudum fundabar : Pauli campana vocabar.
Sum Rosa pulsata mundi Maria vocata.
Hac non vade viâ nisi, dicas Ave Maria :
Sit semper sine me qui michi dicat Ave.

C'est-à-dire, sans moi comme cloche funèbre.

Det sanctum plenum ihc et modulamen amœnum.

Il s'agit dans tous ces exemples de cloches nommées d'après leurs patrons. — Quelquefois des sentences pieuses sont seulement inscrites comme :

Spiritus alta petat : dæmon peccata resumat.
Laus domini nostra mobilitate viget.
Cœlorum, Christe, placeat tibi Rex sonus iste.
Misericordias Domini in æternum cantabo.
Laudo Deum verum, plebem voco, congrego clerum :

Defunctos ploro, pestem fugo, festa decoro.
On doit vivement regretter qu'à la place de ces pieuses légendes on inscrive d'ordinaire sur les cloches modernes les noms des fondeurs ou des marguilliers, ou bien quelque rimaille de la pire espèce.

MONASTÈRES ET COUVENTS.

Toutes les fois qu'un pays s'est converti à la foi chrétienne, il s'est trouvé des hommes pieux et d'une grande munificence qui se montraient jaloux de fonder et de doter un nombre considérable de maisons religieuses, et c'est aux travaux des habitants de ces saintes demeures que nous sommes redevables, non seulement de la conservation et du progrès de la littérature et des sciences, mais encore de la conception et de l'exécution partielle des grands édifices ecclésiastiques eux-mêmes, ainsi que des ornements exquis et précieux dont ils furent remplis. Par le zèle et l'industrie infatigables de ces solitaires, délivrés de tous les soucis mondains et mis à même de vouer leur vie entière à l'étude de tout ce qui était admirable et sublime, leurs églises s'élevèrent avec une splendeur gigantesque, et les dépôts de leurs sacristies se remplirent de vases sacrés et de vêtements somptueux, dont les précieuses matières n'étaient surpassées que par les formes exquises que le travail leur avait données; en même temps les rayons de leurs bibliothèques gémissaient sous le poids d'une masse d'énormes volumes, dont le moindre, pour être achevé, avait demandé des années d'une application laborieuse et incessante.

Ce serait un thème sans fin que de s'étendre sur tous les avantages dont ces splendides établissements furent la source; qu'il suffise d'observer que ce furent leur charité et leur hospitalité sans bornes qui aidèrent le plus puissamment l'indigence. Ils étaient à la fois un foyer d'instruction pour la jeunesse et une paisible retraite pour l'âge mûr, et les vastes résultats que les corps monastiques ont produits dans toutes les classes d'art et de science, prouvent l'excellent usage qu'ils

COUVENT DE L'IMMACULÉE CONCEPTION A SILEBY, ANGLETERRE.

GRANDE ABBAYE DE BÉNÉDICTINS AVEC ÉGLISE.

COUVENT DE TRAPPISTES.

COUVENT DE NOTRE DAME DE MISERICORDE A BERMINGHAM

COUVENT DE SŒURS DE CHARITÉ A LIVERPOOL

faisaient de tout le temps qu'ils ne consacraient pas à la dévotion et aux devoirs particuliers de leur ordre. Il est réellement incompréhensible que la gloire et la beauté des anciens monastères aient fini par être mal appréciées par leurs habitants. Avant que les sacrilèges impiétés des huguenots et des protestants les eussent ravagés, le paganisme s'y était glissé et avait commencé à supplanter le caractère sévère et harmonieux de l'architecture monastique. La rage du fanatisme s'exerça trop souvent sur des objets qui n'auraient pas échappé longtemps à l'influence pestilentielle des idées et du goût païens, qui se propageaient rapidement en Europe et qui hâtèrent enfin la destruction de l'art chrétien tout autant que la violence révolutionnaire. On eût dit que, par un soudain et juste châtiment, le Tout-Puissant, privant les hommes des gloires que son inspiration pouvait seule avoir produites et qu'ils avaient cessé de tenir en estime, ne nous avait voulu laisser qu'un petit nombre de restes précieux pour raconter la splendeur évanouie. Les hérétiques ont fait seulement tout d'un coup ce que les catholiques étaient en voie d'accomplir eux-mêmes, et la contemplation de la dégénérescence moderne tend à soulager l'angoisse que nous font éprouver les ravages de l'hérésie. Dans ce qui reste des abbayes de France l'arche ogivale de l'architecture de Saint-Louis se mêle aux compositions fantastiques de François 1er et à l'ultra-paganisme du *grand monarque*. Après le fatal concordat, beaucoup de ces maisons jadis fameuses ne firent plus que languir jusqu'à leur suppression définitive en 1790. De grandes masses de bâtiments italiens modernes, * à l'aspect hideux et rem-

* Dans l'abbaye de St-Ouen, à Rouen, une espèce de palais, aujourd'hui l'hôtel-de-Ville, fut érigé pour servir de résidence au petit nombre de moines qui habitaient cette maison fameuse pendant le XVIIme siècle; ceux-ci ayant abandonné toutes les prescriptions régulières du cloître, residèrent dans des suites séparées d'appartements spacieux, et tandis qu'ils dépensaient une somme immense pour leur luxe personnel, ils laissèrent l'extrémité occidentale de leur église sans rivale dans l'état inachevé où elle se trouvait avant le concordat, et que le montant des sommes

plies de vastes appartements en style païen avaient été ajoutées au réfectoire et au dortoir conventuels, *ou même les avaient remplacés*, et assez souvent les moines dégénérés avaient, autant que possible, transformé l'ancienne et solennelle église en un bâtiment semi-païen ou italien, en entourant les piliers de pilastres, en introduisant des arches à plein cintre sous les arches ogivales, et en déguisant les traits originels sous des festons, des nuages et d'autres monstruosités semblables.

Et jusqu'à nos jours le principe païen à exercé son effet, a été accueilli et choyé et a servi de guide pour les travaux dans toutes les maisons religieuses. Les traditions monastiques se sont entièrement perdues, et l'on ne trouve plus nullepart le plus faible reflet de l'ancienne splendeur conventuelle. C'est en vain que l'on cherche la noble église pour laquelle toutes les ressources de l'art avaient été prodiguées, et où l'on pouvait entendre chanter chaque jour les offices divins par les religieux, assis dans les stalles antiques : l'imposante maison chapitrale — le réfectoire avec son toit élevé et sa haute cheminée — les cloîtres calmes et paisibles — le cimitière solennel avec son calvaire et les pieux monuments des frères trépassés : tout,

qu'ils prodiguèrent dans ce logement irrégulier aurait suffi à compléter. Le contraste entre l'église abbatiale de St-Denis, près de Paris, et les bâtiments monastiques construits sous le règne de Louis XIV est douloureusement frappant. La première est un noble spécimen d'architecture conventuelle, érigé sous les auspices de l'illustre Suger ; les seconds ne sont qu'une espèce de caserne, que rien dans son architecture et ses dispositions ne distingue des hôtels de cette époque.

La vénérable abbaye de Jumièges fut défigurée par des constructions semblables, que l'on retrouve dans tous les édifices abbatiaux de France. A St-Waudrille, abbaye près de Caudebec, sur la Seine, qui date de la plus haute antiquité chrétienne de Normandie, tous les bâtiments monastiques, à l'exception des cloîtres, furent reconstruits au XVIIme siècle dans le plus mauvais style de l'architecture française; et l'ancienne maison chapitrale, qui renfermait les tombeaux de *plusieurs abbés canonisés*, fut démolie et remplacée par une chambre toute moderne, tandis que les restes des illustres et saints trépassés furent traités avec une irrévérence presque calviniste et dispersés parmi les décombres.

tout s'est éclipsé, et on ne voit plus rien que quelques misérables bâtiments badigeonnés, des fenêtres et des portes murées, des niches et des images détruites, l'ancienne église tombant en ruines ou défigurée par toute espèce d'ornements païens, un amas de décombres plus grand que partout ailleurs, à peine une croix ou un symbole religieux, soit à l'intérieur, soit à l'extérieur. *

Les révolutions ont eu, à la vérité, une large part dans l'œuvre maudite, mais nous ne devons jamais oublier que le même principe païen qui finit par amener les hommes à secouer et à concourir à détruire *toute* religion, se montra d'abord dans les hautes régions ecclésiastiques — dans des maisons religieuses et des églises vénérables — et que là il travailla sourdement, jusqu'à ce qu'il fût poussé par des disciples moins scrupuleux à sa conséquence naturelle, l'infidélité.

Les objets extérieurs de la religion furent d'abord rendus païens par des moines et des ecclésiastiques, les hommes burent le poison que leur offrait cette métamorphose, et ils devinrent réellement païens de cœur, et, comme le serpent de la fable, ils mordirent la main qui les avait choyés. Oh! si les hommes d'autrefois avaient pu seulement voir le terrible résultat de ce principe fatal, comme ils auraient frémi à la pensée des maux qu'ils infligeaient à l'Église! Plût au ciel qu'ils eus-

---

* Il est affligeant de voir les choses les plus belles et les plus précieuses traitées en plus d'un lieu comme de *simples ouvrages d'art*, et devenir ainsi presque aussi inutiles que la jambe ou le bras d'un ancien dieu païen. A l'hôpital Saint-Jean, à Bruges, par exemple, la magnifique châsse de Sainte-Ursule, avec ses peintures par Memling, est gardée, veuve de reliques, dans une espèce de musée sous un étui de verre, comme si les catholiques avaient répudié toute vénération pour les reliques et qu'on n'eût plus besoin de châsses. Ensuite, dans le même local, la chapelle renfermant plusieurs beaux restes d'antiquité, a ses fenêtres orientales murées et obstruées par l'autel, une masse lourde et désagréable de marbre, tandis que dans le musée un des plus beaux triptyques du monde, peint par Memling, est conservé uniquement pour être montré comme un ouvrage d'art. Ces objets ne sont plus regardés comme étant d'aucun usage en tant qu'offrandes à Dieu ou véhicule de dévotion, mais on les place pêle-mêle avec des productions inférieures comme des raretés artistiques.

sent prêté l'oreille à ce grand champion et martyr de la vérité, Savanarola, le moine dominicain, qui, en prêchant ses premiers sermons à Florence, prédit la prochaine désolation, et après avoir retracé dans le langage le plus puissant le formidable danger de la rage, alors dans sa nouveauté, pour le style classique et païen, qui commençait à usurper la place de l'art et des sentiments chrétiens, s'écria : « Par vos continuelles études de ces choses et votre négligence des sublimes vérités de la foi catholique, vous rougirez de la croix du Christ et vous vous imprégnerez de l'esprit orgueilleux et luxurieux du paganisme, jusqu'à ce que, faiblissant dans la foi et les bonnes œuvres, vous tombiez dans des hérésies et dans l'infidélité elle-même. »

ÉGLISES PAROISSIALES.

Tout ce qui vient d'être dit au sujet des cathédrales s'applique avec une égale force aux églises paroissiales. Il y a cependant dans ces dernières constructions quelques absurdités d'arrangement sur lesquelles il peut être utile d'appeler l'attention, puisqu'elles montrent à quel degré d'incohérence nous sommes parvenus. Toute église paroissiale, comme on l'a dit plus haut, possédait autre fois un jubé érigé entre la nef et le chœur, afin de séparer le lieu du sacrifice, ainsi que le clergé et ses assistants, des laïques qui s'assemblaient pour y être présents. Sur ce jubé était placé *un calvaire*, ou bien l'image de Notre-Seigneur attaché à la croix, avec celles de la Sainte-Vierge et de Saint-Jean de chaque côté. Ces figures étaient de grandeur naturelle, et souvent richement ornées d'or et de couleurs. De longs flambeaux de cire, étincelant parmi des branches fleuries, étaient allumés les jours de fêtes solennelles. Des parties de la messe et des offices, l'évangile, la passion, etc., se chantaient au jubé, qui était un des traits les plus imposants d'une ancienne église. Ce n'était donc pas sans raison que nos ancêtres érigèrent ces splendides jubées, dont il existe encore un si grand nombre, et quelques-uns même dans le plus

EGLISE PAROISSIALE.

CHAPELLE DE VILLAGE AVEC CHANTIERS DE FAMILLE.

EGLISE DE VILLAGE.

CHAPELLE ATTACHÉE À UNE EVÊCHÉ.

beau style de l'art chrétien. Les anciens jubés étaient réellement des histoires et des leçons en pierre — des livres où le peuple lisait les mystères de la religion et les douloureuses souffrances du Christ. Mais même ces glorieux monuments du crucifiement, dont la position annonçait d'une manière figurée que la croix seule peut assurer notre admission dans le ciel, ont été barbarement détruits ou mutilés, ou bien ils ont été restaurés, mais restaurés avec toutes les inconséquences et toutes les inconvenances du paganisme, ils sont devenus les constructions incommodes que nous voyons aujourd'hui. Le grand crucifix, vers lesquels se tournaient méditativement tous les yeux, les images et les lumières qui l'entouraient, tout cela s'est évanoui, et le jubé est aujourd'hui une simple galerie d'orgue obstruant l'entrée du chœur et détruisant l'effet de la plus belle église. Ceci a pour conséquence que les chantres, au lieu d'être dans les stalles en soutane et en surplis, sont cachés dans la galerie, et que le chœur est trop souvent rempli de laïques, que le jubé avait pour objet d'exclure lorsqu'ils portaient le costume commun. C'est ainsi qu'une erreur en enfante une autre. Pour rendre les choses pires encore, dans beaucoup d'églises où une de ces énormes constructions intercepte presqu'entièrement le chœur, on n'a qu'à traverser les ailes de celui-ci, et l'on voit *tous les écrans au-delà des stalles enlevés*, de sorte que qui le veut peut marcher droit au maître-autel lui-même sans aucun empêchement.

Et si, pour augmenter la vénération et la solennité, il est désirable d'entourer d'écrans le chœur et le sanctuaire, il est également nécessaire de protéger de la même manière les autels de moindre degré. Le saint sacrifice de la messe n'est ni moins imposant ni moins admirable lorsqu'on l'offre en silence dans une messe basse, qu'il ne l'est au milieu des accessoires splendides d'une grande cérémonie, et c'est pourquoi l'usage moderne de placer partout dans l'église des autels sans écrans est des plus répréhensibles, et présente un pénible contraste avec la respectueuse coutume ancienne.

Nous ne pouvons quitter cette partie de notre sujet sans revenir à la manière dont on effectue les réparations et les restaurations modernes et au système de bâtir des églises et des chapelles.

1° *Réparations.* Lorsque le paganisme commença à s'introduire dans l'Église, les hommes n'avaient pas encore abandonné le principe de consacrer *à Dieu ce qu'il y a de mieux en toute chose* et de n'épargner aucune dépense pour procurer les objets précieux nécessaires à son service. Quoi que l'on puisse dire du goût de ces objets, et quelque condamnable que soit l'esprit qui en sanctionna l'introduction, on doit reconnaître qu'ils sont riches et précieux. Il faut en effet qu'on y ait prodigué des sommes considérables, qui eussent largement suffi pour produire les œuvres les plus somptueuses de l'art chrétien. Mais on ne peut voir sans regret la manière vraiment mesquine dont se font tant de réparations modernes. Si un mur, un toit ou n'importe quel ouvrage en pierre demande à être réparé, on a une sorte de remède infaillible à la main sous la forme de badigeon, de stuc et de peinture, et il n'arrive que trop souvent que toute convenance et toute décence sont sacrifiées dans l'application de pareilles matières. Les portes de sapin commun, barbouillées d'une peinture grise — les fenêtres à chassis, les cheminées, etc., que l'on voit dans presque toutes les anciennes églises, sont certainement des preuves affligeantes, je ne dirai pas de notre esprit, mais de notre manque de respect et de gratitude — manque de respect envers Dieu, dont la maison devrait être entretenue plus dignement — manque de gratitude envers nos aïeux catholiques, qui nous ont laissé tant de marques glorieuses de leur foi sublime, de leur dévotion et de leurs talents.

2° *Restaurations.* Le grand défaut dans presque toutes les restaurations, c'est le peu d'égard qu'on a pour les anciens modèles. Que ce soit l'effet de l'orgueil ou de l'aveuglement, il est certain qu'on a à regretter la nature très peu satisfaisante de plusieurs travaux récents de ce genre. Je suis tout disposé à accorder qu'en certains lieux il y a aujourd'hui une grande amélioration, et que la partie mécanique de l'architecture commence à être mieux comprise, mais ce sont les principes qui dominaient les anciennes productions, et l'âme qui respire dans toutes les œuvres d'autrefois qui font si misérablement défaut; et on ne peut les reconquérir que par la restauration des anciennes idées et des anciens sentiments. Ce sont eux seuls qui peuvent rendre l'architecture ogivale à son glorieux état de jadis, sans eux, tout ce qui se fait sera une copie tiède et sans force, vraie pour tout ce qui se rapporte au mécanisme du style, mais complètement dépourvue de ce sentiment et de cette expression qui distinguent l'art ancien.

C'est pour cette raison que la plupart des restaurations modernes laissent si immensément à désirer. Ces ouvrages, en ce qui concerne la reproduction des moulures, des crochets, des pinacles, du relief, etc., sont passablement bien exécutés, mais en eux-mêmes ils sont généralement maigres et pauvres, sans une parcelle du sentiment ancien. Dans les restaurations de Sainte-Gudule, à Bruxelles, par exemple, il est à peine une chose qui soit digne d'éloges. Il y a des moulures qui *prennent* l'eau, au lieu de la rejeter, et des crochets qui semblent avoir été faits pour la même fin. Lorsque des crochets rampent sur un pignon ou un pinacle escarpé, ils doivent en quelque sorte s'y coller, et ne pas replier leur cou en arrière, comme s'ils essayaient de s'en arracher. Il est évident que l'architecte ne comprend pas les principes d'après lesquels s'ordonnent ces diverses traits d'un bâtiment.

Et du moment que l'on fait l'essai de quelqu'ouvrage dont il ne reste que peu d'anciens modèles, alors le caprice de l'auteur du plan se met en révolte, presqu'aussi vigoureusement que l'ignorance du plus obscur architecte de village. Rien ne saurait être de plus mauvais goût que quelques-uns des modernes autels gothiques restaurés. Dans la cathédrale d'Anvers, il y en a un aussi mauvais qu'il est possible de l'être; on en voit un autre dans l'église de la Chapelle, à Bruxelles, dont les chandeliers ont deux jambes et un tronc pour s'y appuyer, la partie qui fait face au public étant seule dorée. C'est une grande pitié aussi que le nouvel autel gothique à Sainte-Gudule, à Bruxelles, soit susceptible de tant de critique. C'est un dessin qui demande essentiellement à être construit en pierre, et il est exécuté en bois, il n'offre pas la moindre ressemblance avec les anciens retables de bois et il est défectueux dans bien des détails. Nous présumons que la niche travaillée à réseaux ouverts est destinée pour la croix de l'autel, laquelle sera enlevée pour faire place à l'ostensoir pendant la bénédiction. Ceci serait absolument mauvais, parce que ce serait rendre le tabernacle la partie la moins apparente de la construction, tandis qu'il doit naturellement occuper la place la plus rélevée et qu'on doit y consacrer la richesse principale. D'ailleurs ce serait traiter le tabernacle comme s'il était tout uniment la base de la croix de l'autel ; et ceci est en désaccord complet avec la dignité et le respect que l'église prescrit d'observer dans la réservation du Saint-Sacrement. Une niche est destinée à protéger contre la poussière et à servir de dais à tout ce qui y est placé. Elle doit donc être fermée au sommet, tandis que le dais de la niche où le Saint-Sacrement est destiné à reposer est formé de réseaux ouverts. * C'est là un grande inconséquence. En outre la niche est beaucoup trop grande à proportion du tabernacle, qui à ce que nous supposons, est un simple buffet de dessous que l'on distingue à peine.

* Le dessin et l'idée sont, il est vrai, malheureux, mais comme on a dépensé une somme d'argent considérable pour cet ouvrage et que l'on a apporté beaucoup de goût et de patience dans son exécution, nous ne voulons pas le critiquer sans suggérer un remède. Ce qu'on pourrait faire de mieux ce serait de placer un tabernacle de cuivre doré enrichi d'émaux et de joyaux dans la niche, et de border celle-ci d'un petit baldaquin de soie blanche pourvu de monogrammes, de manière à former un rideau devant le tabernacle. Ceci conjointement avec la peinture et la dorure ajouterait grandement à l'apparence de l'ouvrage, et remplirait en même temps l'intention de l'Église qui demande que le tabernacle soit entouré d'un voile. Nous craignons, d'après ce que nous avons appris, que les chandeliers qui ont été commandés pour cet autel ne soient une étrange déviation des vrais principes. On peut les couvrir de crochets gothiques en miniature, de portails, de fenêtres et de pinacles, mais c'est précisément ce qui en fera des *chandeliers non-gothiques*. On dit en outre qu'ils doivent être de bois, ce qui est positivemnt mauvais. Nous ne voyons pas qu'on fasse des préparatifs pour pendre des lampes dans cette chapelle, ce qui pourtant devrait naturellement avoir lieu.

En effet, on ne saurait déterminer si c'est réellement le tabernacle ou s'il est seulement destiné à en avoir l'apparence, car il y a une énorme armoire en fer dans la muraille derrière l'autel. Si l'on avait réellement l'intention d'ériger un tabernacle, celui-ci devrait naturellement être l'objet le plus proéminent de la composition entière, et le dais pour l'ostensoir devrait s'élever bien au-dessus de sa hauteur actuelle — s'il en était autrement, la base de la niche avec ses réseaux et ses portails en miniature ne devrait pas non plus *avoir l'air* d'un tabernacle mal conçu et mal dessiné. Ensuite les petites niches et les autres ornements ne sont nullement bien disposés : *ils ne naissent pas naturellement les uns des autres,* mais on dirait qu'ils ont été faits séparément, puis réunis ensemble ; dans un endroit, un contre-fort s'élève tout droit à travers un dais. Il est vrai qu'il existe peu d'anciens retables, mais il en reste assez pour montrer le type d'après lequel ils doivent être modelés ; c'est pourquoi des productions aussi défectueuses que celle qui fait l'objet de notre examen, sont loin d'être excusables. C'est à regret que nous faisons ces remarques, car, l'extrême beauté de l'exécution matérielle doit faire éprouver à chacun la plus grande admiration pour ceux qui s'en sont chargés. *

_{* Nous traitons ici de la sculpture en bois; aussi est-il de notre devoir de ne point passer sous silence une critique dont sont susceptibles les belles stalles récemment construites dans la cathédrale d'Anvers. Nous avons d'autant plus de regret à le faire que nous admirons hautement le talent et le goût dont a fait preuve l'auteur de ces ouvrages, aussi bien que la noble ardeur avec laquelle la restauration a été entreprise. En architecture chaque détail doit avoir une signification ; mais quelle est donc celle de ces stalles du milieu qui de chaque côté s'élèvent à une hauteur qui dépasse si fort les autres ? A quels dignitaires sont-elles destinées ? Si elles doivent être occupées, pourquoi ne sont-elles pas pourvues d'un siège semblable à celui des autres ? Mais la place envahie par le pilier est telle qu'il ne reste pas d'espace pour un siège, et, lors même qu'il en serait autrement, ceci empêcherait toujours les ecclésiastiques de passer dans les autres stalles. Nous présumons que l'architecte a pensé que le pilier nuisait au coup-d'œil de son plan, et qu'il a eu recours à cet expédient afin de se débarrasser de l'inconvénient qu'il redoutait. Pourquoi ne pas élever un jubé et reculer sous celui-ci les stalles maintenant placées au milieu, à l'endroit le plus éloigné de l'autel et qui doit être réservé pour le doyen et le sous-doyen ? Dans des ouvrages de ce genre il est préférable de ne pas voir tant de pièces sculptées séparément et rapportées avec de la colle ou des clous.}

Si dans ce cas et dans d'autres semblables, on voulait seulement examiner *ce qui est nécessaire*, et puis rechercher *quelque modèle existant* dans une ancienne église pour l'étudier attentivement et l'adapter au but qu'on se propose, on éviterait toutes ces bévues. Dans la cathédrale de Cologne, à Nuremberg, à Bamberg, à Strasbourg, à Ulm et dans plusieurs autres églises d'Allemagne et de France, et même en Belgique, on trouve encore les plus magnifiques modèles de stalles, de retables et de toute espèce d'ouvrages en bois; et aujourd'hui que la sculpture en bois est en voie d'être si bien comprise en Belgique, il est bon de diriger l'attention vers ces restes précieux. Une autre remarque que nous pouvons faire c'est que toute sculpture de ce genre demande à être relevée par l'or et la couleur. Sans cet embellissement, elle est imparfaite, quelque bien exécutée qu'elle soit d'ailleurs. On ne doit jamais oublier que, bien qu'un retable en bois soit fort convenable et même extrêmement beau, il est cependant incontestable qu'il est entièrement contraire à l'esprit de l'église de construire en bois l'autel lui-même : *Altare debet esse lapideum.* (Rub. miss. rom.)

3° *Construction d'églises.* Nulle part peut-être le contraste entre nos ancêtres et nous n'est aussi affligeant. Combien doit avoir été noble, généreux et enthousiaste l'esprit des anciens ecclésiastiques, dont les ouvrages survivent encore, splendides monuments de leur dévouement et de leur dévotion. Considérez un instant quelles sommes énormes doivent avoir été dépensées pour produire ces cathédrales gigantesques, cette masse d'églises paroissiales, ces chapelles exquises, ces somptueux autels. Quel abandon de la fortune privée, quel sacrifice de capitaux, quelle sévérité pour soi-même, quel zèle ardent pour la religion! Comment se fait-il donc que, tandis qu'anciennement toutes les classes concouraient avec une bonne volonté si cordiale pour embellir le séjour de la présence de Dieu, nous ayons de nos jours si peu d'exemples d'une dévotion semblable? Quelles églises modernes peuvent être comparées aux anciennes? Bien plus, lorsque, malgré les déstructions si nombreuses, toute la chrétienté est encore couverte de nobles bâtiments, prenons-nous seulement la peine de les entretenir d'une manière convenable? Autrefois les artisans donnaient leur travail, les propriétaires du sol, du bois et des pierres; les métiers se cotisaient pour offrir de magnifiques fenêtres, les riches donnaient leur argent, les offrandes affluaient de toute part pour revêtir de beauté et de gloire la maison de Dieu. Hélas! que le contraste est contristant! Combien de fois le clergé n'éprouve-t-il pas la plus grande difficulté à recueillir une somme qui puisse suffire au respect et à l'honneur que réclame le culte divin? La construction des églises, comme tout ce que le zèle ou l'art produisirent aux jours passés, n'est-elle pas tombée au niveau d'un simple trafic? Quand prend-on en considération la sainteté de l'entreprise? Quand consacre-t-on au bâtiment à construire la composition la plus noble de l'architecte ou l'habileté la plus merveilleuse de l'artiste? On ne se préoccupe, au contraire, que d'une chose, du *minimum* dont on pourra se contenter, et chaque fenêtre, chaque moulure, chaque ornement doit forcément correspondre avec cette évaluation misérable. Et combien d'églises et de chapelles chétives ne voit-on pas disséminées dans le pays, * véritable déshonneur

---

* On peut citer la nouvelle église de Saint-Boniface, à Ixelles, près de Bruxelles, comme un spécimen d'église gothique moderne. L'architecte a donné ses soins principaux à la façade du côté de la rue. La position de l'église à l'est et à l'ouest est pour lui sans conséquence. Il y a un fronton de pierre auquel le reste de l'édifice et l'intérieur ont été complètement sacrifiés; ils sont aussi communs et aussi faux que le ciment et le stuc peuvent les rendre. Du côté de la rue, l'église a de grandes prétentions à paraître une nef à doubles ailes de chaque côté, avec cinq portails pour l'entrée et des portes veinées à l'imitation du chêne; mais, à un examen plus attentif, on reconnaît que l'aile extérieure de chaque côté est une pure tromperie; sans parler de la façon ridicule dont elles s'avancent au-delà du reste de la façade: l'une des ailes n'est rien qu'un masque pour déguiser la maison curiale, à laquelle son portail sert d'entrée de derrière; l'autre cache le toit plat et la nudité de l'ouvrage en briques, dont est fait le reste de l'église. — Du côté de la rue la façade montre cinq pignons gothiques escarpés, mais en regardant derrière, on découvre

pour le siècle, et sous le rapport de leur composition et sous celui des misérables sommes allouées pour leur construction, tandis que pour en tracer le plan aucun compte n'a été tenu de la propriété ou de la convenance ? Quelques-unes ont des portiques de temple grec, sur-
que ce ne sont que des murs élevés au-dessus du toit réel, qui est du faîte le plus bas possible; le haut pignon de la nef a été fort ingénieusement imaginé pour cacher un petit clocher à briques rouges, qui sort du toit juste derrière le pignon d'une manière fort simple et très-peu prétentieuse, et que l'architecte semble avoir ainsi arrangé parce qu'il ne savait comment le traiter *naturellement*, en plaçant soit une tour sur le côté, soit un campanille au sommet du pignon. — Au lieu d'être couvertes de gonds curieux en fer, les portes occidentales sont formées de panneaux carrés avec des moulures grecques et elles sont coupées de niveau à la naissance de l'arche (la partie supérieure n'étant rendue ogivale que pour l'ornement), expédient auquel on paraît avoir eu recours, soit parce que les constructeurs ne savaient comment faire ouvrir une porte ogivale, soit parce que les portails étaient trop hauts pour admettre la galerie de l'orgue.

Les portes de la sacristie regardent du côté de l'orient (la seule direction dans laquelle elles ne doivent pas être) avec un tuyau sous le chœur pour passer de l'une à l'autre sacristie. Ces portes sont d'une proportion aussi malheureuse que les portes à l'occident, elles se trouvent avoir environ trois pieds en largeur et onze pieds en hauteur. Comme une église gothique moderne exige que l'on assortisse toutes choses deux à deux, nous avons une seconde aile à chaque côté, deux sacristies, une de chaque côté du chœur, deux autels latéraux, avec des portes très ingénieusement inventées *derrière eux* pour entrer dans les sacristies correspondantes; naturellement, comme toutes ces portes ne font pas face à la rue, elles n'ont pas même la forme ogivale et elles sont remplies par des panneaux de sapin les plus communs et les plus minces. On n'entre point de l'église dans la sacristie sans passer par le chœur, ce qui est un grand défaut. Celui-ci et les chapelles latérales, placées pour se faire pendant, sont entourés d'arcades en plâtre, surmontées d'un crêtage et de bouquets sans pareils dans les annales des boutiques de ciment pour la difformité et la disproportion.

Les autels sont d'un dessin païen, aussi bien que tout leur ameublement, et, comme le tabernacle, ils sont de bois de sapin peint pour le moment à l'imitation du marbre blanc; le frontel de l'autel latéral est de papier à tapisser de l'espèce la plus commune. Il n'y a que deux reliefs d'achevés au toit, juste ce qu'il faut, à ce que nous supposons, pour montrer ce que l'architecte voudrait perpétrer s'il

montés d'un clocher à l'ensemble pitoyable et aux détails pires encore; d'autres sont un mélange de bâtiments grecs et italiens torturés; d'autres encore ont été bâties dans des styles absolument sans noms, et elles offrent les masses de construction les plus choquantes. Dans

avait les moyens de faire davantage. Un mal conduit à un autre : tout ce qu'il y avait de pierre a dû être employé pour la façade, de sorte que les piliers sont de briques enduites de plâtre, et par conséquent proportionnellement trop épais. La galerie de l'orgue repose sur des piliers romans avec une arche d'un cintre que nous osons dire n'avoir jamais été vu auparavant.

Nous avons de la peine à croire que la chaire et les confessionnaux soient d'une destination permanente; nous ne nous en occuperons donc pas autrement que pour dire qu'ils sont parfaitement assortis avec le reste du bâtiment. Quant à un écran avec son jubé, nous sommes certains qu'on n'y a jamais songé, car dans cette église modèle nous voyons annoncé sur un placard qu'il y a trois classes de prix pour les chaises, qui coûtent plus cher à mesure qu'elles se rapprochent du chœur et qu'elles sont pourvues de meilleurs coussins : le prix le plus élevé donne droit à une chaise dans le chœur!!

Il nous répugne d'attribuer les défauts du bâtiment à l'architecte, qui par le choix et l'exécution des détails dans la façade occidentale se montre capable de faire beaucoup mieux, et qui serait un allié précieux pour la bonne cause s'il voulait seulement à l'avenir prendre pour modèle quelqu'ancienne église en rapport d'échelle et de proportions avec celle qu'il se propose d'ériger, et qu'il consentît à suivre les principes des anciens artistes; s'il voulait seulement chercher à faire ce qui est positivement bien et correct plutôt que ce qui peut plaire pour le moment, et ne plus nous faire craindre qu'il ne se soit laissé persuader de combiner son bâtiment d'après le principe, que des artistes peignent quelquefois des portraits de famille en dépit de toute harmonie et de toute proportion : autant de peine, autant d'argent. Mais ceci à coup sûr est absolument indigne d'un architecte religieux : notre temps n'est pas celui des compromis. Un lourd fardeau de responsabilité s'attache à tout ce qui se fait de nos jours; et certes il serait désolant que l'érection de semblables caricatures du vrai style de l'art chrétien pût procurer un triomphe momentané aux ennemis de sa restauration. A vrai dire, le bâtiment dont nous venons de parler est sous tous les rapports un sujet si pénible que nous ne l'aurions pas mentionné, si en signalant l'erreur on ne contribuait pas grandement aux progrès de la vérité.

pour le siècle, et sous le rapport de leur composition et sous celui des misérables sommes allouées pour leur construction, tandis que pour en tracer le plan aucun compte n'a été tenu de la propriété ou de la convenance ? Quelques-unes ont des portiques de temple grec, sur-
que ce ne sont que des murs élevés au-dessus du toit réel, qui est du faîte le plus bas possible ; le haut pignon de la nef a été fort ingénieusement imaginé pour cacher un petit clocher à briques rouges, qui sort du toit juste derrière le pignon d'une manière fort simple et très-peu prétentieuse, et que l'architecte semble avoir ainsi arrangé parce qu'il ne savait comment le traiter *naturellement*, en plaçant soit une tour sur le côté, soit un campanille au sommet du pignon. — Au lieu d'être couvertes de gonds curieux en fer, les portes occidentales sont formées de panneaux carrés avec des moulures grecques et elles sont coupées de niveau à la naissance de l'arche (la partie supérieure n'étant rendue ogivale que pour l'ornement), expédient auquel on paraît avoir eu recours, soit parce que les constructeurs ne savaient comment faire ouvrir une porte ogivale, soit parce que les portails étaient trop hauts pour admettre la galerie de l'orgue.

Les portes de la sacristie regardent du côté de l'orient (la seule direction dans laquelle elles ne doivent pas être) avec un tuyau sous le chœur pour passer de l'une à l'autre sacristie. Ces portes sont d'une proportion aussi malheureuse que les portes à l'occident, elles se trouvent avoir environ trois pieds en largeur et onze pieds en hauteur. Comme une église gothique moderne exige que l'on assortisse toutes choses deux à deux, nous avons une seconde aile à chaque côté, deux sacristies, une de chaque côté du chœur, deux autels latéraux, avec des portes très ingénieusement inventées *derrière eux* pour entrer dans les sacristies correspondantes ; naturellement, comme toutes ces portes ne font pas face à la rue, elles n'ont pas même la forme ogivale et elles sont remplies par des panneaux de sapin les plus communs et les plus minces. On n'entre point de l'église dans la sacristie sans passer par le chœur, ce qui est un grand défaut. Celui-ci et les chapelles latérales, placées pour se faire pendant, sont entourés d'arcades en plâtre, surmontées d'un crêtage et de bouquets sans pareils dans les annales des boutiques de ciment pour la difformité et la disproportion.

Les autels sont d'un dessin païen, aussi bien que tout leur ameublement, et, comme le tabernacle, ils sont de bois de sapin peint pour le moment à l'imitation du marbre blanc ; le frontel de l'autel latéral est de papier à tapisser de l'espèce la plus commune. Il n'y a que deux reliefs d'achevés au toit, juste ce qu'il faut, à ce que nous supposons, pour montrer ce que l'architecte voudrait perpétrer s'il

montés d'un clocher à l'ensemble pitoyable et aux détails pires encore; d'autres sont un mélange de bâtiments grecs et italiens torturés; d'autres encore ont été bâties dans des styles absolument sans noms, et elles offrent les masses de construction les plus choquantes. Dans

avait les moyens de faire davantage. Un mal conduit à un autre : tout ce qu'il y avait de pierre a dû être employé pour la façade, de sorte que les piliers sont de briques enduites de plâtre, et par conséquent proportionnellement trop épais. La galerie de l'orgue repose sur des piliers romans avec une arche d'un cintre que nous osons dire n'avoir jamais été vu auparavant.

Nous avons de la peine à croire que la chaire et les confessionnaux soient d'une destination permanente; nous ne nous en occuperons donc pas autrement que pour dire qu'ils sont parfaitement assortis avec le reste du bâtiment. Quant à un écran avec son jubé, nous sommes certains qu'on n'y a jamais songé, car dans cette église modèle nous voyons annoncé sur un placard qu'il y a trois classes de prix pour les chaises, qui coûtent plus cher à mesure qu'elles se rapprochent du chœur et qu'elles sont pourvues de meilleurs coussins : le prix le plus élevé donne droit à une chaise dans le chœur!!

Il nous répugne d'attribuer les défauts du bâtiment à l'architecte, qui par le choix et l'exécution des détails dans la façade occidentale se montre capable de faire beaucoup mieux, et qui serait un allié précieux pour la bonne cause s'il voulait seulement à l'avenir prendre pour modèle quelqu'ancienne église en rapport d'échelle et de proportions avec celle qu'il se propose d'ériger, et qu'il consentît à suivre les principes des anciens artistes; s'il voulait seulement chercher à faire ce qui est positivement bien et correct plutôt que ce qui peut plaire pour le moment, et ne plus nous faire craindre qu'il ne se soit laissé persuader de combiner son bâtiment d'après le principe, que des artistes peignent quelquefois des portraits de famille en dépit de toute harmonie et de toute proportion : autant de peine, autant d'argent. Mais ceci à coup sûr est absolument indigne d'un architecte religieux : notre temps n'est pas celui des compromis. Un lourd fardeau de responsabilité s'attache à tout ce qui se fait de nos jours ; et certes il serait désolant que l'érection de semblables caricatures du vrai style de l'art chrétien pût procurer un triomphe momentané aux ennemis de sa restauration. A vrai dire, le bâtiment dont nous venons de parler est sous tous les rapports un sujet si pénible que nous ne l'aurions pas mentionné, si en signalant l'erreur on ne contribuait pas grandement aux progrès de la vérité.

quelques cas, l'architecte a essayé de donner à l'extérieur l'apparence d'une ancienne église ogivale, et, à force de déguiser tous les arrangements intérieurs, quelque chose de semblable à un extérieur ancien a été obtenu ; mais lorsqu'on voit l'intérieur, toute illusion s'évanouit, et l'on découvre que ce qui a jusqu'à un certain point l'apparence d'une ancienne église catholique, n'est en réalité qu'un plagiat rebattu d'un temple grec, adapté à des détails gothiques et rempli de toutes sortes d'ornements incongrus en stuc et en plâtre. De là tout cet amas d'absurdités et d'inconvenances qui, sous forme de décoration, abondent dans les églises modernes.

Que l'on ne suppose pas que nous voulions nier un seul instant que le sacrifice ou les prières qu'on offre dans l'édifice le plus humble qu'on puisse élever, soient aussi efficaces et aussi agréables que ceux qui émanent du monument le plus somptueux, alors que les ressources de la communauté ne permettent pas d'en construire un meilleur ; — cependant, aujourd'hui que le luxe excessif s'accroît partout et que les moyens et l'argent sont plus abondants que jamais, le triste aspect des bâtiments qu'on élève pour le culte divin et l'état négligé des anciennes églises accusent un manque total de zèle religieux et une tiédeur pour la gloire des cérémonies saintes qui doivent gravement offenser le Dieu tout-puissant. Pour ce qui est des sentiments avec lesquels les anciens ecclésiastiques entreprenaient l'érection de leurs églises, on peut aisément s'en faire une idée en consultant l'office solennel de la consécration.

STALLES POUR LES CÉLÉBRANTS.

Les stalles (*sedilia*) pour le clergé officiant ont presque généralement disparu des anciennes églises : c'est un fait des plus regrettables, et le pénible contraste entre ces sièges imposants et les chaises modernes n'est nullement en faveur de ces dernières. Autrefois ces stalles *ne se rencontraient pas seulement dans les églises d'un seul pays ou dans*

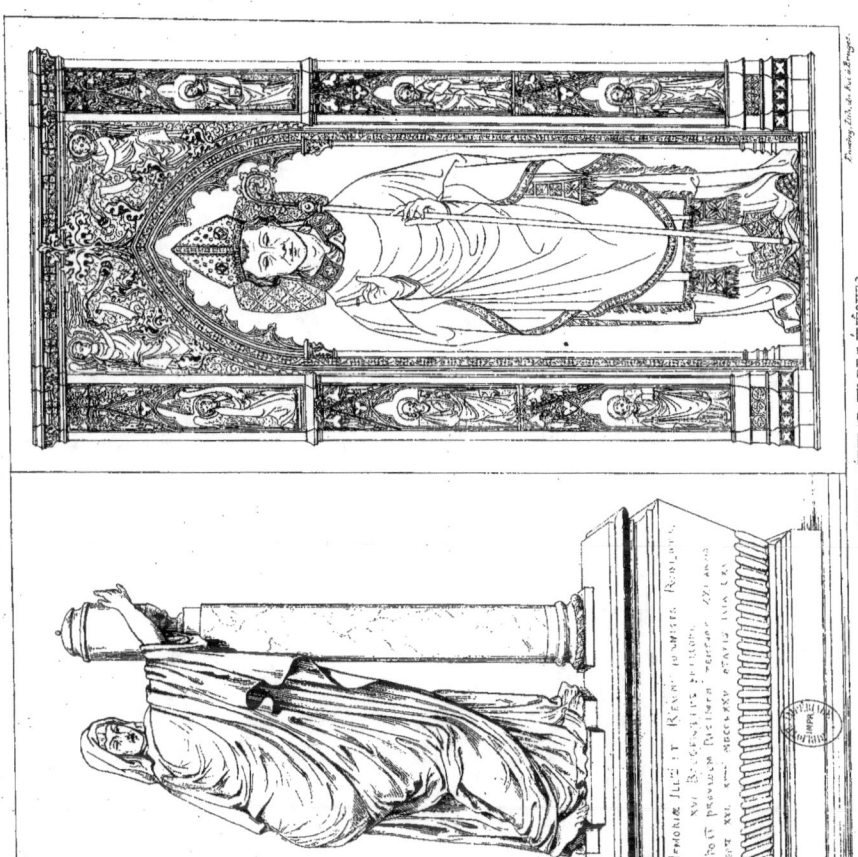

CONTRASTE DE MONUMENTS SÉPULCRAUX DES ÉVÊQUES.

CONTRASTE DE MONUMENTS SEPULCRAUX DE LAÏQUES DISTINGUÉS.

une classe particulière d'églises, mais presque sans exception dans toutes les églises grandes et petites. Si nous nous trouvions sous le chœur voûté d'une ancienne cathédrale aux jours de sa gloire, nous apercevrions toujours, du côté du sud, trois ou peut-être même cinq sièges à dais, s'élevant avec des pinacles et des fûts gracieux, et enrichis de couleur et d'or — places marquées pour le célébrant, le diacre et le sous-diacre, avec le prêtre assistant et le maître des cérémonies, pendant le chant solennel du *Gloria* et du *Credo ;* — ou si nous visitions les ruines des grandes églises monastiques, dont les voûtes massives se sont écroulées depuis longtemps et gisent amoncelées en verts monticules entre lesquels des arbres énormes ont poussé, ombrageant le monument et cachant jusqu'à l'emplacement de l'autel du sacrifice, nous découvririons même dans ces murs revêtus de lierre les sièges qui y sont sculptés et qui, surmontés de crochets et de bouquets, demeurent encore comme des témoignages de solennités disparues et de rites évanouis. De même, si nous nous rendons à quelque humble église paroissiale, petite dans ses dimensions, simple dans son plan et grossière dans son exécution, là encore nous pouvons retrouver souvent trois arches indiquant la place où s'asseyaient les anciens ecclésiastiques. Combien donc ne doit-on pas déplorer cet esprit d'innovation qui a banni les sièges et les arches et le dais et les emblèmes sacerdotaux pour y substituer un tabouret !

MONUMENTS FUNÉRAIRES.

Dans le cours de cet ouvrage, on a déjà dit quelques mots au sujet des monuments sépulcraux, pour montrer comment, en y appliquant les vrais principes, on pourrait les rendre plus solennels et plus touchants. Si l'esprit humain peut recevoir quelque consolation quand la mort nous sépare de ceux qui nous sont chers, si les terreurs du tombeau peuvent être dissipées, ce n'est que par la croyance dans cette communion spirituelle entre les vivants et les morts grâce à laquelle les prières des survivants soulagent les âmes souffrantes des décédés. Avec quelle beauté et quelle force les anciens tombeaux expriment cette doctrine consolante! *Orate pro animâ*, voila le commencement de presque toutes les inscriptions sur les tombes des morts. Point de catalogue pompeux de vertus et d'exploits, mais un humble appel aux prières des fidèles pour les âmes des hommes dont toute la conduite, pendant leur vie, fut souvent aussi exemplaire que l'humilité de leur demande après leur mort.

L'histoire du progrès des monuments funéraires est très curieuse. Les plus anciens *monuments* qui soient parvenus jusqu'à nous n'ont peut-être pas plus de mille ans — et les plus anciens sont de la forme la plus simple. Un cercueil de pierre est recouvert d'une seule dalle, qui porte aussi l'inscription, quelle qu'elle soit, qui sert à faire ressouvenir de l'habitant de l'étroite demeure qu'elle enclôt. On cite un roi d'Écosse qui dès le IXme siècle fit une ordonnance prescrivant d'orner de pareils cercueils du signe de la croix, comme une marque de sainteté que personne, sous quelque prétexte que ce fût, ne pouvait jamais fouler aux pieds — et il est probable que pendant plusieurs générations après cette époque on n'employa pour les tombes que des emblêmes purement religieux. Le signe de la croix continua pendant bien des siècles encore à être l'ornement le plus usité des tombeaux; mais peu à peu on y associa d'autres, destinés à désigner la profession de celui dont ils honoraient les cendres. C'est ainsi que l'on trouve la crosse et la mître, et quelquefois aussi le calice et la patène, sur la tombe d'un prêtre, d'un abbé et d'un évêque; le chevalier a sur sa tombe une épée, ainsi que son bouclier, d'abord sans ornements, mais chargé ensuite de ses armes. Parfois on découvre un essai d'allégorie religieuse sur les monuments même de ces temps reculés, tels par exemple, que la croix ou la crosse enfoncée dans la gueule du serpent, emblême indiquant la victoire de l'Église sur le démon. Ces devises et d'autres semblables se rencontrent avant que l'on songeât à représenter la figure humaine, et elles sont en bas-relief ou à contour dentelé.

Quelques dalles très-curieuses de cette espèce se conservent dans le voisinage de Liège.

Bientôt on y ajouta l'image de l'homme, dans une position couchée, revêtue du costume de l'individu commémoré; et cette figure, tracée d'abord en bas-relief, ne tarda pas à devenir une statue de grandeur naturelle. Le chevalier et l'ecclésiastique, tels qu'on les découvre aujourd'hui, ont un habillement si parfaitement conforme à leur ordre et à leur rang, que c'est de ces restes vénérables que l'antiquaire tire sa connaissance des costumes de cette époque.

Il se trouve aussi que l'état et le caractère des défunts sont désignés d'une manière plus précise : par exemple, les jambes croisées de ceux qui avaient fait le vœu d'un pèlerinage à la terre sainte. Fréquemment le lion, aussi bien que le serpent, se voit aux pieds de la figure couchée.

Pendant toute cette période, la tombe augmente graduellement en hauteur et en splendeur générale; les ailes des églises sont ornées de figures placées dans divers compartiments qui s'étendent dans des niches ou des panneaux, conformément au progrès du style et du dessin architectural; elles finissent par être surmontées d'une arche, basse d'abord et peu décorée, mais ensuite soigneusement travaillée dans la forme d'un dais somptueux.

Les tombeaux de cette espèce étaient innombrables, il y avait à peine une belle église dans le royaume qui n'en possèdait un ou plusieurs échantillons. Par degrés les allégories religieuses sur les côtés des tombes devinrent plus complètes. Il n'est pas fort rare, par exemple, de voir représenter l'âme du mourant conduite au ciel par des anges, tandis que le corps reste étendu sur la couche funèbre. Les enfants des défunts sont quelquefois représentés par de très-petites statues occupant les niches, ou bien on introduit des armoiries, mais sans profusion d'abord et portées sur la poitrine d'anges. Des anges supportent fréquemment aussi la tête de la figure couchée, aux pieds de laquelle se trouvent quelquefois un ou pulsieurs prêtres, un livre ouvert à la main. L'espace dans le mur derrière la tombe et au-dessous du dais admet des devises peintes, tantôt en fresque, tantôt en mosaïque, ou bien encore sculptées en relief.

Certaines circonstances introduites dans la sculpture offrent d'éloquentes leçons avertissant énergiquement l'homme de sa nature mortelle : par exemple, la figure du défunt est représentée presque réduite à l'état de squelette et couchée dans un linceul. Cela se voit aussi sur des tombeaux d'airain, un très-beau genre de tombeaux introduit vers ce temps-là. On trouve un petit nombre d'exemples où le corps ainsi représenté est placé au-dessous d'une statue de la personne vivante revêtue de tous les insignes de son rang et de son emploi. Le monument de l'évêque Beckington, dans la cathédrale de Wells, peut être cité comme un exemple de ce genre. Il consiste en un dais supporté par des piliers et érigé au-dessous des arches du chœur. Ce dais richement orné forme un toit dont le plafond est couvert de pendants qui se terminent en petits reliefs délicatement travaillés. Au milieu de tous ces riches ornements, l'évêque est représenté en *albâtre*, revêtu de ses habits pontificaux sur une grande dalle. Au-dessous de cette figure couchée sur un lit de parade se trouve une autre statue de pierre, représentant un cadavre ou un corps décharné, comme on en voit assez souvent sur des tombeaux d'ecclésiastiques, mais rarement sur les monuments de la noblesse. La dalle est supportée par de petits piliers et de petites arches formant un dais au cadavre placé au-dessous. On peut se dispenser de faire ressortir la morale que renferme un pareil monument.

Mais ce qui demande une attention particulière ce sont les figures couchées elles-mêmes : celles des morts en général sont représentées les mains jointes dans une attitude de prière ; mais s'il s'agit d'un évêque, la main droite est levée comme pour donner la bénédiction. Les statues d'un mari et de sa femme se voient toujours couchées dans une même tombe et dans la même attitude pieuse. Tout le tombeau, couvert d'emblêmes sacrés, devient ainsi un sujet d'édification et charme la vue.

Et vraiment il y a dans les monuments élevés à **des chrétiens** dans des églises chrétiennes un esprit de beauté et de **convenance** qui surpasse de bien loin ce que nous pouvons rencontrer aujourd'hui dans ces vaines et orgueilleuses vanteries de succès **profanes** et peut-être même coupables qui encombrent nos églises et nos **cimetières** modernes. C'est une pensée plus religieuse de rappeler ce qu'il y eut de saint dans l'homme chrétien, qui, quelqu'imparfait qu'il ait été, était néanmoins, à son titre de chrétien, saint dans un certain sens, et d'exprimer matériellement ce souvenir par un signe pieux tracé sur sa tombe, que d'oublier tout ce qui est chrétien et de ne célébrer que l'homme du monde et le pécheur.

Toutes somptueuses qu'étaient quelques-unes de ces dernières tombes, elles ne satisfaisaient pas encore les goûts grandioses de cette époque, et le dais prend les proportions d'une véritable chapelle, tantôt dans le vaisseau même de l'église, tantôt dans le voisinage immédiat de celle-ci, ou elle forme un bâtiment distinct et complet.

Mais de toutes les tombes de ces périodes successives, quel que soit le degré de leur splendeur, quelles que soient leurs dimensions et leur structure, ce qu'on peut affirmer à coup sûr c'est qu'elles s'harmonisent toujours parfaitement avec les bâtiments où elles se trouvent, et cela même alors que les changements des divers styles les ont entourées d'une architecture d'autant de caractères différents, et qu'elles ont été érigées peut-être dans un style plus nouveau à l'intérieur d'une église plus ancienne. La tombe des premiers temps est encore en harmonie avec l'aile, et les monuments des générations plus récentes ornent encore sans disparate la construction romane. Il y a de la diversité sans doute, mais il y a encore de l'harmonie, car toutes elles parlent toujours un langage conforme à la religion chrétienne.

De nos jours, les constructions sépulcrales des catholiques n'offrent plus la moindre affinité avec ces monuments touchants de la foi antique. Regardez un cimetière moderne, qu'y voyez-vous? De misérables tablettes dépourvues de tout sentiment chrétien — des épithaphes bien longues et bien insignifiantes — des urnes païennes — des torches renversées — des urnes lacrymatoires — des serpents entrelacés — des pavots et des colonnes brisées, emblêmes du sommeil éternel et des espérances détruites — des obélisques égyptiens — même le caducée de Mercure et le hibou de Minerve — les figures païennes de la renommée et de la force, d'énormes masses d'ouvrages en pierre de toute espèce de forme et de dessin. Pas un seul mot ni un seul signe qui attestent la foi et les espérances de celui qui est enterré là, pas un seul appel à la dévotion ni aux sentiments catholiques. Hélas! quel changement depuis les jours où les plus chères espérances des hommes se concentraient dans la religion! Le cimetière même est banni d'entre les habitations des hommes, loin de toute église, comme si la dissipation et la sensualité du siècle ne pouvaient pas supporter la vue de la mort. Anciennement l'enclos où se trouvait érigée une église était le lieu réservé par une consécration solennelle pour l'enterrement des fidèles. Il n'était pas, comme les cimetières modernes, divisé en compartiments pour des infidèles de toute espèce.

Et quoi que l'on puisse objecter contre les lieux d'enterrement au centre de villes populeuses, on doit cependant reconnaître que rien n'était plus propre à éveiller des sentiments graves et solennels que d'avoir à traverser l'asyle où reposaient les fidèles trépassés. Combien de fois le chrétien pieux n'est-il point porté à prier pour son frère décédé, lorsqu'il voit ces mots gravés sur sa tombe : « Au nom de la charité, priez pour mon âme.

Quelle foule de réflexions salutaires, quelles saintes méditations une croix sépulcrale ne peut-elle pas suggérer! Aux jours de foi la prière formait le lien de la communion entre les vivants et les morts. C'est dans ce temps passé, c'est lorsque l'on témoignait tant de respect pour les monuments et la sépulture des trépassés, que l'on pouvait dire avec assurance : « O sépulcre! où est ta victoire? O mort! où est ton aiguillon? » « Autrefois les hommes visitaient les sépulcres et les tombes et s'agenouillaient près d'eux ; aujourd'hui ils voudraient les fuir, et essaient de les exiler loin de leurs yeux comme des objets odieux et terrifiants, et, conformément à l'esprit du temps, qui s'efforce de rendre les églises gaies et agréables comme des salons d'assemblée, le souvenir même de la mort doit en être écarté, de peur que ceux qui visitent ces lieux ne soient choqués par la vue des tombeaux. C'est pourquoi un grand terrain de plaisance suffisamment éloigné de la ville est palissadé pour servir de cimetière, et chaque religion pourra y avoir son parterre séparé. On ne songe pas à y élever un noble édifice où l'on puisse offrir le saint sacrifice pour ceux qui reposent à l'entour, où les vivants puissent se réunir et être avertis qu'ils sont en communion avec leurs frères trépassés et qu'ils ont à prier pour eux.

Si d'autres motifs sérieux, si l'état populeux de nos villes et l'absence de précautions pour la santé publique exigent impérieusement d'éloigner les cimetières d'au milieu des vivants, nous avons le confiant espoir que dans les campagnes l'église paroissiale continuera à être entourée de son enclos consacré avec son champ de tombeaux au sentier serpentant, où le chrétien pieux puisse réciter un *De profundis* et un *Requiem* lorsqu'il se rend à la maison de prière; nous faisons des vœux pour que les branches de l'if solennel * ne cessent pas d'y ombrager le porche cintré.

Il était d'usage d'ériger une croix de pierre élevée sur des degrés du côté sud-ouest de l'église, pour indiquer le terrain béni : il n'en reste qu'un petit nombre, car la plupart ont été l'objet de destructions violentes.

Que l'on doive revenir à un style plus chrétien de monuments sépulcraux, maintenant que l'on revient à l'architecture du moyen-âge; que l'on doive répudier les tombes païennes, alors qu'on rejette les temples païens : voilà, pensons-nous, ce qui n'admet point de doute.

---

* Aux temps anciens l'usage de planter des ifs dans les cimetières était très-général; dans les pays du Nord, les branches en étaient portées, au lieu de palmes, dans les processions, le dimanche des Rameaux.

Nous ne prétendons pas dire que nous devions nous borner à être ici de serviles copistes; cependant nous avons tant perdu en fait de science gothique que nous sommes forcés d'en imiter le moindre détail, loin de pouvoir espérer de le surpasser; mais en fait de sculpture nous sommes capables de produire des œuvres meilleures à quelques égards que celles qui embellissent les tombes du moyen-âge; et ces œuvres plus parfaites peuvent s'adapter au caractère religieux du monument gothique.

Il n'est nullement nécessaire non plus de copier les allégories exécutées sur les monuments gothiques dans toutes leurs conditions; nous pouvons nous approprier ce qu'elles ont de de convenable à nos besoins, sans ce qu'elles offrent de grotesque; la transparence de leur signification, sans la rudesse de leur exécution; ce qui s'y trouve de sentiment, sans ce qu'il y a de repoussant; mais empruntons-leur tout ce qui est bon, avant de les mépriser pour ce qui était imparfait. Avec tous leurs défauts, nous avons plus à apprendre d'elles que nous ne trouverions à y condamner, si les hommes pouvaient seulement être convaincus combien il y a à condamner chez eux-mêmes. La vérité est que nous devons d'abord recouvrer le sentiment qui animait ceux qui déposaient les morts en terre bénie pour attendre le dernier jour comme le commencement de leur *véritable* grandeur, et qui leur apprit à baisser leurs regards vers la terre pour y chercher leurs épitaphes modestes, plutôt qu'à les lever pour lire leurs orgueilleuses prétentions et le récit arrogant de leurs exploits mondains.

Les hommes doivent apprendre et croire que les croix de bois avec le nom du défunt et un appel à la prière qui y sont peints ou taillés, que ces humbles signes, que trop de personnes aujourd'hui affectent de mépriser, sont bien préférables comme ornements des tombeaux à ces hideuses dalles perpendiculaires avec leurs inscriptions pompeuses, leur méchante poësie et leurs chérubins ridicules, à ces pierres dont les maçons se plaisent tant à encombrer nos cimetières. Ces croix sépulcrales sont plantées encore dans les villages et dans ces lieux écartés

VÊTEMENTS SACERDOTAUX D'APRÈS LES ANCIENS PRINCIPES.

qui sont restés jusqu'ici dans l'heureuse ignorance des urnes, des piédestaux, des piliers brisés et de tous ces emblêmes de mortalité * empruntés au paganisme et pour lesquels les artistes moderes ont abandonné les touchants monuments anciennement consacrés aux chrétiens trépassés.

VÊTEMENTS SACERDOTAUX.

Quelle que soit la classe d'ameublement ou d'ornement ecclésiastique sur laquelle nous portions notre attention, nous découvrons la même dégradation de l'art, le même abandon des vrais principes, la même difformité malheureuse. On aurait cru que dans les vêtements du moins on aurait conservé les anciennes traditions, d'autant plus qu'en ce qui les concerne l'Église laisse fort peu de latitude. Mais le contraste entre les habillements anciens et modernes est tout aussi affligeant que ceux que nous avons déjà signalés dans d'autres objets. Les chapes, les chasubles, les dalmatiques, les étoles, les manipules, les aubes, les surplis, les mîtres, les crosses pastorales, les voiles ont perdu toute beauté et toute convenance, et les misérables productions des temps modernes doivent d'autant moins échapper à la censure qu'elles compromettent surtout la dignité du sacerdoce.

Au point de vue du bon goût, nous ne pouvons pas supposer un seul instant qu'il se trouve quelqu'un pour préférer les vêtements modernes aux anciens. L'absence de draperie, la raideur du pan monté sur bougran, la matière vile et anticanonique des vêtements modernes suffisent amplement pour les condamner. Mais indépendamment de ceci, ils *sont absolument dépourvus de toute sanction,* sauf celle que

---

* Les artistes de nos jours adoptent si aveuglément les ornements et les idées de l'ancien paganisme, que l'on fabrique maintenant à Lyon une étoffe pour chapes dans laquelle on a introduit le *pavot, emblême du sommeil éternel,* au lieu de ces figures convenables par lesquelles on représentait autrefois le joyeux mystère de la résurrection, cet espoir le plus brillant du chrétien.

donnent l'usage et l'habitude. Gavanti, auquel renvoie le *Ceremoniale episcoporum* et que l'on considère généralement comme une autorité, dit que la largeur d'une chasuble doit être de trois palmes, c'est-à-dire d'environ un mètre. Ceci, dans l'usage moderne, est rarement le cas pour la chasuble, qui, taillée en pointe par devant, est en outre défigurée au point de ressembler au corps d'une guêpe. La véritable cause de cette dernière altération semble être l'extrême raideur de l'étoffe ou plutôt de la doublure, qui n'est pas moins anticanonique que la forme. De Vert, page 297, tome II, de son *Explication de la messe*, parle ainsi des altérations de son temps : « Les chasubliers ont toute liberté de rogner, couper, tailler, trancher et écourter, ainsi que bon leur semble, les chasubles, dalmatiques, tuniques et autres habits sacerdotaux ou ornements servant au ministère de l'autel, leur donner la figure qu'ils jugent à propos, sans consulter l'évêque. » Ici nous avons le témoignage d'un ecclésiastique éminent relativement à la *manière illégale* dont on opérait des changements de son temps, le XVIIIme siècle. L'élargissement excessif de l'étole et des manipules est également contraire au goût, sans signification et irrégulier. Cette forme n'a jamais été employée à Rome, et paraît avoir été uniquement introduite pour étaler une croix prétentieuse et d'une forme mal conçue, * tandis que, pour placer une croix convenable, il faut seulement que ces objets soient légèrement élargis. Les pans

---

* Dans le costume comme en architecture, chaque détail doit avoir un but pour être réellement beau, et du moment que quelque chose est ajouté uniquement pour l'ornement ou qu'on lui donne une grandeur extravagante, il devient choquant. Les véritables vêtements de l'Église, comme les cérémonies elles-mêmes, n'ont pas été introduits par amour de l'effet. De même que chaque disposition et chaque mouvement dans les cérémonies ecclésiastiques ont été combinés en vue d'ajouter au respect et à la solennité de la célébration des divers offices de l'Église, de même chaque partie des vêtements sacrés a son usage et sa destination ; et c'est grâce au mépris que l'on a fait dans ces derniers temps de ce grand principe que tant de formes disgracieuses et extravagantes ont été introduites et ont remplacé les anciens ornements si dignes et si convenables.

latéraux actuels des dalmatiques sont également dépourvus de beauté et ne sont pas plus autorisés. Ils remplacent maigrement aujourd'hui la forme imposante des manches d'autrefois, et lorsque, comme il arrive d'ordinaire, ils sont faits d'étoffes raides, ils contrastent de la manière la moins naturelle, la plus inconvenante et même la plus ridicule avec les étoles et les manipules modernes; ils ne ressemblent en rien à ceux de Rome, qui sont pourvus d'amples manches atteignant presque le poignet.

Les aubes modernes offrent pour la plupart une étrange déviation de l'antiquité ecclésiastique. Elles sont ordinairement brodées de dessins vulgaires et insignifiants jusqu'à la hauteur de la ceinture, sur une espèce de lacis, et plissées comme les plis d'une fraise. On ne peut les comparer qu'à un habillement de bal.

Les aubes doivent être faites de lin fin, *non transparent* et descendre jusqu'aux pieds; on peut exécuter sur les bords de beaux dessins en lin colorié. Elles doivent aussi être enrichies, du moins les jours de fête, de parures. Les parures sont des pièces d'une riche étoffe, tissées de fils d'or ou brodées et attachées au bas de l'aube, par devant et par derrière sur les poignets, et quelquefois sur la poitrine. Elles sont regardées comme symbolisant les cinq plaies de Notre Seigneur. Ceci était l'ornement général de l'aube dans les temps anciens. Les larges volants de dentelle en usage aujourd'hui sont tout-à-fait d'introduction moderne, et l'on doit les condamner quand il n'y aurait d'autre motif que celui de leur inconvenance. La *bonne* dentelle large ne peut être que coûteuse, et la dentelle commune, comme celle qu'on emploie généralement, messied complètement à un vêtement sacerdotal.

Les surplis modernes se rangent dans la même catégorie. Il n'y a qu'une seule vraie forme pour le surplis, celle qu'il a eue depuis le commencement, la forme *longue et ample*, ressemblant beaucoup à celle qui est représentée sur chaque planche du pontifical romain et conservée même dans la dernière édition en 3 vol., publiée à Malines; il ne l'a perdue que depuis un temps comparativement fort court, parce que les fabricants ont oublié ou négligé son usage et sa destination réelle. Les ailes qu'on voit attachées aux surplis modernes sont les manches divisées et ouvertes et flottant inutilement derrière les épaules. On ne saurait assez condamner le mauvais goût qui a détruit la belle draperie d'un surplis en le rétrécissant et en le plissant en compartiments étroits. Dans un livre qui n'a pour but que de traiter des *principes* de l'art chrétien, et de faire ressortir le contraste entre les ouvrages anciens et ceux des temps modernes, il est impossible de donner des instructions complètes sur ces sortes de matières. On doit se borner à se conformer à la règle observée dans tout le cours de ce traité en exposant des principes qui puissent s'appliquer aux besoins actuels et être mis en pratique suivant que la nécessité l'exige. Nous avons déjà parlé des *formes* des anciens vêtements, et les figures de la planche ci-annexée en donneront une juste idée; ainsi il ne nous reste qu'à faire un petit nombre de remarques sur les matières et les ornements qu'il convient d'y employer.

Tout vêtement donc doit être *moelleux et pliant*. Non seulement il n'y a pas de nécessité, mais il n'y a ni goût ni sens à rendre les vêtements aussi raides qu'un plateau à thé, et c'est en outre évidemment contraire aux rubriques de l'église, dont les expressions se rapportent à une chasuble ample et *pliante*. C'est ce que prouve d'ailleurs cette circonstance que la chasuble du célébrant est continuellement *levée* par ses assistants; cette pratique fut introduite pour que rien ne le gênât dans le libre mouvement de ses bras. L'usage général de lever le bord inférieur du vêtement à la consécration est aussi une preuve frappante de sa forme ancienne. Lorsqu'il pendait par derrière, long et flottant, il y avait une raison évidente pour le lever de terre au moment des génuflexions, pour que les pieds du célébrant ne s'embarrassassent point dans ses plis; mais avec le dos carré et court porté aujourd'hui et qui à cause de sa raideur semble plutôt devoir se relever que se rabattre, cette coutume cesse d'avoir la moindre signification.

La seule étoffe légitime pour les vêtements est *indubitablement la soie* — tissée comme le satin, le brocart ou le velours, ou avec des fils d'or et d'argent. La plus grande partie de l'étoffe moderne est *extrêmement anticanonique et irrégulière*, étant faite de coton, sans une parcelle de soie, et tissée de fils de cuivre, tandis que la broderie, qui a l'air si riche et si pesant, n'est autre chose qu'une masse de laine tordue ou de carton couverte de clinquant. Il est certainement du devoir de tous de discréditer autant que possible cet affreux système de déception, qui n'est pas moins une insulte pour Dieu qu'une violation du bon goût et des lois de l'Église. Nous avons attentivement examiné l'un de ces vêtements à l'aspect si somptueux, qui passent pour être si bon marché, et nous nous sommes convaincus que ce n'était rien que *du coton et du cuivre*. La soie seule peut être admise, et un bon vêtement de soie tout uni, qui durerait des années, on peut se le procurer pour le même argent que l'on prodigue aujourd'hui pour des friperies qui ne conviennent qu'au théâtre.

Impossible de rien trouver de plus mauvais que l'ornementation moderne; elle est éclatante, mais non pas riche, pleine d'ostentation, mais sans aucune valeur; elle est dépourvue de toute beauté, de toute signification symbolique, et elle a pour unique base le principe qui vise à produire de l'effet, au lieu d'être une œuvre d'art réelle. Le système d'appliquer des points d'aiguille sur du bois, de la laine tordue ou du carton, est détestable, et l'uniforme et éternel modèle d'enroulements et de fleurs suffit amplement pour nous faire désirer quelque chose de mieux. Il n'est pas nécessaire d'avoir toujours un orfroi brodé; on peut se servir de passements pour les orfrois d'une très belle façon, avec une broderie de soie ou d'or, attachée au centre et aux extrémités de la croix.

Il est grandement à désirer que les dames, dont le zèle à faire de la broderie pour les églises est si admirable, portent leur attention sur la question de *convenance* dans les ornements ecclésiastiques. Leurs intentions sont excellentes, elles désirent travailler pour le bien et le progrès de la religion, quoi qu'elles les entravent à leur insu en rendant puérils et frivoles les objets extérieurs du culte. Pourquoi leurs efforts ne prendraient-ils pas une bonne direction? Qu'elles brodent des frontels d'autel, qui se prêtent aux ornements et aux dessins les plus variés. Les orfrois, les chapes et les croix de chasubles seraient un vaste champ pour l'activité de la femme la plus infatigable et la plus rompue aux travaux d'aiguille. Elles pourraient produire de beaux ornements d'église, si elles voulaient renoncer à la manie pour les dessins de tabouret qui viennent de Berlin, et imiter l'ancienne manière de broder si convenable et dont il reste bien des échantillons précieux. Il y a à peine une ville qui ne possède *quelques* pièces d'ancien ouvrage dans l'une ou l'autre de ses églises, et naturellement le clergé serait en tout temps disposé à seconder les efforts des dames qui seraient désireuses de faire revivre ce genre de broderie. Presque tout ce qui nous reste des beaux ouvrages à l'aiguille ecclésiastiques est dû aux dames du moyen-âge, qui toutes, on doit le rappeler, travaillaient évidemment *en se conformant aux prescriptions et aux traditions de l'Eglise*. Dans les anciens vêtements on ne rencontre jamais de cœurs, de boutons de roses, de colombes et de fruits, comme ceux qu'on voit si généralement aujourd'hui, mais un travail du caractère le plus convenable et le plus religieux. Chaque fleur, chaque feuille a un sens significatif, en rapport avec la fête pour laquelle elle était dessinée Ce principe ne doit jamais être perdu de vue. Il ne suffit pas qu'un ornement *ait une belle apparence*. D'après les convenances les plus vulgaires, il doit y avoir une différence entre le dessin d'un papier à tapisser et celui d'une chape — entre la façon d'une étoffe vendue pour la toilette et celle d'une étoffe employée pour des vêtements d'église. Aujourd'hui il n'y a aucune différence; c'est pourquoi le costume ecclésiastique moderne a beaucoup plus d'ostentation que de richesse, et que certainement il est impropre à relever la dignité des ministres de la religion. L'effet des anciens vêtements, qui étaient exclusivement ecclésiastiques dans leurs formes et leurs ornements, et respiraient en même temps un **caractère symbolique**, doit avoir été, au contraire, si imposant et si édifiant qu'il ne pouvait manquer d'attirer le respect du spectateur.

Ce que nous voudrions donc inculquer le plus profondément dans l'esprit de ceux qui travaillent pour l'embellissement de l'autel, c'est qu'il n'y a d'espoir de faire refleurir le style parfait qu'en *se ralliant étroitement aux autorités anciennes*. Les manuscrits enluminés, les vitraux, les tombeaux en cuivre (que l'on peut aisément copier en les couvrant avec du papier et puis en frottant sur le papier avec de la cire noire), les anciennes pièces de broderie, les anciennes images et les anciennes peintures offrent d'excellents exemples, et la plupart sont d'une imitation facile. On trouvera *spécialement* les modèles les plus exquis dans les vieilles peintures. Nous ne pouvons pas encore espérer de faire revivre l'expression et le fini des ouvrages anciens, mais nous pouvons promptement en restaurer le caractère ancien; avec un peu de pratique, on peut reproduire celui-ci avec plus de facilité et en moins de temps que les modèles frivoles et insignifiants du style moderne. * Ces dernières années, nous pouvons avoir apporté de grandes

---

* Il est satisfaisant de pouvoir attirer l'attention sur la restauration des étoffes de soie, de la passementerie et de la broderie pour les vêtements sacerdotaux, les tentures d'autel, etc., qui s'opère en ce moment par les efforts de M. Louis Grossé, de Bruges. Cet industriel a déjà monté des métiers pour la fabrication des beaux damas d'église, d'après le vrai modèle ecclésiastique; il les produit avec le plus grand succès. Contrairement à ceux que l'on fabrique à Lyon, les articles de M. Louis Grossé portent tous le véritable cachet religieux, car il a adopté le beau dessin ancien avec son caractère symbolique, si convenable pour nos cérémonies religieuses.

Les vêtements sont confectionnés d'après les principes exposés plus haut; ils sont entièrement formés de soie, avec de riches orfrois en broderie ou passementerie, et correspondent exactement pour la forme à ceux qu'on employait anciennement.

Il est reconnu qu'un vêtement complet pour la messe peut être fait entièrement de soie, même doublé de soie, pour la même somme qu'on paie aujourd'hui pour une chasuble en articles de Lyon à grand éclat, mais composée de coton et de clinquant. Il est hors de doute que l'un de ces vêtements dure six fois autant que

améliorations aux machines à vapeur, mais non pas à la broderie de nos frontels et de nos orfrois, et ce qui reste des ouvrages d'autrefois nous fournira des modèles beaucoup meilleurs que Lyon, Paris ou même la ville protestante de Berlin.

Il convient d'observer que la règle du blason qui exige qu'on applique la couleur sur le métal, ou le métal sur la couleur, doit être strictement observée dans la broderie, là où cela est possible; et l'une des cinq couleurs canoniques doit être choisie comme champ de l'ouvrage entier. Après le drap d'or, le velours est la meilleure matière qu'on puisse employer pour le fond, et le brocart est plus durable que le satin ou le damas,

VAISSELLE D'ÉGLISE.

Il ne nous reste plus maintenant qu'à faire une allusion passagère aux autres exemples de contraste entre les ouvrages d'art modernes et les anciens.

---

l'autre. — M. Louis Grossé a également restauré l'ancienne forme ample des chasubles, ce qui est réellement la seule forme canonique, puisqu'elle s'accorde exactement avec les dimensions prescrites par Gavanti. — Pour ce qui est de la beauté supérieure de ces vêtements amples, souples et d'une bonne et pure soie, il ne peut y avoir là-dessus qu'une seule voix. — La foule peut bien ne pas s'apercevoir que beaucoup de ces vêtements à bon marché, que l'on recherche tant aujourd'hui, ne sont faits que d'étoffes à fond coton, tramées à lames de cuivre blanchies; et que la prétendue broderie, si bulbeuse et si brillante, est tout bonneun tissu grossièrement broché de bourre de coton et recouvert de fils d'or faux, se dérangeant au moindre contact.

Ceci peut faire très-bon effet dans un théâtre, mais dans une église, cela est détestable et insultant à Dieu.

Hâtons-nous cependant d'ajouter qu'il est consolant de voir que les vêtements d'après les vrais principes commencent à être appréciés, et qu'ils ont déjà en quelques endroits remplacé ceux qu'on y avait si malheureusement substitués dans ces derniers temps.

On donne aux productions modernes le nom d'ouvrages d'art plutôt par courtoisie que par esprit de justice, car en réalité on y trouve fort peu d'art.

Jusqu'à ce que les architectes et les artistes étudient plus sérieusement les anciens modèles, qu'ils saisissent avec plus d'intelligence les anciens principes et qu'ils soient animés plus sincèrement de l'ancien esprit, nous ne pouvons pas espérer de grandes améliorations. Aussi longtemps que les manufacturiers et les artisans seront ou plutôt qu'ils essaieront d'être des artistes, nous attendrons en vain le progrès. De ce qu'un homme sait construire une église il ne s'ensuit pas qu'il sache faire le dessin; il en est de même d'un calice, parce qu'un ouvrier sait le confectionner et connaît quelque chose du dessin, il ne s'ensuit pas qu'il sache *dessiner* un calice. Savoir manier un crayon ne donne pas la connaissance nécessaire pour confectionner un plan.

De ce qu'un tel se connaît en architecture et en dessin, en résulte-t-il nécessairement qu'il sache composer les plans pour les vaisselles et les ornements d'église? Non, il sait dessiner, mais il ne sait *quoi* dessiner.

On peut supposer bien moins encore qu'un ouvrier en cuivre ou un orfèvre, dont le métier consiste principalement à faire des chaudrons ou des poêles, des théières ou des plateaux, soient capables de faire le plan de vases sacrés ou d'ornements ecclésiastiques. * On peut aussi

---

* Il n'y a que quelques jours qu'un orfèvre soumit à notre examen un calice, et il nous fut impossible de lui persuader qu'il n'était d'aucun style quelconque. Il persista en déclarant qu'il était classique ou renaissance, qu'il participait du caractère d'un style — un style quelconque, pendant que le gothique n'était qu'un autre. Là-dessus nous lui montrâmes *les mêmes ornements* dont il avait couvert son calice sur le poêle, les chandeliers et les tringles de rideaux de notre chambre, et nous lui demandâmes d'après quels principes on pouvait former un style qui admettait les mêmes détails sur des objets aussi différents? Il persévéra néanmoins dans son obstination. Il était l'artiste de son propre ouvrage, qui était certainement bien exécuté, mais ressemblant beaucoup plus à une coupe qu'à un calice. Rien d'ailleurs n'était plus anticanonique. En outre, avec la même somme on pouvait faire un calice couvert d'émaux et richement ciselé et gravé. Tous les ornements de ce calice étaient bien ciselés, mais le poids de l'argent excédait de bien loin la pesanteur nécessaire.

bien s'attendre à trouver le commun des constructeurs capable de traiter le plan d'une cathédrale qu'à trouver la classe moderne des artisans capable de faire celui d'un ameublement d'église. Les architectes et les artistes font des plans, les constructeurs et les artisans les exécutent. Mais jusqu'à ce que tout cela soit mieux compris, et que ceux qui ont pour mission d'exécuter ne sortent plus de leur sphère, nous verrons peu d'objets à la hauteur du véritable art ecclésiastique.

Dans toute espèce d'ouvrage, on remarque non seulement une déviation des anciens principes, mais une ignorance complète et de ceux-ci et même de principes quelconques. Toute chose est le résultat du caprice et de la fantaisie, d'après le goût de l'auteur. Si l'on connaissait des principes d'art, nous ne verrions pas ces détails éternellement les mêmes sur tous les genres d'ouvrages, soit ecclésiastiques, soit domestiques — la même ignorance universelle de la construction, de la vraie proportion, des éléments constitutifs de la beauté — les mêmes efforts maladroits pour produire, non pas la vérité, mais de l'effet — les mêmes tentatives incessantes de faire paraître les choses ce qu'elles ne sont pas en réalité — la transmission héréditaire des mêmes fautes et des mêmes bévues. Prenons un exemple applicable à notre sujet. Un prêtre désire un nouvel ostensoir, il mande son orfèvre, qui arrive encore tout occupé de ses théières et la tête remplie d'enroulements et de fleurs raboteuses. L'infortuné ecclésiastique, comme de juste, est éperdument, épris de symbolisme, et, après avoir décrit les dimensions de l'article en question, il se met à suggérer diverses figures, qui n'ont que faire sur n'importe quel ostensoir. Il pense, lui, qu'une image de Dieu le père représenté au sommet assis sur des nuages serait parfaitement convenable, et que peut-être le divin agneau placé un peu au-dessous ou sur l'un des côtés avec une colombe de l'autre pour faire le pendant ferait bon effet, sans préjudice de l'accompagnement ordinaire de nuages, de rayons, de chérubins, etc. Les idées de l'orfèvre ne s'étendent jamais beaucoup au-delà d'épis, de rayons et de chérubins, et l'embarras pour lui n'est guère que de savoir comment disposer les symboles ; mais, grâce à quelques efforts d'esprit, il fait si bien qu'il les enfonce dans les nuages (car ils ne sont que de minces plaques battues et tous creux par derrière), et enfin à l'aide d'un pied de chandelier, de quelques ornements de plateau ou de poële, de quelques grappes de raisins, et de quelques épis et rayons et d'un peu de persévérance, l'ostensoir se trouve achevé.

L'orfèvre s'imagine qu'il a accompli une grande œuvre d'art, si l'objet est un peu plus large que de coutume et s'il a quelques ornements accessoires dérobés à sa dernière cafétière, et le pauvre prêtre est charmé de penser qu'il possède une chose magnifique, bien que peut-être la partie supérieure en soit un peu lourde et que si elle avait un plus grand pied, elle n'en vaudrait que mieux. Et c'est de cette manière que se fait la vaisselle d'église et que se commettent toutes sortes d'abominations. Ce serait peu encore si le mal s'arrêtait là. Mais malheureusement les artistes modernes sont aussi ignorants en fait de rubriques et de devises qu'ils le sont en fait d'art, et l'on entend sans cesse parler de calices à bords recourbés, de vases qui sont à la fois des ciboires et des ostensoirs, et d'une foule d'irrégularités dont le nom est légion. *

La même ignorance des vrais principes se montre dans tout autre article d'ameublement ecclésiastique — dans les chandeliers d'autel, qui souvent sont d'une dimension si énorme qu'ils détruisent les

---

* Nous avons rencontré dans une des églises de la Belgique un ciboire qui ressemble beaucoup à une grande boîte à tabac, et dont le couvercle se rabat et forme une patène qu'on tient sous le menton du communiant. Dans une autre église il y a un calice ayant au pied des plaques d'argent si brillamment polies qu'elles ressemblent à des miroirs qui tordent ce qu'ils reflêchissent et le prêtre est distrait en voyant sa propre image faire des grimaces chaque fois qu'il se courbe sur l'autel.

La dernière invention c'est la combinaison d'un calice, d'un ciboire et d'un ostensoir arrangés en une seule pièce : le calice servant pour un ciboire, la patène pour le couvercle et l'ostensoir s'attachant sur la patène au moyen d'une vis.

proportions de l'autel et des objets environnants — dans les lanternes pour procession, qui ressemblent aux réverbères communs des rues, comme ils ne doivent servir qu'à protéger une simple chandelle contre le vent, il est absurde de leur donner une grandeur aussi démesurée — dans les chandeliers pour procession qui sont si grand et si embarrassants que l'on s'attend à voir le malheureux enfant qui en porte un succomber sous son fardeau — dans les canons d'autel, qui grâce à leurs cadres lourds et dorés, deviennent un des traits saillants de l'autel, au lieu de rester un accessoire subordonné — dans les lampes, qui souvent ont l'air de grandes calebasses. — dans les dais, qui sont ouverts au sommet — dans les bannières si pesantes qu'il est presque impossible de les porter — dans les goupillons semblables à des plumeaux — dans les mîtres d'une hauteur exagérée — dans les crosses pastorales à forme barbare — dans les sarcophages et les bustes de bois et de plâtre noircis ou argentés dont on se sert pour l'exposition des reliques — en un mot, dans tout ce qu'on peut nommer.

Tout, sans exception, est une violation éclatante de la règle, du principe, de la beauté, de la grâce, de la construction, du bon goût, et forme le contraste le plus humiliant avec les ouvrages merveilleux du moyen-âge.

Il est satisfaisant de pouvoir observer ici que l'on commence enfin à s'apercevoir de ces défauts qui ont existé si longtemps. En effet, il suffit de les signaler pour les rendre insupportables aux yeux d'hommes d'intelligence et de goût. Sous ce rapport comme sous d'autres, l'église de Notre-Dame à Bruges a pris l'initiative, et elle possède des encensoirs * d'un dessin correct et d'une bonne exécution

---

* Ces encensoirs ont été exécutés par M. Van Cauwenberg, de Bruges, et leur exécution lui fait beaucoup d'honneur. Il s'occupe en ce moment de calices et d'autres articles plus importants, tous dans le bon style ecclésiastique. Il y a réellement des raisons d'espérer que la restauration de l'ameublement d'église atteindra à Bruges un haut degré de perfection.

Nous ajoutons ici la déscription des ornements d'église restaurés, représentés dans la planche ci-contre.

VAISSELLE ET AMEUBLEMENS D'ÉGLISE FABRIQUÉS A BRUGES D'APRÈS LES ANCIENS MODÈLES.

DE L'ARCHITECTURE CHRÉTIENNE.

et façonnés d'après les anciens modèles. Les marguilliers de cette église, continuant à donner l'exemple de la réforme, ont fait faire le plan des fonts représentés page 121, ainsi que celui d'un autel pour la Sainte-Vierge; ces ouvrages seront exécutés aussitôt que le leur permettront leurs ressources pécuniaires.

CONCLUSION.

Nous pensons que, d'après tout ce qui a été établi, il doit paraître

Au centre, un lutrin de chêne sculpté, surmonté d'une croix fleurie, avec une double tablette tournant sur le fût. On y voit placés un psautier et un livre des saints évangiles, reliés, avec des fermoirs et des reliefs de métal doré, émaillés et gravés.

Immédiatement au-dessus est une couronne ou cercle pour les lumières, et des deux côtés une lampe d'autel.

Sur l'autel il y a divers échantillons de chandeliers et un petit tabernacle en forme de tourelle, pour la conservation de la sainte Eucharistie.

Le frontel représente les quatre évangélistes et d'autres emblêmes sacrés, brodés d'ouvrages à l'aiguille et d'or. Sur la marche, deux chandeliers élevés, pour y allumer des flambeaux pendant la consécration.

On voit de chaque côté de l'autel des rideaux suspendus à des tringles; et immédiatement derrière les chandeliers et le tabernacle, un petit retable à ouvrage doré ou brodé, au-dessus duquel est un *forettum* ou châsse portative.

A la droite de l'autel : une croix de procession; une crosse pastorale; un *faldistorium*, supportant une mitre précieuse; un ostensoir; trois calices et une croix d'autel.

A la gauche de l'autel : une croix de procession et une croix d'autel; une crosse pastorale; une verge ou bâton de chantre; un ciboire; une paix ou instrument pour donner le baiser de paix dans la messe et une boîte pour pour y encadrer *l'Agnus Dei.*

Sur le pavement : deux encensoirs, avec un vase pour l'eucens; deux bénitiers; un chandelier de procession; un vase pour le Saint-Crême, émaillé et une sonnette pour la consécration.

Ces ornements et plusieurs autres ont été fidèlement restauré d'après des autorités anciennes et on les produit par les anciennes méthodes de travailler les métaux.

évident que la restauration de l'architecture et de l'art chrétiens que l'on a provoquée avec instance, est basée sur les principes les plus sains et les plus conséquents. L'architecture chrétienne a pour garants la religion, le gouvernement, le climat et les besoins de la société. Elle est l'expression parfaite de tout ce que l'on doit regarder comme sacré et honorable, et se rattache aux intérêts les plus saints et les plus précieux. La restauration qu'on réclame est désirable avant toute chose, bien plus, elle est impérieusement urgente, si l'on considère l'état actuel de la religion. C'est par ce motif surtout que nous faisons un appel à tous les catholiques zélés pour les engager à lutter de toutes leurs forces en faveur de la résurrection de l'ancien principe chrétien, afin que les faux principes du paganisme soient vaincus et écrasés.

Par principe païen nous entendons celui qui remonte à l'état de décadence de la foi, en Europe, au XVme siècle, qui conduisit les hommes à déprécier et à abandonner enfin l'architecture qui avait pris naissance dans le principe d'abnégation enseigné par la religion catholique, pour admirer et adopter le style luxurieux de l'ancien paganisme — le principe qui poussa à toutes les productions barbares énumérées dans ce livre — qui remplit les jardins des Médicis de la luxure idolâtre et les palais des chefs du clergé des obscénités de la mythologie païenne — qui introduisit le relâchement et le désordre dans les monastères et transforma les moines en chevaliers mondains — qui interrompit tous les grands travaux ecclésiastiques du moyen-âge, laissant les tours à demi-érigées, les nefs inachevées, les détails sans sculpture — qui fit négliger et mépriser l'art et les traditions catholiques — qui régna triomphalement dans les palais, pénétra dans les cloîtres et leva sa tête odieuse sous les cathédrales voutées et sur les autels majestueux de la chrétienté — qui corrompit l'esprit du peuple en le familiarisant avec les fables de la Grèce et de Rome, dont les divinités respirent en tout la plus grossière sensualité que l'imagination la plus dépravée puisse rêver — ce même principe, enfin, qui, nous le dirons, dût cette théorie paraître trop téméraire,

DE L'ARCHITECTURE CHRÉTIENNE.

qui conduisit, dans une certaine mesure, à ce déplorable état moral de la dernière partie du XVIme siècle, aux sentiments infidèles qui se développèrent bientôt après et finalement à cette monstrueuse incrédulité qui au siècle passé brisa le sceptre et l'encensoir, et élevant une déité nouvelle, installa la déesse de la raison sur le trône du Très-Haut. *

Par principe catholique nous entendons ce principe d'abnégation et de zèle qui produisit les merveilles du moyen-âge — les prodigieuses cathédrales — les églises, les monastères, les collèges, les hôpitaux, avec leurs fondations magnifiques et leur sainte population — le principe qui par son étonnante influence revêtit toute chose d'un aspect religieux, élevant des croix aux bords des chemins, des chapelles au sommet des montagnes, des stations figurant la passion de Jésus le long de rudes sentiers et des images de Marie et des saints dans plus d'une solitude secrète, sanctifiant et consacrant ainsi le monde entier, comme un second paradis — le principe qui seul pouvait donner aux hommes ce noble enthousiasme et cette sainte émulation pour embellir

---

* Nous ne fermons nullement les yeux sur ce fait que l'incrédulité moderne doit être attribuée en grande partie à l'abus du libre examen, au progrès de la fausse science et de la fausse civilisation. Mais ce n'est que sur les hommes d'une éducation distinguée que ces causes produisent de l'effet. A moins qu'il ne conserve l'harmonie entre les parties religieuses et intellectuelles de sa nature, en cultivant les premières avec au moins autant de soin que les secondes, un homme de science perdra probablement sa foi. D'un autre côté, si la religion offrait encore le même aspect de majesté qu'elle avait au moyen-âge, elle conserverait probablement son empire sur de pareilles personnes, elle attirerait leur attention et forcerait leur hommage avec beaucoup plus de chances de succès qu'elle ne le fait aujourd'hui. Et tandis qu'il en serait certainement ainsi des hommes de science, la généralité de la société serait ordinairement influencée à un degré bien plus sensible. Même au milieu de tout le mauvais goût et de toutes les misérables productions de nos jours, combien une grande messe est solennelle encore et touchante; que ne doit elle donc pas avoir été lorsqu'elle était célébrée entourée de toutes les richesses et de toutes les splendeurs des églises du moyen-âge?

les églises, sentiments, hélas! aujourd'hui presqu'éteints — le principe qui enrôla les jeunes hommes dans de pieuses confréries pour concourir aux cérémonies de l'église, et les jeunes femmes dans de dévotes associations pour orner l'autel et broder les vêtements sacrés — le principe qui inspirait à tous les catholiques un tel intérêt pour les pompes et les solennités de l'église et la célébration de ses fêtes, que rien ne leur semblait trop précieux, aucun sacrifice trop dur, aucun effort trop pénible pour les rendre belles et parfaites — le principe qui produisit une race d'architectes et d'artistes, non pas asservis à leurs propres combinaisons et à leurs fantaisies, mais obéissant aux traditions et aux lois de l'Église, sans compter cette foule innombrable d'ouvriers en vîtraux, de sculpteurs, de peintres, de tisserands, de brodeurs, d'orfèvres, tous animés du même esprit et travaillant, en quelque sorte, sous le même charme, c'est-à-dire sous l'inspiration d'en haut, douce et sainte influence, qui présentait à leurs âmes de célestes images des choses divines et leur suggérait de grandioses conceptions — le principe, en un mot, qui seul peut nous rendre les gloires depuis longtemps perdues de l'art chrétien, en même temps que cet enthousiasme chrétien et cet amour de la véritable beauté que l'art chrétien éveille toujours.

On reconnaîtra qu'il ne s'agit pas d'une pure abstraction, d'une question de goût — il s'agit d'une question de *principe*. Peut-on avoir observé le principe païen étendant son action énergique depuis plus de trois cents ans, et ne pas apercevoir encore où il conduit?* Ses tristes

---

* Cette manie du paganisme est devenue si universelle que, parmi beaucoup d'autres, il en résulte ce pernicieux effet que *tous les bâtiments se ressemblent*. Toutes choses visent à avoir l'air d'un temple grec, et la conséquence en est que nous ne pouvons jamais distinguer l'une de l'autre. Au lieu d'un bâtiment *parlant pour lui-même* et montrant par sa forme et ses ornements ce qu'il est destiné à être, on en a un où l'on a besoin de placer une inscription pour en expliquer l'usage. Les palais, les casernes, les hôpitaux, les colléges, les bibliothèques, les palais de justice, les salles de concert, tout est semblable. C'est ainsi que sur un hospice de

et désolants effets ne sont-ils pas visibles dans tous les pays de l'Europe? Est-il une seule église à laquelle, autant que faire se peut, ces souillures n'aient ôté son esprit chrétien? Nous avons parlé de sa pernicieuse influence sur les autels, sur les monuments sépulcraux, sur la sculpture, sur la peinture, sur les vêtements, sur l'ameublement d'église, sur tous les objets du culte divin — bien plus, cette influence est si sensible sur les manières et les coutumes et sur tous les usages domestiques, que nous voyons des images, des décorations et des symboles païens dans presque chaque maison — les formes du langage elles-mêmes en sont imprégnées, et les formules et le style des païens remplacent les pieuses légendes tirées des Saintes Écritures. A Bruxelles, et il s'en faut que ceci soit un exemple unique, nous lisons les mots : *Divo Nicolao Sacrum*, inscription imitée d'une dédicace à un dieu païen, et sur une galerie d'orgue, dans la même ville : *Musica serva Dei*, tandis que sur des colonnes érigées dans une troisième église pendant un service funèbre apparaissait le proverbe païen : *Hodie mihi, cras tibi*.

Étouffer cet odieux principe, est-ce un rêve de visionnaire? Cette œuvre n'est-elle ni désirable, ni nécessaire? Non, assurément. Grâce à Dieu, les eaux sont en mouvement, et une fois de plus la face des hommes est tournée vers cette vision de beauté qui s'était évanouie comme si elle devait ne plus revenir jamais. Le *désir* de faire revivre l'ancienne excellence est quelque chose, mais ce qui vaut mieux encore, c'est de se mettre à travailler dans la bonne voie. En ce qui concerne l'architecture, je ne puis découvrir que les architectes modernes aient réussi à saisir les principes des hommes d'autrefois. C'est pourtant ce qu'ils ont à faire *d'abord*, avant de pouvoir espérer le succès; car il ne suffit pas de contempler et d'admirer les anciennes

vieillards à Bruxelles nous avons lu un jour les mots, *Egenis senibus*; et il est certainement nécessaire bien souvent de nous apprendre que des bâtiments destinés à être des églises le sont réellement. Il est facile de les prendre pour n'importe quelle autre chose.

églises et d'être capable de reproduire des détails gothiques. Ces pages, nous osons l'espérer, ont contribué quelque peu à mettre en lumière les vrais principes, mais il reste aux autres à les développer et à les appliquer pour eux-mêmes.

Pour y parvenir, voici ce qu'il reste à faire :

Il faut en premier lieu qu'on étudie avec soin les anciens modèles. Nous n'entendons pas dire que l'architecte doive se borner à une simple connaissance des différentes formes de l'ornementation gothique ou même des différents styles de l'architecture chrétienne; car on peut fort bien connaître tout ceci, et cependant ne pas être capable d'appliquer correctement un seul détail ou d'adapter un style d'une manière un peu conséquente. Nous voulons dire qu'il doit si parfaitement comprendre la *signification* d'un ancien bâtiment gothique, les *motifs* de chacune de ses parties, et les principes d'après lesquels le tout fut conçu, combiné et construit, que sa propre production lui soit le résultat de cette connaissance, et non pas seulement l'émanation de la fantaisie ou du caprice, ou de son goût particulier.*

On doit ensuite se rappeler qu'on ne fait pas revivre l'art catholique en restaurant uniquement les détails et les accessoires de l'architecture ogivale. A moins qu'on ne restaure les anciennes combinaisons ecclésiastiques et qu'on n'applique les vrais principes, toutes les moulures, tous les réseaux, tous les détails, quelle que soit d'ailleurs la beauté

---

* L'importance de cette règle devient évidente, quand on considère l'erreur que *doit* en entraîner l'inobservation. Nous avons vu nous-mêmes des plans pour une église prétendument gothique, dans lesquels l'auteur avait audacieusement, quoique sans le savoir, violé *tout principe* d'art chrétien. Tout y était mauvais, la forme, les proportions, la disposition des fenêtres et des portes, l'ornementation, l'arrangement intérieur, la façade de chaque côté, les différents traits, la construction, et cependant tous les détails pouvaient en être corrects, bien qu'appliqués d'une manière impropre et inconséquente. L'architecte connaissait peut-être les détails gothiques, mais quant aux principes fondamentaux, à la forme et aux proportions d'après lesquels on fait le plan et la construction d'une église gothique, il n'en avait pas plus de connaissance qu'un enfant.

de leur exécution, ne sont qu'un vrai déguisement. Les ornements ont beau être soignés, l'exécution a beau être riche et dispendieuse, une église, *si elle n'est bâtie dans l'ancienne forme traditionnelle, paraîtra toujours un misérable non-succès*. Un bâtiment conçu sur un autre plan peut avoir des fenêtres, des arches, des piliers et des détails passablement bons, mais ils ressembleront toujours aux feuillets épars d'un volume précieux reliés par une main malhabile sans égard pour la suite qu'ils doivent avoir et le sens qu'ils présentent.

L'Église demeure ce qu'elle était il y a trois cents ans passés. Nous avons les mêmes sacrements, la même liturgie, les mêmes offices, et une église catholique n'exige pas seulement des piliers, des arches, des fenêtres, des écrans et des niches, mais elle exige aussi *qu'ils soient disposés conformément à une certaine forme traditionnelle*. Elle demande un chœur distinct pour le sacrifice et qu'une clôture sépare du peuple; elle veut un autel de pierre et des stalles pour le clergé officiant; un jubé élevé avec le grand crucifix; des chapelles pour la pénitence et la prière; des fonts pour le saint-sacrement du baptême; des porches avec des bénitiers pour l'eau sainte, des sacristies pour les vases et les vêtements sacrés; une tour pour les cloches, et à moins qu'un bâtiment destiné à être une église ne possède toutes ces conditions, quelle que soit l'exactitude avec laquelle ses détails ont été copiés sur les autorités anciennes, il ne saurait à aucun titre être regardé comme une restauration de l'art catholique.

On doit en troisième lieu appliquer les vrais principes aux *besoins actuels*. C'est à quoi l'on reconnaît surtout qu'un homme a saisi l'esprit ancien. N'attendez jamais rien de grand d'un copiste servile. Le dédain de cette règle a produit toutes les caricatures de gothique que l'on a si malheureusement multipliées. Nos besoins ne sont pas toujours identiques avec ceux de nos ancêtres, et on ne peut pas les satisfaire en copiant tout uniment les anciens bâtiments et les anciens détails. C'est là la raison pour laquelle l'architecture gothique est appelée inconvenante et choquante, et qu'on la repousse le plus souvent comme n'étant propre et convenable qu'au moyen-âge. C'est une erreur que de faire des bâtiments modernes de simples fac-similes des bâtiments anciens, au lieu d'adapter les anciens principes aux besoins modernes; une erreur non moins grande c'est de perdre entièrement de vue les principes et de reproduire jusqu'aux défauts des anciens ouvrages.

C'est là l'erreur capitale de ceux qui croient que le style primaire de l'art gothique est la perfection; ils trouvent de la majesté dans des membres tortus et des cous de travers — dans des têtes gigantesques et les traits grotesques. Rien n'est plus propre à jeter du discrédit sur la renaissance de l'art ancien que cette opinion erronée. Le mauvais dessin et l'anatomie incorrecte n'étaient pas, à la vérité, des violations des vrais principes, mais des manifestations imparfaites de ceux-ci : et pour être conséquents avec nos connaissances anatomiques plus avancées, nous devons introduire dans nos propres ouvrages toute la dévotion des groupes anciens, avec des figures proportionnées conformément à nos progrès en anatomie. Il y a des précédents incohérents dans le gothique comme dans tout autre style, et nous devons apprendre à les distinguer et à les éviter.

Pour conclure, nous faisons un appel à tous les catholiques qui désirent sincèrement voir la religion rendue à son ancienne dignité, pour qu'ils travaillent avec un zèle incessant à répandre et à appliquer les vrais principes, à arrêter les progrès des innovations modernes, à inculquer dans l'esprit de la génération naissante une profonde admiration pour les grandes œuvres du moyen-âge et à faire universellement comprendre la nécessité de les imiter. Nous nous adressons particulièrement au clergé pour qu'il prête son concours à l'accomplissement de ce grand but, car de son autorité et de ses efforts dépend en grande partie le succès. Les hommes son redevables à l'Église catholique de la conservation de tout art et de toute science, et même des avantages politiques dont ils jouissent. Lorsque les barbares détruisirent par le fer et le feu le monde civilisé, enveloppant dans une commune ruine les arts et la littérature, où le savoir trouva-t-il un sûr asyle si ce n'est dans les habitations solitaires des religieux? Qui porta la connaissance des sciences et des arts mécaniques dans les divers pays de l'Europe, si ce n'est les évêques et les missionnaires de l'église? Qui éleva les monuments les plus merveilleux dont le monde ait jamais pu se vanter? Les prêtres d'autrefois; ce furent eux qui, opposant une insurmontable barrière à l'oppression et à la tyrannie des riches, demeurèrent constamment les protecteurs du pauvre sans défense, consolant ses afflictions, allégeant sa détresse, défendant ses libertés, et se montrant bons pasteurs en sacrifiant sans crainte et sans hésitation leur vie pour leur troupeau. L'Église a fait toute cela et dix fois plus encore, et elle s'est acquis des titres impérissables à la reconnaissance des hommes de toutes les classes. Il n'y a donc pas de présomption à espérer que les ministres de cette Église, voyant la nécessité de résister à toutes les tentatives d'innovation et de restaurer la solennelle grandeur de la religion, favoriseront avec ardeur toutes les mesures qui peuvent conduire à ces résultats. La dignité du sacerdoce et de la religion, la solennité des rites ecclésiastique, l'influence qu'ils exercent sur l'esprit des hommes, le respect pour la maison de Dieu, l'intérêt et l'amour qu'on doit porter aux offices de l'Église, tout dépend de la restauration de son ancienne beauté extérieure, sans parler d'un objet beaucoup plus important encore, l'extirpation de l'indifférence et de l'incrédulité, car si la manie de l'architecture païenne a produit un esprit païen qui a fini par l'indifférentisme et le relâchement modernes, la restauration du goût pour l'architecture propre à l'Église et à la chrétienté engendrera un esprit catholique d'enthousiasme et d'abnégation. De cette vérité nous pouvons rendre un témoignage irrécusable. En Angleterre, où la restauration a fait des progrès plus rapides et s'est étendue plus loin que dans aucune autre contrée, les nouveaux efforts des catholiques pour propager la vraie foi dans ce malheureux pays, ont toujours marché de concert avec une résurrection splendide de l'art chrétien, et là où ce moyen a fait défaut, leurs tentatives ont obtenu moins de succès. En Belgique, si à tous les établissements catholiques — aux écoles, aux locaux de confréries, aux hôpitaux, aux couvents, aux monastères — on rendait cet aspect vraiment solennel et religieux qu'ils offraient aux jours passés, nous sommes persuadés que leur influence serait dix fois plus puissante qu'aujourd'hui. On a mis heureusement la main à l'œuvre, mais nous devons redoubler d'efforts — nous ne devons pas nous relâcher un seul moment — nous devons mettre à profit le désir de réforme et d'amélioration qui se manifeste çà et là, de peur que l'occasion ne nous échappe et ne soit perdue à jamais — nous devons travailler avec zèle, avec énergie, avec enthousiasme, repoussant tout compromis, ne craignant personne, ne cherchant à plaire à personne aux dépens de la verité dans l'art, mais marchant d'un pas vigoureux et mâle et sans nous laisser détourner par rien à l'application des principes anciens. Que le beau et le vrai soient donc notre mot d'ordre dans nos luttes futures pour l'extinction du paganisme et du misérable goût moderne, et pour la restauration de l'art et de la dignité catholiques.

APPENDICE A.

LES EMBLÊMES DE NOTRE SEIGNEUR, DE LA SAINTE VIERGE ET DES AUTRES SAINTS.

Emblêmes de Notre Seigneur. — 1. La croix, qu'on doit toujours représenter fleurie, comme un emblême de triomphe et de gloire. 2. Les cinq plaies de Notre Seigneur, figurées soit par cinq croix fleuries, la plus grande au centre, soit *glorifiées* de rayons et de couronnes, avec le Saint-Sang coulant dans des calices. 3. Les instruments de la passion de Notre Seigneur, qui sont une lanterne, des massues et des batons, un glaive, trente pièces d'argent et un calice, pour l'agonie dans le jardin. Une corde, des verges, des roseaux, des baguettes, un jonc, une robe de pourpre, une couronne d'épines, un bassin et une aiguière, un coq et un pilier pour l'interrogatoire devant le grand-prêtre et devant Pilate et pour la flagellation. Une croix, une échelle, une tunique sans couture, des dés, une lance, des tenailles, un bassin, une éponge et un écriteau avec les lettres J. N. R. J. * pour le crucifiement. Dans les premiers dessins, on employait souvent l'agneau pour représenter Notre Seigneur, on employait aussi le poisson. Une croix, un bâton et une bannière, pour la résurrection. Une épée et une branche de lis sortant de la bouche dans le jugement dernier.

Dans les premiers ouvrages chrétiens, on représentait souvent Notre Seigneur sous la forme du Bon Pasteur, entouré de brebis et en por-

---

* Jesus Nazarenus Rex Judæorum. (*inscription latine sur la croix.*)

tant une sur ses épaules ; on représentait aussi Jonas dans la baleine, comme un emblême de la résurrection.

Emblêmes de la Sainte-Vierge. — 1. Le soleil, d'après le cantique des cantiques, v. 9 : *Electa ut sol.* 2. La lune, d'après le même : *Pulchra ut luna.* 3. Une étoile : *Stella Maria* ou *Stella Matutina.* 4. Une porte, représentée ordinairement crénelée et flanquée de deux tours ; et c'est là la porte mystique (*porta cœli*, *porta orientalis*) qui fut montrée au prophète Ezéchiel (chap. XLIV. v. 1.) *Et convertit me ad viam portæ sanctuarii exterioris, quæ respiciebat ad orientem, et erat clausa. Et dixit Dominus ad me, porta hœc clausa erit : non aperietur, et vir non transiet per eam ; quoniam Dominus Deus Israel ingressus est per eam*, etc. ; et ce passage a toujours été considéré comme un type de la virginité de Notre Dame avant et après la naissance du Sauveur, et l'invocation de la Sainte Vierge sous cette appellation se rencontre souvent dans l'office divin, comme dans l'hymne : *Ave Regina cœlorum, ave Domina angelorum, salve radix, salve porta, ex qua mundi lux est orta ;* puis encore : *Tu regis alti janua et Porta lucis fulgida.* 5. Le cèdre du Liban : *Cedrus exaltata.* 6. La branche d'olivier : *Oliva speciosa.* 7. La rose : *Rosa mystica*, d'après l'Ecclésiaste, chap. XXIV : *Quasi cedrus exaltata sum in Libano. — Quasi plantatio rosæ in Jéricho. — Quasi oliva speciosa in campis.* — 8. Le lis : *Lilium inter spinas*, d'après le cantique des cantiques : *Sicut lilium inter spinas, sic amica mea inter filias ;* comme le lis parmi les épines, ainsi florissait la Sainte Vierge parmi les filles des hommes. Le lis a toujours été introduit dans le sujet de l'Annonciation entre la Sainte Vierge et l'ange Gabriel, et il était ordinairement représenté comme s'élevant d'une ampoule. 9. Le puits : *Puteus aquarum viventium.* 10. La fontaine : *Fons hortorum.* 11. Le jardin : *Hortus conclusus.* Ces emblêmes sont tous empruntés au cantique des cantiques, chap. IV. v. 12, 15 : *Hortus conclusus soror mea sponsa, hortus conclusus, fons signatus. — Fons hortorum : puteus aquarum viventium, quæ fluunt impetu de Libano.* 12. Un miroir : *Speculum justitiæ*. Ceci est emprunté au livre de la sagesse, chap. VII : *Candor est enim lucis æternæ, et speculum sine macula Dei majestatis, et imago bonitatis illius*. 15. Une tour : la *tour* et la *cité* de David, *turris Davidica*. La cité de David était une partie de Jérusalem, située sur le mont Sion, et elle était appelée la *cité sainte*, parce que l'arche y avait été gardée pendant quelques années. Un passage du cantique des cantiques mentionne cette tour : *Sicut turris David collum tuum*. L'emblême est appliqué à la Sainte Vierge, pour marquer sa puissance et sa force : *Refugium peccatorum, salus infirmorum*, et par allusion à ce qu'elle était le tabernacle terrestre qui renfermait l'arche d'alliance. Tous ces emblêmes sont sculptés d'une manière exquise sur l'une des extrémités des stalles dans le chœur de la cathédrale d'Amiens, et ils sont décrits au long dans l'admirable ouvrage de MM. Jourdain et Duval, vicaires de la cathédrale. La Sainte Vierge, pendant le moyen-âge, était ordinairement représentée comme une reine, avec une riche couronne sur la tête, et vêtue d'une chape ou manteau parsemé intérieurement d'étoiles, et avec une étoile sur l'épaule gauche; c'était comme une réalisation de ces paroles du psalmiste : *Posuisti in capite ejus coronam de lapide pretioso ; et astitit regina a dextris tuis in vestitu deaurato, circumdata varietate*.

Les archanges. — Saint-Michel, des balances, et aussi une verge avec une croix fleurie à l'extrémité supérieure. Les archanges sont représentés avec des couronnes et des croix sur le front, pour montrer qu'ils combattirent le démon et ses anges. Saint-Gabriel, un sceptre ou verge royale. Saint-Raphael, un poisson.

Les anges. — En robes blanches, les pieds nus ou sans sandales, pour montrer qu'ils n'appartiennent pas à la terre et qu'ils sont prêts à marcher pour exécuter la volonté de Dieu; portant des ailes à plumes d'or et de vêtements ornés de saphirs, pour la contemplation céleste; le rubis, l'amour divin; le cristal, la pureté; l'émeraude, la jeunesse éternelle. Ils portent : 1. des épées flamboyantes, la colère de Dieu; 2. des trompettes, la voix de Dieu; 3. des sceptres, la puissance de

Dieu; 4. des encensoirs, l'encens étant les prières des saints offertes par les anges; 5. des instruments de musique, tels que des harpes, des trompettes, des orgues, pour exprimer leur félicité. Des anges peuvent être placés sur des colonnes, comme s'ils assistaient au saint sacrifice.

Les patriarches et les prophètes. — Des écriteaux de parchemin roulés; la tête couverte de capuchons ou de turbans.

Saint-Jean-Baptiste, avec un agneau et une bannière, un habit de peau de chameau et une ceinture de cuir; quelquefois la peau de la tête du chameau pend vers les pieds par devant. Saint-Joseph, une branche verte et une hache ou une scie.

Apôtres. — Saint-Pierre, une clé d'or et d'argent, aussi un livre; on le représente fréquemment avec la tonsure. Saint-Paul, avec une épée et un livre. Saint-André, une croix en sautoir. Saint-Jacques le Majeur, une épée et un livre, aussi un bâton et une coquille de pélerin. Saint-Jean, un calice avec un petit dragon, un chaudron, aussi un aigle. Saint-Philippe, une lance, aussi une croix. Saint-Bartholomé, un couteau à écorcher et une peau sur son bras. Saint-Mathieu, une lance, aussi une équerre de charpentier. Saint-Thomas, un dard. Saint-Jacques le Mineur, une massue; Saint-Matthias, une hache. Saint-Simon, une scie. Saint-Jude, une hallebarde.

Les trois mages ou trois rois de Cologne. — Gaspard, (représenté à l'âge de vingt ans) offre de l'encens, dans un vase couvert, semblable à un encensoir sans chaînes. Balthasar (à l'âge de quarante ans), offre de la myrrhe, tantôt dans une corne montée, tantôt dans une coupe à relief avec un couvercle. Melchior (à l'âge de soixante ans), offre de l'or dans une cassette, ressemblant à une châsse. Une étoile rayonnante est aussi introduite comme un emblême des trois mages; c'est pour cette raison qu'on devait l'introduire au sommet de la tour centrale de la cathédrale de Cologne, conformément aux plans originaux.

Les martyrs. — Des branches de palmier et des couronnes.

Les vierges. — Des couronnes de fleurs.

Saints particuliers. — Saint-Adrien, martyr, une enclume dans sa main et un lion à ses côtés.

Sainte-Agathe, vierge et martyre, 1. une poële ou pôt cassé et des charbons à ses côtés ; 2. portant ses seins sur un plat.

Sainte-Agnès, vierge et martyre, portant un agneau.

Saint-Alban, martyr, une épée et une couronne.

Saint-Alcmond, roi-martyr, une couronne royale et une épée.

Saint-Ambroise, docteur de l'Église, une rûche, un livre et des verges.

Sainte-Anne, 1. Notre Dame avec le Sauveur dans ses bras. 2. Apprenant à lire à la Sainte Vierge, indiquant quelquefois du doigt les mots *Radix Jesse floruit*.

Saint-Anselme, archevêque, Notre Dame et le divin enfant qui lui apparaissent.

Saint-Antoine, ermite, un démon à ses pieds dans des flammes; quelquefois aussi un porc.

Saint-Antoine de Padoue, confesseur, avec une croix ou crosse en forme de T, appelée un *tace*, un tison et une cloche dans sa main; un pourceau à ses pieds; représenté quelquefois comme prêchant les poissons.

Sainte-Apolline, vierge et martyre, patrone contre le mal de dents, tenant une dent.

Saint-Apollinaire de Ravenne, évêque, debout sur des flammes.

Saint-Augustin, évêque et docteur, 1. Un aigle ; 2. tenant dans sa main un cœur enflammé, percé quelquefois d'une ou deux flèches.

Saint-Austin, évêque, une crosse à la main.

Sainte-Barbe, vierge et martyre, un calice; tenant une tour avec trois fenêtres. Quelquefois le calice et le Saint-Sacrement sont représentés dans la tour. Sainte-Barbe a été choisie pour patronne par les architectes, parce qu'elle a bâti cette tour, dont la triple fenêtre est considérée traditionnellement comme l'emblême de la Sainte-Trinité.

Saint-Barnabé, apôtre, tenant trois pierres; on lui donne un costume d'évêque pour le distinguer de Saint-Étienne.

Saint-Bède, représenté en bénédictin, avec un livre.
Saint-Bernard, abbé, avec une ruche et un chien.
Saint-Bernard, anachorète; liant un esprit infernal.
Saint-Bernardin; le saint nom sortant de ses mains entouré de rayons.
Sainte-Bibiane, vierge et martyre, un poignard et un rameau.
Saint-Blaise, évêque et martyr, patron des cardeurs de laine; un flambeau et des peignes de fer.
Saint-Boniface, évêque et martyr, avec une épée qui lui perce le sein.
Sainte-Brigitte, vierge; un livre, une flamme brûlant dans sa main.
Saint-Brice, évêque, portant des charbons ardents dans un drap.
Saint-Brunon, abbé des chartreux; une étoile sur la poitrine, un crucifix dans la main, une sphère à ses pieds.
Sainte-Cécile, vierge; un orgue ou un autre instrument de musique dans ses mains.
Saint-Calixte, évêque et martyr; une fontaine jaillissant près de lui.
Sainte-Catherine d'Alexandrie, vierge et martyre; une épée et une roue avec des faulx de fer; un roi à ses pieds.
Sainte-Catherine de Sienne, vierge et martyre; une couronne d'épines, un crucifix et une branche de lis.
Sainte-Christine, vierge et martyre; une meule et deux flèches.
Saint-Chamaïl, ange; un bâton et une coupe.
Saint-Christophe; un géant debout dans l'eau, appuyé sur une branche d'arbre, ayant sur les épaules Notre Seigneur, à qui il fait passer une rivière; à l'autre bord des moines et une figure de femme avec une lanterne. — Saint-Christophe est un saint d'heureux augure, et on le voit souvent peint près d'une porte, avec cette inscription :

Christophori sancti speciem quicunque tuetur,
Illo nempe die nullo languore gravetur.

Sainte-Claire, vierge, abbesse; un calice et le Saint Sacrement, un lis et un ostensoir.
Saint-Clément de Rome, évêque; une ancre.
Saint-Colomban, évêque; un ours, le soleil au-dessus de la tête du saint.

Saint-Corbinien, évêque; un ours portant son bagage.

Saint Côme et Damien; avec des instruments de chirurgie.

Saint-Crépin, patron des cordonniers; une peau avec des bandes qu'on en a coupées.

Saint-Cuthbert, évêque; des cygnes à ses côtés, des colonnes de lumière au-dessus de lui.

Saint-Cyprien, évêque et martyr; une épée.

Saint-Cyriaque, diacre; foulant aux pieds le démon.

Saint-David, évêque; placé sur une éminence, une colombe est perchée sur ses épaules.

Saint-Denis (Dionysius), évêque et martyr; décapité, portant dans sa main sa tête avec la mître.

Sainte-Dorothée, portant une corbeille; près d'elle une épée à terre.

Saint-Dunstan, archevêque; des tourelles et l'esprit malin; environné d'un groupe d'anges.

Saint-Dominique; un chien avec un tison enflammé dans sa gueule, un moineau à ses côtés.

Saint-Edmond, roi et martyr; couronné, lié à un arbre et percé de flèches; un sceptre dans sa main.

Saint-Édouard, roi et confesseur; avec un anneau dans sa main droite, et un sceptre dans sa gauche; conduisant une personne malade.

Saint-Édouard, roi et martyr; un poignard ou une dague, un sceptre et un cuveau.

Sainte-Émérence, vierge et martyre; des pierres dans son giron.

Sainte-Eulalie; une croix, un crochet et une colombe.

Saint-Eustache; sonnant du cor comme un chasseur; des chiens autour de lui.

Sainte-Élisabeth, reine de Hongrie; trois couronnes pour exprimer sa sainteté dans ses trois états de vierge, d'épouse et de veuve; aussi des roses ou un infirme qu'on habille.

Sainte-Etheldrède, vierge; avec une couronne royale, une houlette et un bâton bourgeonnant.

Saint-Fabien, évêque et martyr; une épée et une colombe; une massue et une colombe.

Saint-François; marchant sur un globe; avec un crucifix ailé, des rayons et des stigmates.

Saint-Gabriel, archange; portant un lis.

Sainte-Géneviève, vierge; portant une chandelle; le diable à ses pieds avec des soufflets.

Saint-George, martyr; montant un cheval et tuant un dragon sous ses pieds en le transperçant d'une lance pourvue d'une bannière avec une croix rouge; un écu blasonné de la même manière.

Sainte-Gertrude; entourée de souris, emblêmes des esprits malins.

Saint-Grégoire le grand; avec un plat et un livre, et le Saint-Esprit sous forme de colombe près de son oreille; ou célébrant devant un autel au-dessus duquel apparaît Notre-Seigneur dans sa passion.

Saint-Giles; avec un cerf.

Saint-Guthlac; des verges.

Sainte-Gudule; avec une lanterne qu'un esprit malin s'efforce d'éteindre.

Saint-Henri; une épée et une église dans sa main.

Saint-Haniel, ange; portant une couronne d'épines et un roseau.

Saint-Hubert, en chasseur, ou en évêque à qui apparaît un cerf avec un crucifix entre son bois.

Saint-Hilaire, évêque et confesseur; un enfant dans un berceau à ses pieds.

Sainte-Hélène, impératrice; couronnée, une grande croix dans ses bras; taille élevée; représentée aussi parfois avec une barbe et liée à la croix. — Une croix et des clous.

Saint-Ignace, évêque et martyr; des lions.

Saint-Jean, l'aumônier; un estropié recevant des aumônes; une bourse dans ses mains.

Saint-Joseph; portant un lis et quelquefois le Sauveur enfant.

Saint-Joseph d'Arimathie; une boîte d'onguent et une branche bourgeonnante.

Saint-Jophiel, ange; une épée flamboyante à la main.

Saint-Jérôme; une pierre dans sa main, un lion à ses côtés, pour exprimer qu'il se retira dans un désert (les lions sont des emblêmes de lieux solitaires); un chapeau de cardinal à ses pieds, parce qu'il a assisté le pape Damase dans des fonctions qui sont aujourd'hui remplies par des cardinaux.

Saint-Julien, le pontonnier; une rame.

Saint-Julien, martyr; une épée.

Saint-Lambert, évêque et martyr; un dard ou une lance.

Saint-Léonard; avec des chaînes et des menottes, comme libérateur de captifs.

Sainte-Lucie, vierge et martyre; une épée dans la main, deux yeux sur un plat; des tenailles.

Saint-Louis, roi et confesseur; une châsse et un sceptre.

Saint-Laurent, diacre et martyr; en dalmatique avec un gril. — Le gril sur lequel souffrit Saint-Laurent avait plusieurs pieds de long — Il est donc absurde de le représenter de la grandeur d'un gril domestique. Il doit être placé à ses côtés, et non pas dans sa main.

Saint-Maurice, couvert d'une armure et tenant une épée; une bannière avec sept étoiles. On le représente souvent comme un maure.

Saint-Martin; à cheval, coupant son manteau avec son épée; un estropié près de lui.

Sainte-Martine; un peigne de fer à ses côtés; on la place ordinairement près d'un temple.

Saint-Michel, archange; dans une armure complète.

Sainte-Marguerite; un dragon à ses côtés.

Sainte-Marie-Madeleine; cheveux longs, une riche toilette, un pot d'onguent.

Saint-Macaire; de grosses mouches à dard.

Sainte-Marthe; un pot à l'eau et un arrosoir.

Saint-Nicolas, évêque; trois enfants nus dans une cuve au milieu de laquelle repose son bâton pastoral.

Saint-Nicaise; avec sa tête mîtrée dans sa main.

Saint-Olave, roi et martyr; un sceptre et une épée.

Saint-Oswald, roi et martyr; un corbeau avec un anneau dans son bec; à ses côtés un sceptre et une croix.

Saint-Osmond, évêque; un livre.

Saint-Patrice, évêque et confesseur; une crosse archiépiscopale, le trèfle; les pieds entourés de serpents ou de dragons

Saint-Pancrace, martyr; comme un jeune homme armé, un rameau dans sa main, un Sarrasin sous ses pieds.

Sainte-Perpétue, martyre; avec un bœuf à ses côtés.

Saint-Paul, ermite; un vêtement de rameaux verts.

Saint-Raphaël, archange, avec une mallette de pélerin et un poisson.

Saint-Rémi; une colombe avec une fiole d'huile.

Saint-Richard, évêque; un calice dans ses mains ou à ses pieds.

Saint-Roch; un bâton de pélerin et un chapeau; une blessure à la cuisse; à ses côtés un ange et un chien tenant un pain dans sa gueule.

Saint-Romain; un dragon ayant une étole à son cou.

Saint-Étienne, diacre et martyr; en dalmatique, tenant une pierre dans la main, et ayant le giron tout rempli de pierres.

Saint-Sébastien; lié à un arbre; le corps percé de flèches.

Saint-Sylvestre; des bœufs couchés à ses pieds.

Sainte-Thècle, vierge et martyre; des bêtes féroces agenouillées autour d'elle.

Saint-Thomas d'Aquin; un calice dans sa main avec le Saint-Sacrement; une colombe tout près de son oreille; un rouleau où se trouve écrit : *Bene scripsisti de me, Thoma*, allusion à l'ouvrage qu'il a composé pour la fête de *corpus Christi*.

Saint-Thomas de Cantorbéry, archevêque et martyr; une épée enfoncée dans sa tête; une épée au-dessus de sa tête; couvert d'une chape et agenouillé devant un autel.

Saint-Urbain, pape; du vin et des raisins.

Saint-Uriel, archange; un rouleau ou un livre dans sa main.

Sainte - Ursule , vierge et martyre ; enveloppée dans un grand manteau, sous lequel se trouve un groupe d'autres vierges et d'ecclésiastiques; un navire dans le lointain.

Sainte-Véronique; tenant un mouchoir sur lequel est empreinte la face de Notre Seigneur.

On représente les évangélistes assis et écrivant sur des rouleaux de parchemin, d'ordinaire les premiers mots de leurs évangiles respectifs; les apôtres debout sur les instruments de leur martyre. Les évêques sont représentés ou debout, la main droite levée dans l'action de bénir; ou assis comme occupés à instruire. Les quatre docteurs, assis et dans l'action d'écrire leurs livres.

On représente les vierges et les martyres debout avec les emblêmes de leur martyre.

APPENDICE B.

MUSIQUE DANS LES ÉGLISES ET BUFFETS D'ORGUE.

Nous avons beaucoup et énergiquement parlé dans le cours des pages précédentes du caractère profane et voluptueux de l'architecture et des ornements qui a infecté les églises chrétiennes, pendant les trois derniers siècles. Mais pour solenniser dignement les cérémonies du culte catholique il ne suffit pas de beaux édifices construits avec convenance; l'influence exercée par le son sur l'esprit humain l'emporte à un si haut dégré sur la forme que nous éprouvons le besoin, « avant de quitter les églises, de consacrer quelques mots à une classe spéciale de vandales qui y ont élu domicile, c'est-à-dire, aux organistes. Si c'est un crime d'offenser les yeux par des constructions baroques et ridicules, c'en est un, assurément, que d'outrager des oreilles raisonnables par une prétendue musique religieuse qui excite dans l'âme tout ce qu'on veut, exepté des sentiments religieux, et d'employer à cette profanation le roi des instruments, l'organe intime et majestueux des harmonies chrétiennes. » *

Dans aucun siècle, de savants ecclésiastiques et des hommes pieux n'ont manqué de sollicitude pour réprimer ou contrôler cette manie d'importer la musique de théâtre ou de cabaret dans l'église; mais, en dépit de leurs efforts, elle s'est maintenue dans beaucoup d'endroits. Heureusement, les excès mêmes auxquels, dans ces dernières années, cette sorte de musique a été poussée, ont établi un abus qui a puissamment réveillé l'animadversion et le dégoût de toutes les personnes douées

---

* Paroles de M. le comte de Montalembert.

d'un esprit juste; une impulsion considérable a été créée en faveur d'un retour de style mieux adapté et plus simple de musique sacrée.

Comme la musique est, de tous les arts qui font appel à la fantaisie, le plus exquis et le plus sensitif, c'est aussi l'objet sur lequel le plus de divergence d'opinion est susceptible de prévaloir. Et il en est effectivement ainsi : parmi les défenseurs du mouvement en faveur d'une réforme à cet égard, il existe une très-grande scission. Quelques-uns invoquent comme unique remède à l'état actuel des choses un retour vers les simples chants à l'unisson de Grégoire. D'autres voudraient introduire ce qu'on appelle chant grégorien harmonisé, par quoi ils entendent les tons grégoriens, fondus avec des harmonies formulées selon le système actuel; tandis qu'une troisième classe, la plus nombreuse et la plus influente, est d'avis de conserver l'usage de la musique composée selon les règles modernes des harmonies, pourvu qu'elle porte cette marque de dignité et de sainteté qui sied à la solennité du rituel catholique.

Les deux côtés de la question sont ici fortement controversés. Mais, sans nous attacher à aucun parti, sans nous arrêter à aucune opinion définitive, nous demandons seulement la permission de remarquer que le principe que nous avons posé et invoqué dans le cours des pages précédentes, « de faire, comme auraient fait les anciens ecclésiastiques s'ils eussent vécu, sachant ce que nous savons, et placés dans les mêmes circonstances et ayant à satisfaire les mêmes besoins que nous, » que ce principe paraît également bien trouver son application vis-à-vis de la musique comme de l'architecture et des autres arts et sciences en rapport avec la religion. Il est certain que les anciens hommes d'église introduisirent constamment et en toute chose de notables changements et améliorations, à mesure que leur savoir, leur instruction et leur expérience progressaient. Il n'est guère croyable que des hommes accoutumés à revendiquer pour le service du Dieu tout-puissant tout ce qui est bon et beau, eussent hésité à lui faire aussi l'offrande d'une perfection si grande à cet égard. Les orgues, dès qu'elles furent inventées, servirent au culte divin; et ce serait chose difficile à dire pourquoi le progrès si grand que ces mêmes instruments ont fait faire à la science théorique de la musique, ne serait pas utilisé pour le même but. Quoi qu'il en soit, avec la somme de connaissances que nous possédons et le goût toujours croissant de la science musicale qu'on voit se répandre dans toutes les branches de la société, il n'est guère croyable qu'il se puisse trouver des hommes (au moins pendant de longues années encore), **voulant répudier leurs idées à cet égard, voulant conserver de l'oreille pour tolérer une théorie de sons musicaux et d'harmonie dans l'église, distincte de celle qu'ils savent être, d'autre part, la plus parfaite;** qualité laquelle, en effet, ne saurait guère être contestée. L'une ou l'autre de ces théories doit être étrangère à leur ouïe et conséquemment désagréable. Nous avons dit théorie de sons musicaux distincte, car nous ne pouvons guère supposer qu'aucun lecteur perde de vue le fait que les avocats du mode grégorien, pour être conséquents, ne devraient chanter le grégorien qu'à l'unisson et sans aucun autre accompagnement de musique, mais tel qu'il a été primitivement composé; ou que, s'ils introduisent l'harmonie et le chant dans certaines parties, ils devraient harmoniser conformément aux connaissances restreintes de l'arrangement des notes connues alors, et ne pas se servir d'autres notes, ou d'un plus grand nombre, ou d'intervalles inconnus aux compositeurs de ces mélodies. Il va sans dire qu'un orgue construit selon la théorie actuelle ne pourrait accompagner ces compositions faites selon les anciennes règles de la musique, et s'ils voulaient le chant grégorien harmonisé avec accompagnement, d'après la manière grégorienne, ils devraient, revenir à la manière originaire, surannée de construire les instruments de musique. Les chants grégoriens sont, presque sans exception, composés pour l'unisson, et cela sur une échelle assez mesquine. Certes, lorsque vous harmonisez selon le système actuel d'arranger les notes, en faisant de fréquentes altérations dans les mélodies, vous les dénaturez par ce fait, et vous dérogez aux intentions du compositeur.

Ceux qui veulent employer uniquement ou *purement* le chant

grégorien, doivent chanter à la manière et selon les connaissances des compositeurs grégoriens. Si on change les mélodies pour les adapter aux instruments modernes, la musique ne reste plus grégorienne — sa nature sera tout-à-fait changée.

Le chant dans l'église collégiale de Saint-Gudule, à Bruxelles, est de beaucoup le plus solennel et le plus religieux que les auteurs aient rencontré dans ce pays. Nous l'avons entendu nommer chant grégorien harmonisé, une expression plus correcte serait « modernisé. »

Nous croyons, cependant, qu'en pratique il ne se borne pas rigoureusement à ceci, mais qu'il est dirigé d'après le vrai principe, celui d'admettre toute musique d'église solennelle et réellement bonne, soit ancienne, soit moderne. Et nous nous trompons fort si nous-mêmes nous n'avons entendu un *tantum ergo* et d'autres très-belles compositions par Henry, comme aussi des messes et des pièces par Benz et Ett, et d'autres compositeurs allemands, appartenant à la véritable école ecclésiastique. Ce qui est certain c'est qu'aucun raisonnement ne peut convaincre un homme qui prétend avoir de l'oreille pour la musique : il est perdu pour tout raisonnement à cet égard, et le seul moyen par lequel vous puissiez espérer de le gagner, c'est de faire appel à son oreille, de porter à sa connaissance des compositions, des mélodies pleines de dignité, et parlant leur langage sublime à son âme. Certes, à cet égard, pour l'observateur de hasard, les avocats du chant grégorien n'ont gagné, pendant quelques années de la renaissance, rien moins que les apparences du succès, et s'il fallait suivre les préceptes des docteurs de nos jours, on pourrait craindre que le remède ne fût pire que le mal; tellement qu'en voulant trop étreindre, on court le risque de tout renverser et de laisser les abus existants sans remède.

Il fut un temps où la musique allait être expulsée de l'église; heureusement, elle fut sauvée par les magnifiques compositions de Palestrina qui, comme chefs-d'œuvre de l'art de composer, autant que pour la dignité mélodieuse et le caractère sacré; resteront à tout jamais, sans égales, quoi qu'elles soient écrites d'après les règles de la théorie moderne.

Considérant ceci comme des antécédents, nous sommes fondés à croire que la meilleure garantie pour un retour de caractère de musique plus religieux doit se rencontrer dans le bon goût croissant de jour en jour, tant du clergé que des classes laïques, plutôt que dans les règles ou maximes à établir.

Mais notre sujet nous conduit à traiter plutôt de buffets d'orgues que de musique. Ains , avant de conclure, nous devons en dire deux mots. — Beaucoup de buffets d'orgues modernes sont si dépourvus de goût dans leurs dessins, qu'ils sont insupportables à la vue dans les églises où ils sont placés. De lourdes et irrégulières masses d'ouvrages sculptés, couverts de fruit, de fleurs, de cupidons bouffis, de têtes, de rouleaux, de moulures et de corniches exagérés, n'entravent pas seulement la vue, mais ruinent l'architecture d'une église gothique par leurs lignes horizontales et par leurs proportions inélégantes. En France, en Belgique, en Allemagne, il existe beaucoup de styles d'orgue. Celui de Saint-Jacques, à Liège, par exemple, en corrigeant quelques détails, fournirait un bon modèle pour de nouvelles constructions ; les détails, par suite de fréquentes réparations, à des époques de mauvais goût, ont été changés et remplacés par des ornements dans le goût de Louis XIV; mais ils sont encore dans un état tel qu'avec un peu de soin et d'attention, des buffets religieux convenables pourraient être construits.

Parmi les modèles de buffets d'orgues donnés dans les planches annexées, les n°s 1 et 4 ne conviennent qu'à un grand bâtiment. Ils sont en bois de chêne sculpté avec grand soin, richement peint et doré, et nécessairement fort coûteux. Un orgue dans ce genre est destiné à être placé à côté de la nef ou du chœur, et il est construit de manière que l'entrée du jubé d'orgue est du côté de la galerie du triforium. Il s'élève insensiblement d'une console avec un petit orgue sur le devant. Les tuyaux du grand orgue sont placés entre deux fenêtres de la claire-voie.

La soufflerie doit se trouver derrière l'orgue dans la galerie du

BUFFETS D'ORGUES

N° 1.

N° 2.

N° 3.

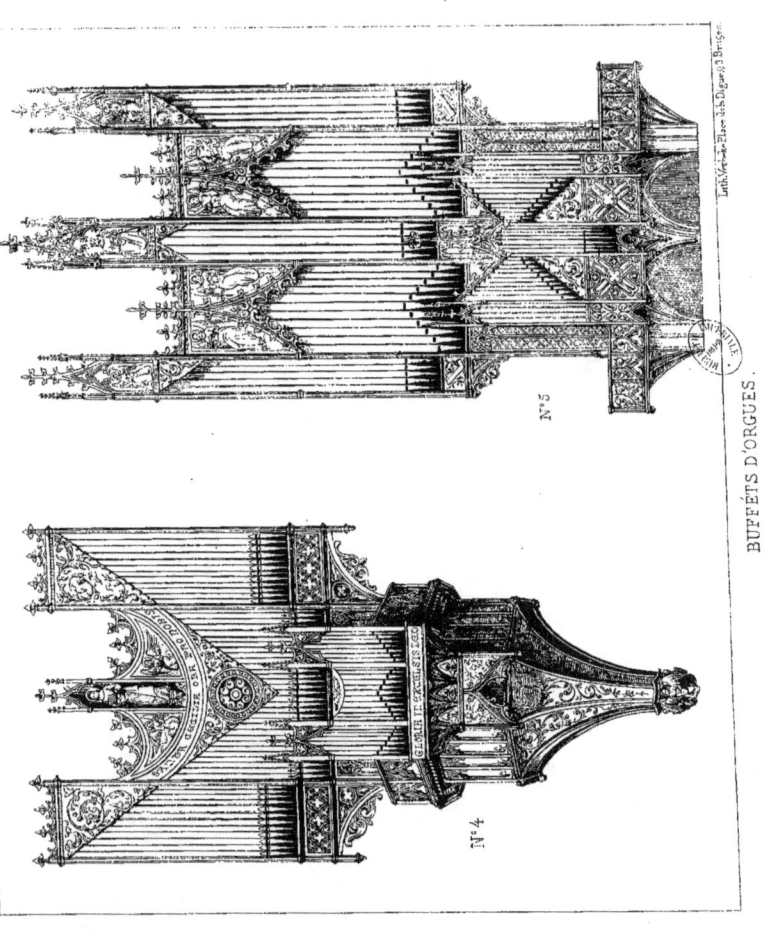

BUFFETS D'ORGUES.

triforium. On voit de beaux modèles de cette sorte d'orgues à Fribourg, à Strasbourg, à Chartres et dans d'autres lieux.

Un orgue avec des buffets ecclésiastiques convenables est d'une apparence grandiose au-dessus de l'entrée occidentale d'une cathédrale; mais alors il doit y en avoir un autre au-dessus des stalles, sous une des arches du chœur. — Dans la cathédrale d'Amiens, l'orgue est situé au-dessus de la porte occidentale, les buffets ont conservé leur forme originaire, (excepté quelques changements dans le goût italien), ils gardent aussi la peinture et la dorure primitives. — Il repose sur de grosses solives qui traversent toute la largeur de la nef, sous laquelle est une voûte de chène dont les nervures sont peintes en rouge et or; la boiserie en est bleue et parsemée d'étoiles. L'orgue même est en grande partie bleu avec les tuyaux affectant leur couleur native.

Le n° 5 convient pour être mis dans le fond d'une grande église, mais il ne demande pas à être travaillé avec le même soin ou avec le même fini. Le n° 2 est un dessin destiné pour une église de village. Le n° 3 est un modèle d'orgue de chambre susceptible d'ornements au choix.

APPENDICE C.

SUR SAVANAROLA ET LE RESULTAT DE SES SERMONS.

Savanarola était lecteur du couvent de Saint-Marc, à Florence. C'est là qu'il commença à attirer l'attention publique par son éloquence ardente et l'esprit hardi des ses avertissements prophétiques, dans lesquels il prédisait les calamités qui allaient fondre sur l'Italie. Il paraît y avoir eu comme quelque chose de miraculeux dans l'affluence de toutes les classes de la société — jeunes et vieux, princes et paysans, artistes et artisans — autour de cette chaire de Saint-Marc; quelque chose de surnaturel aussi dans cette énergie infatigable et cet enthousiasme toujours nouveau avec lesquels le *padre Girolamo*, durant sept années d'une prédication presque journalière, entraîna avec lui tous ses auditeurs, soit qu'il pleurât sur la corruption du siècle, soit qu'il tonnât contre « l'esprit de malignité en haut lieu, » soit qu'il élevat la voix pour prédire avec ravissement le triomphe final de l'épouse du Christ. Et jamais cette épouse n'avait eu plus besoin qu'en ce moment d'un pareil champion, pour la défendre contre les puissances de la terre. Il est effrayant de s'arrêter sur l'irréligion et la dépravation qui envahirent la société laïque, sur le paganisme qui infecta toutes les branches des sciences humaines; mais il est bien plus terrible de songer à la corruption de ceux qui auraient dû être les gardiens du peuple, de rappeler que beaucoup de membres du clergé furent les premiers à s'adonner à des études profanes et que les moines furent les imitateurs les plus zélés des productions sensuelles du paganisme. On aurait de la peine à croire jusqu'où s'étendit la passion pour les études païennes à cette époque, si l'on ne savait que beaucoup d'ecclésiastiques craignaient de gâter leur goût en lisant les épîtres de Saint-Paul, et qu'un moine dominicain, d'ailleurs homme d'une conduite exemplaire, demanda un jour naïvement à Savanarola, lorsque celui-ci faisait son noviciat, de quelle utilité était l'ancien Testament et quel avantage on pouvait tirer de la connaissance d'événements passés depuis si longtemps. C'était pour réformer cet abus que plus tard il prêcha plusieurs de ses sermons les plus émouvants, et il paraît n'avoir négligé aucun moyen de persuasion, n'avoir épargné aucun effort pour atteindre ce but auprès de ses auditeurs. Il appliqua les puissantes facultés de son esprit à une modification complète du système d'éducation alors en vogue pour la jeunesse de Florence...... Il réclama la prohibition totale des ouvrages immoraux des anciens poètes, et il visait probablement à inculquer plus ou moins la leçon renfermée dans cet ancien proverbe : *Accessit latinitas, recessit pietas.*

Non content de réformer le système d'éducation de ses compatriotes Savanarola tourna le torrent de son irrésistible éloquence contre l'état encore plus dégradé de l'art. Nous savons quelle influence, soit en bien, soit en mal, les beaux-arts exercent sur l'esprit et les sens des hommes. Dans les temps qui précédèrent immédiatement l'époque que nous décrivons, l'Église, en mère sage, avait mis à profit cette disposition de ses enfants; elle s'était approprié tout ce qu'il y a de beau et d'inspirateur dans la poésie ou dans l'art. Elle prit possession de la musique par les tons solennels, mais attrayants, de son chant divin; elle domina sur tout ce qu'il y avait de grand et de noble dans la peinture, en élevant dans l'enceinte de ses monastères des artistes dont le génie n'était surpassé que par la piété. Elle avait sanctifié la sculpture en l'appelant à représenter ses saints trépassés ou à illustrer ses gloires vivantes. Et pour la poésie, elle l'avait consacrée depuis longtemps par sa liturgie imposante et la douceur touchante de ses hymnes. Mais maintenant tout changeait, elle allait voir s'arracher les beaux domaines sur lesquels elle avait régné pendant quinze siècles, par la main perfide de ses propres enfants. L'étude de Cicéron et d'Ovide avait engendré le mépris pour le style du latin de la Vulgate et des Pères. Aux accents majestueux du *Dies iræ* et du *Stabat Mater*, on préférait des chants licencieux et des cantiques d'une tendance immorale. A fra Angelico Fiesole, dont les tableaux étaient plutôt des visions célestes que des idées humaines, avait succédé l'indigne Filippo Lippi, qui ne se fit point scrupule, on ne le sait que trop, d'introduire des dieux et des déesses païens, et même des portraits de personnages infâmes, dans des sujets représentant la Sainte Vierge et les saints. Il est étonnant avec quelle rapidité ces atrocités suivirent l'abandon des inspirations chrétiennes, et c'est une triste vérité que les artistes qui abjurèrent les traditions pieuses de leurs ancêtres, finirent par abjurer également leur piété. Du moment qu'on cesse de voir le contour sévère, les amples draperies, les couleurs anciennes et le costume mystique, qui de temps immémorial avaient été sanctifiés par l'Église, on n'entend plus parler de peintres qui ne peignaient jamais le crucifiement du Sauveur qu'en pliant les genoux, qui croyaient que la sainte communion était une préparation essentielle à tout grand ouvrage, et qui regardaient une vie sainte chez eux-mêmes comme indispensable pour éveiller des idées saintes chez autrui. Après un exemple aussi terrible que celui de la renaissance du paganisme en Italie, qui osera dire que le sentiment du beau dans l'art est sans rapport avec le sentiment catholique? L'Église a pensé différemment, et si pendant un certain temps, aux jours des Médicis, elle semblait oublier sa souveraineté et être privée des plus belles parties de son héritage, elle avait des motifs trop amers de regretter ses pertes pour ne pas s'efforcer de les réparer avec toute la promptitude possible. Savanarola comprit dans toute son étendue l'importance de l'influence de l'Église sur la beauté extérieure. Il voyait et sentait avec quelle rapidité le déclin du culte chrétien avait suivi la décadence de l'art chrétien, et il était convaincu que la restauration de l'un hâterait le retour de l'autre. Et cette conviction, il chercha à la communiquer au peuple. Il commença par faire entrer dans les esprits l'idée de la nécessité de la dévotion intérieure, de la spiritualité intime. Ensuite il expliqua à ses auditeurs la connection entre l'esprit et le cœur de l'homme, ainsi que le symbolisme du culte catholique, il analysa les cérémonies de l'Église, et en rappelant les vénérables institutions de leurs ancêtres, il fit souvenir les amis des arts qu'il y avait un trésor inépuisable dans les ressources du christianisme, sans recourir aux restes de Rome païenne ou à la mythologie de l'ancienne Grèce...... Malgré la violente opposition que lui firent les disciples de l'école païenne, il vécut pour se voir entouré d'un cercle nombreux et brillant d'admirateurs. Il serait difficile, en effet, d'énumérer tous les philosophes, les poètes, les artistes, les architectes, les peintres et les sculpteurs qui se vouèrent, pour ainsi dire, à son service, pour être les instruments volontaires de cette grande reforme. Pic De La Mirandole, Angelo Politiano, Lorenzo di Credi et fra Benedetto, le peintre Rodolpho Ghirlandajo, Boldini et Bollicelli, les deux célèbres graveurs, et enfin le plus grand de tous, fra Bartolomeo, l'ami de Raphaël — voilà quelques-uns seulement des grands hommes sur qui s'étendit son influence. Mais la malice de ses ennemis l'emporta à la fin, et malgré toutes les brillantes qualités de son esprit, malgré toute son énergie, il échoua dans sa noble tentative de rétablir le règne du Christ dans le domaine de la littérature, de la science et de l'art, et il finit par sceller de son sang la cause qu'il avait si longtemps défendue. Et après sa mort, le torrent du paganisme se précipita violemment sur les domaines de l'Église sans rencontrer de résistance, et entraîna dans sa course les splendides trophées de l'art chrétien.

(*D'après un article légèrement modifié d'un journal anglais.*)

ALPHABETS GOTHIQUES POUR FAIRE DES INSCRIPTIONS.

✠ ABCD
EFGHI
KLMNO
PQRST
UVWXYZ

De Lay-De Muyttere, Lith Bruges

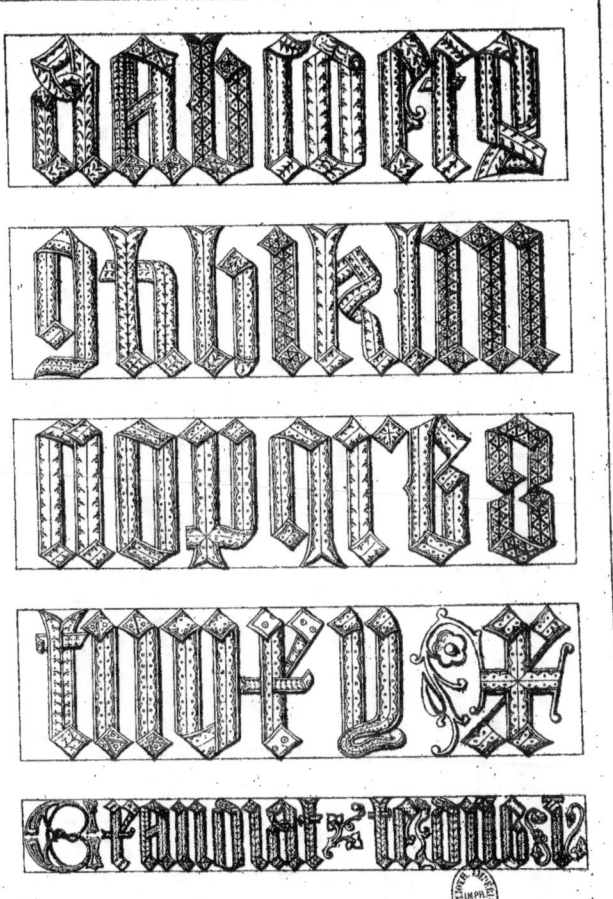

✠ a b c d e f
g h i k l m n
o p q r s ſs
t v x y z

ANCIEN HOTEL DE VILLE.   HOTEL DE VILLE MODERNE.

HOTELS DE VILLE CONTRASTÉS.

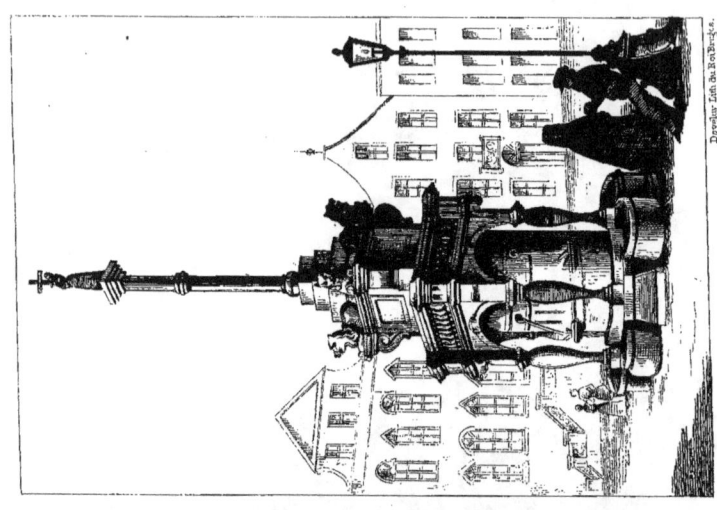
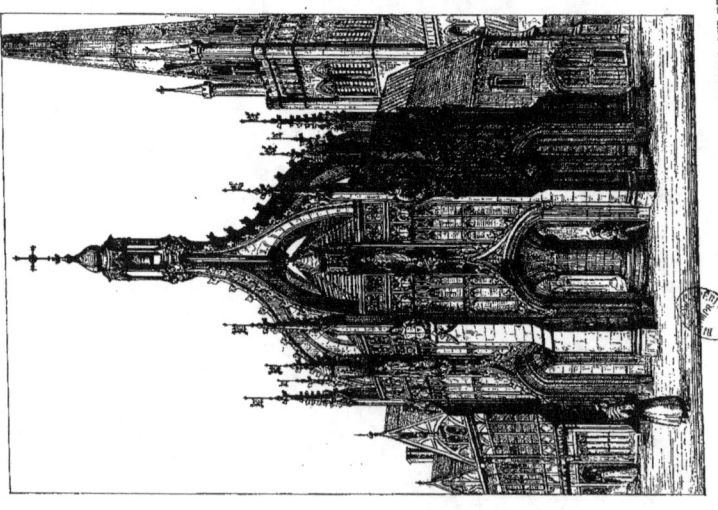

MONUMENTS ANCIENS ET MODERNES SUR DES PLACES PUBLIQUES MIS EN CONTRASTE.

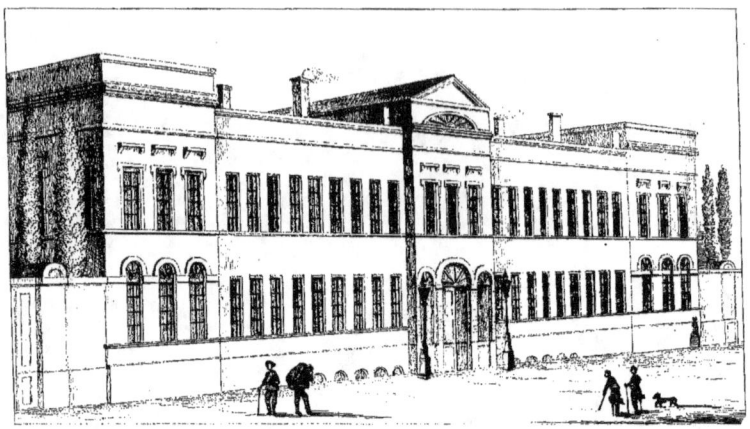

HOSPICE MODERNE POUR LES VIEILLARDS.

PALAIS D'ÉVÊQUE MODERNES

ANCIEN HOSPICE POUR LES VIEILLARDS.

VUE D'UN ANCIEN ÉVÊCHÉ.

ANCIEN PALAIS DE JUSTICE

PALAIS DE JUSTICE MODERNE
PALAIS DE JUSTICE MIS EN CONTRASTE

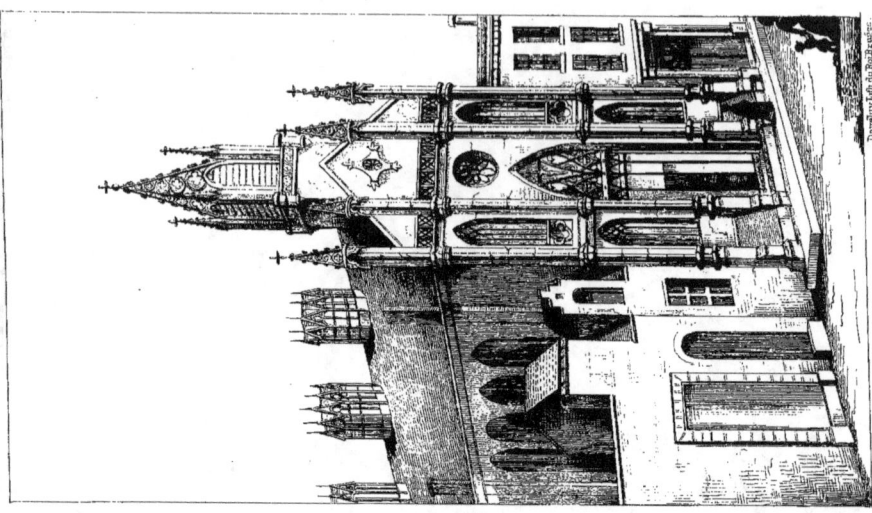

ÉGLISES ANCIENNES ET MODERNES MISES EN CONTRASTE.

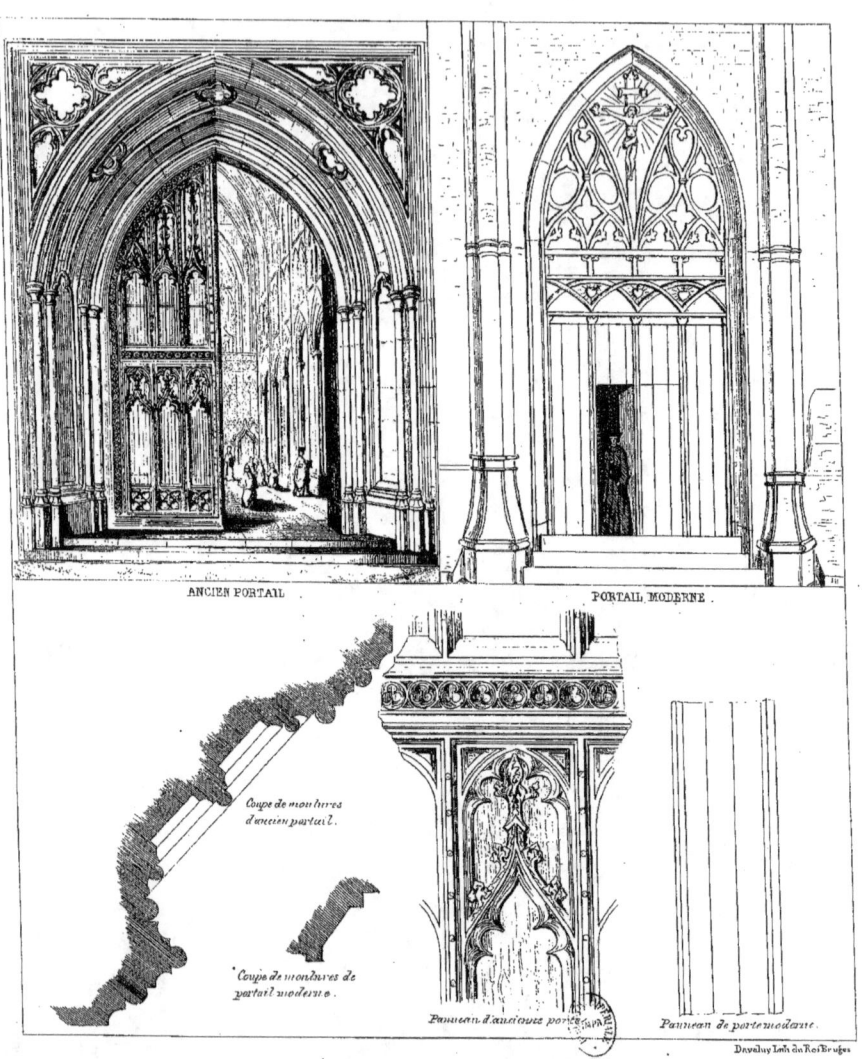

PORTAILS D'ÉGLISE ANCIENS ET MODERNES MIS EN CONTRASTE.

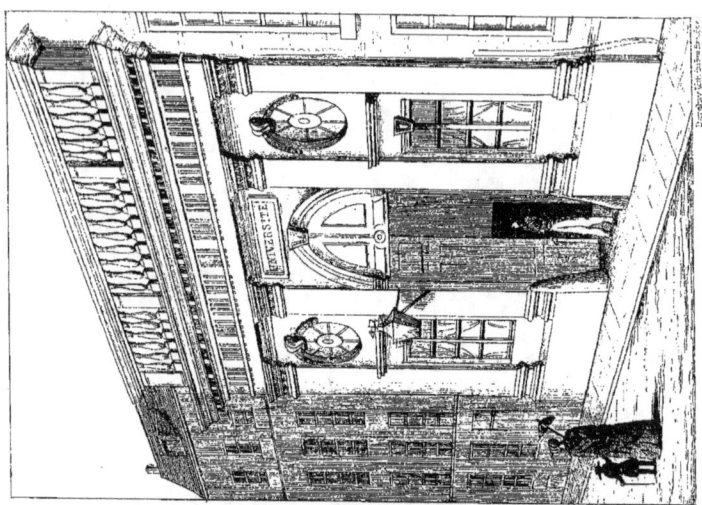
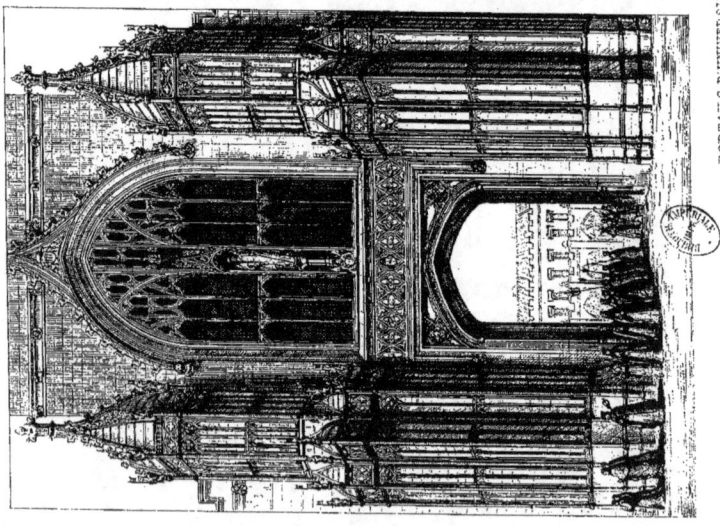

PORTAILS D'UNIVERSITÉ MIS EN CONTRASTE.

HÔTELS ANCIENS ET MODERNES MIS EN CONTRASTE.

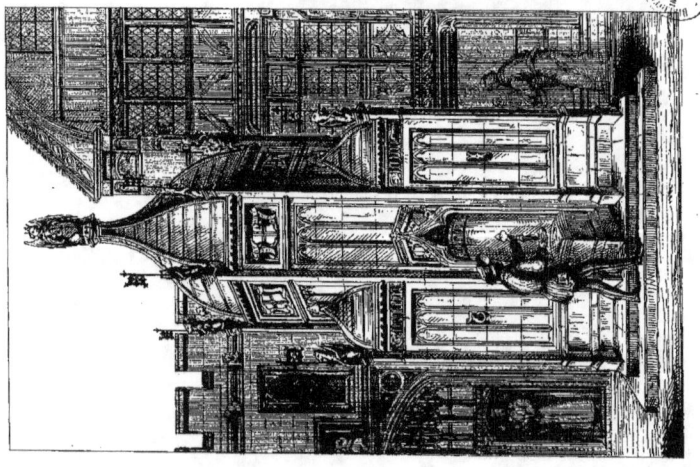

FONTAINES ANCIENNES ET MODERNES MISES EN CONTRASTE.

LOUIS GROSSÉ,

FABRICANT DE SOIERIES & DE BRODERIES,

MAISON DU LION D'OR,

PLACE SIMON STÉVIN, à BRUGES;

Se charge de tout ce qui regarde la composition des Dessins et la fabrication de tout ce qui concerne l'ornement religieux en vrai style chrétien.

Les anciens Damas en beaux dessins d'Église, brochés en différentes couleurs de soie, ou or et argent, nommés *Damas d'Évêque*, qui sont d'une richesse et d'une solidité toutes particulières, ainsi que les Orfrois et les Broderies sont fabriqués dans ses ateliers, sous sa direction personnelle.

On trouvera dans ses magasins des modèles de Chasubles, Dalmatiques, Chapes, Mitres, Étoles et tous les vêtements sacerdotaux.

Aubes unies et parées, Surplis, Rochets et toutes Lingeries.

Chandeliers, Crucifix, Lampes, Branches et autres Ornements d'autels.

Une nouvelle édition de Cartes d'autel en caractères clairs et très-lisibles, susceptibles de pouvoir être montées d'une manière très-simple — ou richement illustrées et encadrées en forme de triptyches.

Remontrances, Ciboires, Calices, Ampules, Burettes, Encensoirs, etc.

Réliquaires, Croix de procession, Crosses, Bâtons de cérémonie et Lavabos.

Bannières, Dais, Trônes, Siéges, Couronnes et Coussins.

Le tout exécuté sous la direction et d'après les dessins des artistes les plus éminents, et à des prix très-modérés.

N. B. — Une grande partie de ces articles ne se trouvant point confectionnés en avance; on est prié de vouloir accorder un temps convenable pour la fabrication.

FAIT DES ENVOIS A L'ÉTRANGER.

Bruges, Beyaert-Defoort, Libraire, rue des Pierres, 15.

www.ingramcontent.com/pod-product-compliance
Lightning Source LLC
Chambersburg PA
CBHW060929230426
43665CB00015B/1890